U0744442

《广东省物流业发展报告（2013—2014）》编委会

The Editorial Board of *Guangdong Logistics Development Report*

主　　　任：吴育光　广东省经济和信息化委员会

副　主　任：谭杰斌　广东省经济和信息化委员会

　　　　　　曾海燕　广东省经济和信息化委员会

　　　　　　曾亮兵　广东省现代物流研究院

委　　　员：官金仙　南方物流企业集团有限公司

　　　　　　蔡利生　广州市生达投资有限公司

　　　　　　刘　武　宝供物流企业集团有限公司

　　　　　　马仁洪　广东省物流行业协会

　　　　　　黄艳婷　广州市嘉诚国际物流股份有限公司

　　　　　　高艺林　广州市商业储运公司

　　　　　　陈礼豪　广东欧浦钢铁物流股份有限公司

　　　　　　冯耀良　广州华新集团有限公司

广东省物流业发展报告

2013—2014

主　编◎广东省现代物流研究院

暨南大学出版社
JINAN UNIVERSITY PRESS

中国·广州

图书在版编目（CIP）数据

广东省物流业发展报告.2013—2014/广东省现代物流研究院主编.—广州：暨南大学出版社，2015.4
ISBN 978 - 7 - 5668 - 1368 - 8

Ⅰ.①广… Ⅱ.①广… Ⅲ.①物流—经济发展—研究报告—广东省—2013—2014 Ⅳ.①F259.276.5

中国版本图书馆 CIP 数据核字（2015）第 048478 号

出版发行：暨南大学出版社

地　　址：	中国广州暨南大学
电　　话：	总编室（8620）85221601
	营销部（8620）85225284　85228291　85228292（邮购）
传　　真：	（8620）85221583（办公室）　85223774（营销部）
邮　　编：	510630
网　　址：	http：//www.jnupress.com　http：//press.jnu.edu.cn

排　　版：	广州市天河星辰文化发展部照排中心
印　　刷：	佛山市浩文彩色印刷有限公司

开　　本：	787mm×1092mm　1/16
印　　张：	19.75
字　　数：	344 千
版　　次：	2015 年 4 月第 1 版
印　　次：	2015 年 4 月第 1 次

定　　价：	45.00 元

（暨大版图书如有印装质量问题，请与出版社总编室联系调换）

本书编写人员

主　　　编：谭杰斌

副　主　编：曾海燕　陈海权　曾亮兵

编辑部主任：侯　彪　王　瑶

主 要 成 员：王俊柳　朱　希　包小玲　吴乐燕　王嘉琪

　　　　　　孔伟文　袁暄懿

支 持 单 位：广东省经济和信息化委员会

　　　　　　广东省商务厅

　　　　　　广东省交通运输厅

　　　　　　各地级以上市经济和信息化主管部门

　　　　　　深圳市交通运输委员会

　　　　　　广州铁路（集团）公司

前　言

2013 年，我国物流业顺应转变发展方式的要求，坚持以质量和效益为中心，充分发挥市场主体活力，加快效率提升、创新驱动，释放改革红利，实现了平稳健康发展。全年全国实现社会物流总额 197.8 万亿元，按可比价格计算，同比增长 9.5%，增幅比上年回落 0.3 个百分点；社会物流总费用 10.2 万亿元，同比增长 9.3%，增幅比上年回落 2.1 个百分点，社会物流总费用与 GDP 的比率为 18.0%，与上年基本持平；物流业增加值 3.9 万亿元，按可比价格计算，同比增长 8.5%，增幅比上年回落 0.7 个百分点，物流业增加值占 GDP 的比重为 6.8%，占服务业增加值的比重为 14.8%。

2013 年，中央新一代领导集体重视物流业发展，习近平总书记、李克强总理相继考察物流企业，张高丽副总理、汪洋副总理先后对物流业发展作出重要批示和讲话。我国物流业在管理体制、投融资体制、财税体制、行政管理体制、开放型经济新体制等方面进行了一系列调整和改革，政策环境持续改善。物流业在国民经济中的基础性、战略性地位进一步提升，这对物流业持续健康发展将产生重大影响。

2013 年，广东省在全球经济持续低迷，国内经济转型等错综复杂的经济环境下，积极出台相关政策措施，维护物流市场秩序，改善物流业发展环境，加大对物流重点项目的支持力度，使物流业继续保持平稳增长的发展势头。全年实现社会物流总额 160 683 亿元，同比增长 9.63%，增幅较上年同期回落 4.3 个百分点；社会物流总费用约为 9 440.61 亿元，同比增长 9.4%，增幅比上年同期回落 1.6 个百分点，社会物流总费用与 GDP 的比率为 15.2%，同比提高 0.1 个百分点；物流业增加值约为 4 300.7 亿元，同比增长 5.95%，物流业增加值占 GDP 的比重为 7%。

本报告作为广东省物流业快速发展的历史见证者和记录者，自 2010 年公开出版第一册以来，一直致力于团结各方力量，总结、反映广东省物流业发展的实际情况，关注广东省物流业发展最新动态，深入分析探讨物流业发展热点问题；宣传、推广广东省物流业发展先进理念和经验，促进广东省物流业转型升级、健康发展。本报告涉及面广、信息量大、内容丰富、资料新颖、数据充实，是读者全面、深入了解广东省物流业的重要参考文献。

本报告的编写得到了广东省经济和信息化委员会、广东省商务厅、广东省交通运输厅、广东省各地级以上市经济和信息化主管部门、深圳市交通运输委员会、广州铁路（集团）公司、暨南大学等单位的大力支持。在此致以衷心的感谢！

由于时间和精力等的局限性，书中难免存在失误，恳请各位读者批评指正，也欢迎各位读者对本书的编写提出看法和建议。

编　者
2014 年 11 月

目　录

第一部分 ▶ 综合与专题篇

第一章　2013 年广东省物流业发展回顾与展望①

一、2013 年广东省经济发展情况

2013 年，广东省在全球经济持续低迷，国内经济转型等错综复杂的经济环境下，积极灵活调控本省经济，使广东省经济在 2013 年继续保持增长态势，GDP 总量和进出口总额双双突破 1 万亿美元，广东经济实现新的历史性大跨越，成为中国首个万亿美元区域经济体，总量与韩国的差距加速缩小。

2013 年广东省实现地区生产总值 62 163.97 亿元，同比增长 8.5%。其中，第一产业增加值 3 047.51 亿元，增长 2.5%；第二产业增加值 29 427.49 亿元，增长 7.7%；第三产业增加值 29 688.97 亿元，增长 9.9%。三次产业结构为 4.9：47.3：47.8，第三产业占比近 10 年来首次超过第二产业，第三产业增加值占 GDP 比重持续增加。全年实现社会消费品零售总额 25 453.93 亿元，比上年增长 12.2%。全年完成固定资产投资 22 858.53 亿元，比上年增长 18.3%，分三次产业看，第一产业投资 354.14 亿元，增长 29.2%；第二产业投资 7 446.06 亿元，增长 13.6%；第三产业投资 15 058.32 亿元，增长 20.5%。全年完成进出口总额 10 915.70 亿美元，比上年增长 10.9%，其中出口 6 364.04 亿美元，增长 10.9%；进口 4 551.66 亿美元，增长 11.0%。

---

① 撰稿人：侯彪　广东省经济和信息化委员会；王瑶　广东省现代物流研究院。

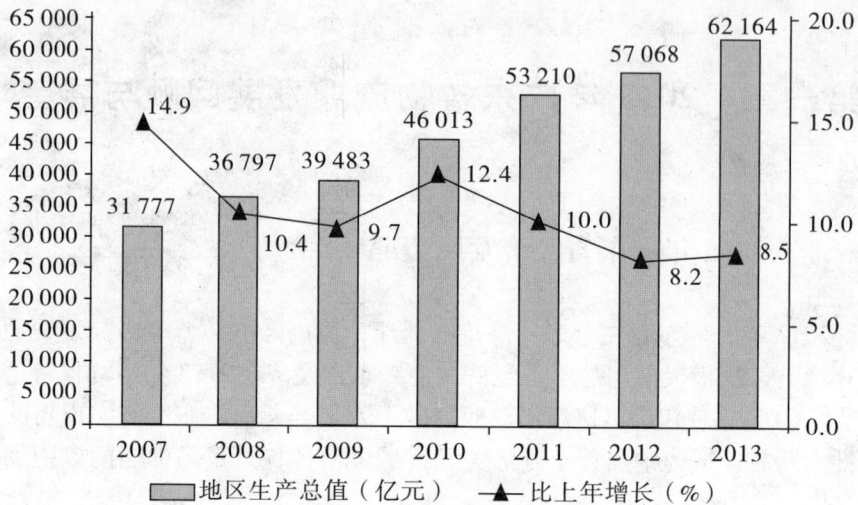

图 1-1   2007—2013 年广东省地区生产总值及其增长速度

表 1-1   2013 年全省分区域主要指标情况

区域	GDP（亿元）	GDP 增长（%）	第三产业增加值增长率（%）	第三产业增加值占 GDP 比重（%）	固定资产投资（亿元）
珠三角	53 060.48	9.4	11.5	52.7	16 056.89
东翼	4 623.35	10.5	7.7	35.4	2 329.78
西翼	5 260.01	12.0	13.0	39.0	2 054.77
山区	4 185.76	8.4	9.3	42.0	2 417.10

资料来源：2013 年广东国民经济和社会发展统计公报。

二、2013 年广东省物流业发展总体情况

（一）物流运行态势良好

2013 年广东省社会物流总额 160 683 亿元，同比增长 9.63%，增幅较上年同期回落 4.3 个百分点；社会物流总费用约为 9 440.61 亿元，同比增长 9.4%，增幅比上年同期回落 1.6 个百分点；社会物流总费用与 GDP 的

比率为 15.2%，受国际经济环境、人工成本增加、税赋改革等因素影响，同比提高 0.1 个百分点，经济运行物流成本依然较高；物流业增加值约为 4 300.7 亿元，同比增长 5.95%，物流业增加值占 GDP 的比重为 7%。

表 1 - 2　2013 年广东省社会物流总费用构成

指标名称	单位	金额	（%）
社会物流总费用	亿元	9 440.61	同比增长 9.4
其中：运输费用	亿元	5 296.18	占社会物流总费用的比重为 56.1
保管费用	亿元	2 709.46	占社会物流总费用的比重为 28.7
管理费用	亿元	1 434.97	占社会物流总费用的比重为 15.2

数据来源：广东省物流行业协会。

（二）政策发展环境继续改善

2013 年，我国物流业实现了趋稳向好、稳中有进的良好局面。中央新一代领导集体重视物流业发展，习近平总书记、李克强总理相继考察物流企业，张高丽副总理、汪洋副总理先后对物流业发展作出重要批示和讲话，我国物流业在管理体制、投融资体制、财税体制、行政管理体制、开放型经济新体制等方面进行了一系列调整和改革，政策环境持续改善。物流业在国民经济中的基础性、战略性地位进一步提升，这对物流业持续健康发展将产生重大影响。

2013 年，广东省也积极出台相关措施支持物流业的发展，改善物流业发展政策环境。同年 4 月，《广东省快递市场管理办法》（以下简称《办法》）在省政府第十二届三次常务会议通过，正式公布实施，这是国内首个省级快递市场管理办法，《办法》的实施有效规范了行业的发展，引导行业科学发展；同年 8 月，由省经济和信息化委牵头，广州市物流与供应链协会具体负责制定的《物流业代收货款规范》正式实施，这将有助于维护物流市场秩序、促进物流金融健康发展，进一步规范全省物流业代收货款业务，促进广东省物流业健康有序发展；2013 年省级现代服务业发展引导专项资金加强了对单个物流项目的资金扶持力度，广东南方物流集团有限公司（状元谷电子商务产业集聚区项目，补贴 1 000 万）、广东海元物流有限公司（海元现代物流总部基地项目，补贴 500 万）、广东雪印商贸实业有限公司（粤北现代农产品冷链流通基地建设项目，补贴 500 万）、广东省华大物流总公司（南海穗盐路现代物流基地项目，补贴500万）等物流企业共获2 500万扶持资金；肇庆市新出台了《关于加快肇庆市现代服务业发展的若干政策措施》，对物流园区建设重点项目、省级制造业与物流联动发展示范企业、重点物流基地等给予资金支持。

（三）物流业受国家层面重视

广东省物流业在全国一直处于较为领先的发展水平。2013年，广东省物流业的发展再次受到国家商务部等有关部门领导的重视。国家商务部领导多次密集赴广东调研商贸物流、城市配送、标准化托盘循环共用、现代物流、第三方物流和物流信息服务平台等的发展情况，参观、走访了华新商贸物流有限公司、宝供物流企业集团有限公司、林安物流发展有限公司、广东南方物流集团有限公司、广州嘉诚国际物流股份有限公司、华润万家广州物流中心、国药控股广东物流中心、南方现代物流公共服务平台等企业和平台，对广东省物流业所取得的成效给予了较高评价，对有关企业的发展模式和所作努力给予了充分肯定，并希望有关企业能够加大模式创新力度，进一步提高企业核心竞争力；省、市继续大力支持现代物流业发展，积极破解物流业发展中存在的困难，及时将物流业新业态、新情况、新经验、新建议反馈给商务部。

（四）物流寄递验视试点实名制

近年来，在电子商务高速发展的带动下，全省快递行业也取得了飞速的发展。但是在发展的同时，也逐渐暴露出行业发展的安全隐患问题。物流寄递业不实名的特点被境内外不法分子利用，走私、贩运毒品及各类危险、违禁物品的犯罪活动日益突出。为了使物流寄递业能够健康、安全、高效发展，2013年底广东物流寄递验视实名制度试运行在广州启动，实名制将在惠州、珠海、中山三个试点城市试运行。据悉，实名制度试点的目标为：凡在广东从事物流、寄递业务的企业普遍实行验视实名登记制度，建成物流寄递物品验视实名登记信息安全监管平台，并通过相关检测认证，具备运营条件；制定并推行与验视实名制监管要求相适应的标准体系，建立并完善相应的企业服务标准和内控机制，规范实名登记操作流程，使得物流寄递市场秩序进一步规范，利用物流寄递渠道从事违法犯罪行为大幅减少。

（五）多式联运能力得到加强

2013年，中国铁路货运改革快速、有序地推进。广州铁路（集团）公司（以下简称"广铁集团"）积极加强与地方政府、物流企业、各大港口的联系与合作，进一步开发、推广铁水联运模式，并有计划地铺开铁空联动运输，为广大货主提供了更加方便、快捷的综合运输服务。2013年5月9日，东莞市人民政府与广铁集团签署了《东莞市人民政府与广州铁路（集团）公司战略合作框架协议》，此次战略合作框架协议的签订，对加快推进东莞境内铁路建设，逐步完善珠三角铁路网络和进一步促进东莞市铁路、公路、轨道交通与海上运输一体化发展，进一步提高城市承载能力、加快产业转型升级具有重要的现实意义和深远的战略意义。

为进一步推广铁水联运模式，广铁集团主动走访管内主要港口，调研水铁联运港口能力、企业需求和铁路运力配套等情况，研究出台铁水联运扩能增量的具体措施。目前，铁水双方建立了协调联系机制，逐步实现港口和铁路生产调度合署办公，实现生产调度信息的互联互通；共同实施港口扩能改造，提高港区铁路装卸作业能力；优化港区内的作业环节，提高运输效率。各港口纷纷与广铁集团签订了战略合作协议，提高水铁联运总量，携手拓展货运市场。

此外，广铁集团有计划地铺开铁空联动运输。广铁集团已经和广州市政府有关部门、珠三角城际轨道交通公司、白云机场等多方达成了共识，倾力打造"大田—北站—机场"三港联动大格局。届时，大田综合物流基地、京广高铁广州北站、白云国际机场三大物流和人流港之间的交通联系将得到进一步加强，建立起"大田—机场"间的物流衔接功能，"北站—机场"间的服务衔接功能。届时，铁空联运的综合运输效率将大大提高，铁空联动合作前景十分广阔。按照规划，大田物流基地和白云机场之间将建立快速通道，全程仅需20分钟左右；广州北站和白云机场将由两条轻轨连接，并接通穗莞深城际、广佛环城际、广清城际等珠三角城际轨道网，实现机场对珠三角9城的1小时覆盖。广州北站和白云机场之间通过不停站的直连轻轨，只需11分钟便可通达。

（六）电子商务与物流业融合发展

电子商务的热潮掀开了一个新的消费时代，电子商务成为刺激社会消费必须依靠的蓬勃力量，更成为推动广东消费兴旺的生力军。近年来，广东省委省政府高度重视并大力推动电子商务的发展，着力强化电子商务基础资源和基础设施建设，突出提升研发创新能力，不断加强推广应用，取得了显著成效。2013年，广东省电子商务交易额突破2万亿元，增长

33%；广东省商家在天猫上的交易额突破 600 亿；天猫"双十一"广东省以 33.748 亿元的总成交额成为"中国网购第一大省"。2013 年，一批新业态企业得以迅速成长，优秀电商企业代表层出不穷，并形成电商企业、电商产业园区、电商村等多种发展形态全面开花的局面，与物流业融合发展趋势也越来越明显。如：2013 年 5 月 30 日，天猫联手顺丰启动首期 78 个城市预约配送，32 个城市夜间配送；同日，阿里巴巴集团、银泰集团联合复星集团、富春控股、中国邮政集团、中国邮政 EMS、顺丰集团、天天、三通一达（申通、圆通、中通、韵达）、宅急送、汇通以及相关金融机构共同组建"菜鸟网络科技有限公司"；易迅与顺丰实施战略合作，在自建物流不能覆盖的区域全部使用顺丰；亚马逊联姻南方物流打造东莞最大电子商务园区。

（七）物流信息化建设迈入新阶段

2013 年，中国首个跨区域、跨行业、综合性、国际化物流信息平台——南方现代物流公共信息平台（以下简称"南方平台"）正式上线。平台集中了广东省 6 个相关部门的 27 类近 4 500 万条电子政务数据，由三大基础数据库提供服务的物品编码库已整合广东省 4 万余家生产厂商的300 万条产品数据，组织机构代码库覆盖广东省 200 万家机构数据；空间数据库约为百万兆。平台上线后，将推动广东省物流水平快速提高。南方平台作为区域级的物流公共信息平台，具有物品及机构统一解析服务、全程实时供应链监控管理服务、电子政务管理服务、物流与信息化行业指数发布服务、物流信息国际互联互通服务等 5 项基础服务功能，以及食品溯源、通关便利化、原产地认证、公用托盘、多式联运、企业诚信、物流金融、国际贸易电子交易、广货网上行、中小企业托管等十大增值服务功能。平台的上线，标志着广东省物流信息化建设进入了一个新的发展阶段。

（八）粤港澳合作进一步深化

在粤澳合作方面，2013 年以"粤澳物流一体化下的空运转口"为主题的粤澳物流合作洽谈会在澳门成功举办，粤澳双方围绕空运转口合作和市场拓展，进行了充分洽谈。在洽谈会上，广州南沙开发区保税业务管理局与澳门航空业代表协会签署了《海陆空运输合作意向书》，通过设立海陆空运输线和提供稳定的货运班次，连接澳门机场及广州南沙保税港区，打通两地的货运通道，逐步将南沙区打造成为澳门机场货物的集散地，并适时扩大辐射范围，将运输网络延伸至珠江三角洲地区。粤澳双方还达成了在南沙区设立"葡语国家商品展示平台"、开展货运代理等多项合作意向。

在粤港合作方面，2013 年是《内地与香港关于建立更紧密经贸关系的安排》（CEPA）发布实施 10 周年，也是粤港物流合作洽谈会举办 10 周年。在粤港物流界的共同努力下，双方借助 CEPA 及其补充协议和《粤港合作框架协议》实施的东风，顺应两地经济一体化的趋势，不断加强交流和合作，在政府职能机构合作、基础设施对接、行业组织交流、物流项目投资、物流信息共享、通关便利化等方面均建立了常态化的合作机制，促进了粤港物流一体化进程。

三、广东省物流业发展存在的主要问题

（一）物流产业集中度不高

由于物流行业的进入壁垒很低，大量的中小型物流企业存在于物流市场中，造成广东省物流企业的实力和层次参差不齐，既有资产超亿、业务范围遍及国内外的大型企业集团，也存在一些无证无牌、无车无场的个体小户。一些小型民营物流企业，由于成本低、经营方式灵活，占领了相当一部分市场份额，再加上全省物流需求较为分散，致使大型物流企业在一定程度上无法适应。而那些普遍存在的中小物流企业则正好与这种小而散的需求相适应，抢占了大部分市场，导致全行业市场集中度不高，物流资源分散，重复建设严重，行业效率不高。

（二）物流供需之间存在矛盾

一方面，受传统思维影响，多数制造企业的采购、仓储、销售等物流活动仍在组织内部完成，限制了企业内部物流需求转变为市场物流需求。另一方面，多数物流企业仅能提供简单的运输、仓储等服务，尚不具备提供一体化物流解决方案的能力；同时，广东各类物流公司繁多，规模、水平参差不齐，妨碍物流资源的优化整合和结构上的协调发展，影响大型专业物流服务的拓展。

（三）产业融合度有待提升

虽然在有关部门的大力推行下，全省制造业与物流业的联动取得了一定的发展和成效，但是由于没有明确、系统性的产业政策来推动物流业与制造业、商贸业、电子商务等行业的融合发展，联动发展环境不理想，企

业联动发展积极性不高，物流业与制造业、商贸业、电子商务等行业的融合发展程度较低。再加上物流业与各产业难以做到信息共享和标准对接，这在一定程度上也制约了物流业与其他产业的融合发展程度和水平。

（四）物流区域合作有待加强

广东省各地市在制订物流发展规划时，基本从自身发展需求出发，缺乏考虑区域经济协调发展的需求，因此在物流规划、定位、布局上存在比较严重的重复现象。这种规划定位上的重复，将会导致资源的浪费，加剧地区间的恶性竞争，不利于当地物流业的健康、持久发展。另外，在地方封锁、行业垄断、条块分隔和多头管理的模式影响下，资源整合和一体化运作遇到许多障碍，物流基础设施兼容性差，各地市物流园区、港口码头等由于物流发展定位不准确和重复建设，同质化现象严重，无序竞争日趋激烈，不少园区和港口码头存在空置现象。

（五）铁路运输作用有待发挥

虽然，近几年来在广铁集团等有关部门的大力推行下，铁路运输与公路、港口的衔接能力有所增强，但是铁路运输在全省综合运输体系中的作用还远未得到发挥。2013年，铁路运输货运量只占全省各种运输方式货运量的3.94%。当前，广东省铁路运输处于"南北不畅、东西不通"的被动状态。物流运输过分依赖公路，尤其是经济较发达的珠江口西岸等地区，铁路运营效率尚低。另外，与世界铁路发达国家相比，珠三角与外省之间的铁路根本无法满足运输需求，尤其是通往大西南腹地的铁路运能不足，已成为制约"泛珠三角合作"的一大瓶颈。

（六）物流标准化体系尚未建立

物流系统是流通系统的"桥梁、纽带"，连接着生产与再生产、生产与消费，物流系统的运行需要多地区、多部门、多行业相互衔接，多种设施、多个操作系统分工协作，因此需要统一的标准化体系。目前各个地区、各个企业、各个物流作业环节使用的设备，如各种运输工具、包装容器、托盘、集装箱、仓库等物流设施和装备还没有形成有利于物流活动的标准化体系；在包装、运输和装修等一些流通环节，缺少必要的行业规范和行业标准；物流用语、计量标准、技术标准、数据传输标准、物流作业和服务标准等基础标准的制定工作还未完全开展起来，特别是没有形成一个与国际接轨的标准体系，这导致物流成本上升和服务质量降低，影响了全省物流活动的质量、效益和效率，以及物流活动的通畅。

四、促进广东省物流业发展的措施建议

（一）加强跨区域物流合作

广东省应该充分发挥其地域优势，加强跨区域合作：一是推进珠三角物流一体化合作发展，整合珠三角现有物流资源，增强珠三角物流业核心竞争力，加快推进珠三角工业化、信息化、城市化和国际化，促进珠三角经济全面、协调、可持续发展；二是加强与香港、澳门等地物流市场的进一步连通，为物流企业提供更宽松、便捷的通道，与港澳共同建设面向亚太地区和全世界的"粤港物流国际大通道"以及建设连接珠三角和葡语国家的物流通道；三是加强与其他省份的广泛合作，使广东物流业处于一个更具有竞争优势的地位，增强自身在全球和中国供应链网络里的枢纽地位。

（二）大力支持产业联动发展

加强产业联动，推进全省物流业与制造业、商贸业、农业等的一体化发展。研究制定产业联动发展示范工程和重点项目的专项资助和财政扶持政策；鼓励制造业、商贸业和农业改造现有业务流程，实现主辅分离，逐渐外包物流业务，释放物流需求，从而培育物流业发展的市场需求基础；大力发展第三方物流，鼓励物流企业进行功能整合和服务延伸，为不同层次、不同类型的企业提供个性化物流服务，满足现代产业的物流需求；开展物流业与制造业、商贸业等的联动发展示范工作，大力推动现代物流技术应用示范和城市共同配送工作，培育一批产业联动发展示范企业；加快推动快递与电子商务、制造业的协同发展。

（三）加快现代物流体系建设

加快第三方物流企业培育，使之与广东省构建现代化的产业体系相配套，鼓励物流企业积极拓展增值服务和高端服务，提升物流业对其他产业的服务能力和支撑能力，同时促进甩挂运输发展；深化城市物流体系建设，完善城市物流配送网络，提高城市配送的社会化、专业化、信息化和集约化程度，发展电子商务终端配送，提高城市配送的满意度；合理配置城乡物流资源，加快农村物流体系建设，推进城乡配送中心、农超对接等工作，构建城乡一体化的物流服务网络。

（四）实现多式联运有效衔接

建立综合运输体系，实现公路、铁路、航运等多种运输方式的有效衔接和合理配置，使各种运输方式的优势得到充分发挥，实现运输资源的有效整合和合理利用；加强海、陆、空、铁物流体系的建设，加强港口、航运、铁路、公路、联检等单位、企业之间的协调和有效衔接，建立统一规范、竞争有序的集装箱多式联运市场，提高整体运作效率；加强多式联运信息平台的建设，建立互通共享的数据中心，实现运输和集装箱等信息的及时传输和相互共享，实现运输单证在各相关部门、单位之间的电子传输、数据交换，不断提高协同运作效率和服务质量，共同推进多式联运的发展。

（五）构建一体化物流信息系统

完善南方现代物流公共信息平台，继续加强平台基础功能和应用子平台建设，加快平台市场化运营机制建设，打造南方物流信息枢纽；扩大平台应用和对外交流合作，逐步实现各区域和专业信息平台无缝对接联网，与企业间和企业内的供应链管理系统（SCM）、企业资源计划管理系统（ERP）、客户关系管理系统（CRM）以及销售管理系统（SM）等实现综合集成，形成高度集成的物流一体化信息系统；完善广东电子口岸建设，实施大数据战略，推进外贸各环节网络化运作，实现外贸、商务、口岸、海关、检验检疫、边检、海事、工商、税务、外管等部门的数据共享和物流通关信息一体化。

（六）加强物流标准化体系建设

积极引导、支持企业参与物流国家标准体系和行业标准的研究制定，扩大广东在国家物流通用基础类、物流技术类、物流信息类、物流管理类、物流服务类等标准制定领域的话语权；依托全省物流企业、行业组织、研究机构，制定和修订适应广东省物流一体化发展的物流技术标准、工作标准和管理标准；推动全省物流标识标准化，实现与交通运输业、农业、制造业、商贸业等其他行业标准的衔接；积极推广应用标准化物流技术和装备，加快对现有仓储、运转设施和运输工具的标准化改造，着力建设标准化托盘循环共用系统；推行物流作业标准化，改善物流作业环境，以大型物流企业、物流园区为重点，开展物流标准化试点工作。

第二章　2013 年广东省道路货物运输发展回顾与展望①

2013 年是广东省全面贯彻落实党的十八大和习近平总书记视察广东重要讲话精神的第一年，也是实施"十二五"规划承前启后的关键一年。全省道路运输工作紧紧围绕主题主线和"三个定位、两个率先"总目标，坚持稳中求进的总基调，按照"民生为先、安全为要、绿色先导、信息化引领、集约化转型"的总体思路，以发展民生交通、绿色交通、数字交通、安全交通为重点，坚持规范与创新并重，积极构建现代化综合运输体系，推动行业转型升级，提升运输服务水平，为全省经济社会快速发展提供有力保障。

一、2013 年广东省道路货物运输发展总体情况

2013 年全省道路货运业企业化发展，货运车辆专业化发展，货运站场不断升级改造；货运企业向规模化、集约化方向发展，进一步推广应用绿色货车技术，加快开展甩挂运输试点，逐步向现代物流转型升级。全省完成道路货物运输量 21.8 亿吨，道路货物运输周转量 2 875.7 亿吨公里，分别占全省各运输方式完成货物运输量与货物运输周转量的 71.1% 和 23.2%，占全国道路货物运输量与货物运输周转量的 8.5% 与 5.4%。与 2012 年相比，全省道路货物运输量与货物运输周转量分别增长了 15.1%、18.1%。

（一）市场主体情况

1. 数量及规模

截至 2013 年底，全省道路货运经营业户 67.0 万户，比 2012 年增加 1.3 万户，增长 2.0%。其中企业业户 8.8 万户，个体业户 58.2 万户，比 2012 年分别减少 1.6 万户和增加 2.9 万户，分别减少了 15.4% 和增加了 5.2%，个体业户数量增速放缓，企业业户数量自 2010 年滞涨后连续 4 年出现了负增长。全省道路货运业户的户均货车数为 1.41 辆。从总体来看，

---

① 资料来源：广东省交通运输厅。

道路货运业尤其是普通货物运输业零散化趋势继续扩大；但在危险品运输、专用运输、集装箱运输与大件运输领域，企业化、规模化趋势较明显。

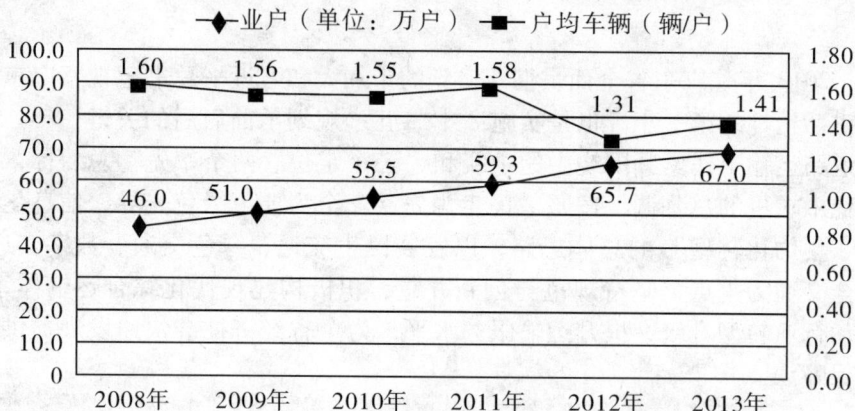

图 1-2 2008—2013 年全省道路货运业户数及户均车辆数变化趋势图

（1）普通货运。截至 2013 年底，全省普通货运业户总数达 65.6 万户，占道路货运总业户数的 97.9%。其中，普通货运个体运输业户 58.2 万户，占普通货运业户总数的 88.7%。全年新增普通货运经营业户 1.2 万户，比 2012 年增长了 1.8%，低于总业户增长水平；其中企业业户减少 1.7 万户，零散化趋势继续扩大。

（2）专用运输。截至 2013 年底，全省专用运输业户总数达 7 867 户，比 2012 年增加了 616 户。其中，企业业户 4 781 户，比 2012 年增加 422 户，企业业户占专用运输业户总数的 60.8%。

（3）集装箱运输。截至 2013 年底，全省集装箱运输业户总数为 4 924 户，比 2012 年减少 340 户，降低 6.5%。其中企业业户 3 446 户，比 2012 年增加 1.9%；个体业户 1 478 户，比 2012 年减少了 21.4%。企业业户数占比为 70.0%，比 2012 年增加了 5.7 个百分点。

（4）危险货物运输。截至 2013 年底，全省危险货运业户总数为 934 户，比 2012 年增加 2 户，增长 0.2%。其中经营性业户 880 户，非经营性业户 54 户，比 2012 年分别增长 1.0% 和降低了 11.5%；户均车辆数 20.4 辆，比 2012 年增加 1 辆；户均吨位 335.7 吨，比 2012 年增长 42.2 吨。

（5）大型物件运输。截至 2013 年底，全省大型物件运输业户总数为 123 户，比 2012 年减少 13 户。户均车辆数由 2012 年的 4.7 辆减少到 2013 年的 1.2 辆。

2. 地区分布

珠三角地区货运业户占全省业户总数的 67.4%，主导地位不变，但所占比例比 2012 年上升 2.1%。2013 年全省道路货运业户地区分布情况见表 1-3。

表 1-3 2013 年广东省道路货运经营业户地区分布情况

单位：户

地区	100 辆及以上的企业	50～99 辆的企业	10～49 辆的企业	10 辆及以下的企业	个体户运输户
全省	570	760	4 490	94 235	481 833
珠三角地区	532	690	3 892	88 096	299 218
粤东地区	15	26	142	1 734	35 495
粤西地区	13	24	188	2 043	95 470
粤北地区	10	20	268	2 362	51 650

（二）从业人员情况

截至 2013 年底，全省直接从事道路货运业务的从业人员有 98.7 万人，比 2012 年增加 0.5 万人，连续 4 年增长。其中，珠三角地区道路货运从业人员 72.2 万人，占货运行业从业人员总数的 73.2%，占比较 2012 年降低 0.3%，见表 1-4。

表 1-4 2013 年广东省道路货物运输从业人员数量及地区分布情况

地区	道路货运从业人员		道路货运驾驶员		危险货运驾驶员		危险货运押运员		危险货运装卸管理员	
	数量（人）	比例（%）	数量（人）	比例（%）	数量（人）	比例（%）	数量（人）	比例（%）	数量（人）	比例（%）
珠三角地区	722 304	73.2	679 894	73.8	30 425	58.9	33 777	63.1	4 982	83.9
粤东地区	77 556	7.9	75 314	8.2	1 402	2.7	1 458	2.7	310	5.2

（续上表）

地区	道路货物运输从业人员		道路货运驾驶员		危险货运驾驶员		危险货运押运员		危险货运装卸管理员	
	数量（人）	比例（%）	数量（人）	比例（%）	数量（人）	比例（%）	数量（人）	比例（%）	数量（人）	比例（%）
粤西地区	113 716	11.5	98 869	10.7	14 623	28.3	14 535	27.2	245	4.1
粤北地区	73 404	7.4	66 994	7.3	5 244	10.1	3 748	7.0	400	6.7

（三）货运车辆情况

1. 总体结构

（1）数量及吨位。截至 2013 年底，全省营运货车保有量达 80.4 万辆，比 2012 年减少了 5.9 万辆，降低了 6.8%；吨位 306.2 万吨，比 2012 年减少 29.1%。其中，小型车 58.5 万辆、吨位 73.4 万吨，比 2012 年分别降低了 3.6%、1.6%；中型车 4.0 万辆、吨位 13.4 万吨，比 2012 年分别降低了 9.4%、8.4%；大型车 17.9 万辆、吨位 219.4 万吨，比 2012 年分别降低了 15.2%、36.0%。

从车辆数来看，小型车占 72.8%，仍以小型车为主，占比开始出现回升；从吨位数来看，大型车占 71.7%，所占比重比 2012 年略有下降。

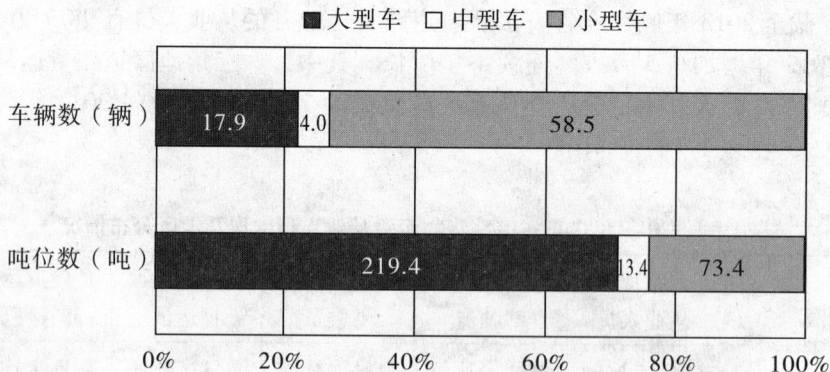

图 1-3　2013 年广东省营运货车数及其吨位数结构图

（2）地区分布。珠三角地区车辆占全省的 74.6%，比 2012 年降低

1.5%，连续 4 年下降，但仍占主导地位，其次为粤西地区，占全省的 10.6%，比 2012 年提高 0.8%。

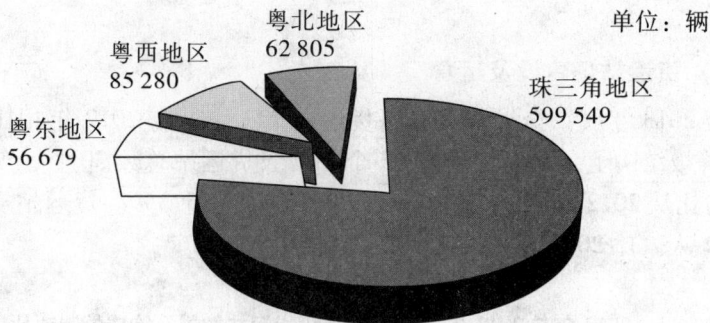

图 1-4　2013 年广东省货物运输车辆区域分布图

2. 普通货车

2013 年全省普通货车车辆与吨位数分别为 74.5 万辆、207.7 万吨，占全省货运车辆的 92.6%、67.8%。统计数据反映，2013 年全省普通货车平均吨位 3.4 吨，比 2012 年减少 0.3 吨。大型普通货车平均吨位比 2012 年下降 2.0 吨，重型货车下降 3.4 吨，中型、小型普通货车的平均吨位与 2012 年基本持平。

3. 专用货车

2013 年全省专用货车车辆数与吨位数分别为 3.1 万辆、40.2 万吨，其中大、中、小型车分别为 2.2 万辆、1 370 辆、7 351 辆，吨位数分别为 38.7 万吨、4 575 吨和 10 897 吨。小型专用货车数量及吨位均比 2012 年微增，平均吨位与 2012 年基本持平。中型专用货车数量及吨位均比 2012 年有所下降，平均吨位与 2012 年基本持平。大型车辆数量及吨位比 2012 年分别下降了 62.2%、71.7%，平均吨位比 2012 年下降 25.2%。

4. 危运货车

2013 年全省危运货车 19 008 辆，吨位总计 31.4 万吨，分别比 2012 年增长 5.1% 和 14.6%；平均吨位达 16.5 吨，比 2012 年增加 1.4 吨，比 2005 年增加 6.0 吨，呈大型化方向发展。

5. 集装箱货车

截至 2013 年年底，全省集装箱车 9 021 辆，吨位数 26.5 万吨，每车平均吨位为 29.4 吨。

6. 大型物件运输车

2013 年大型物件运输车辆 151 辆，吨位 4 039 吨，每车平均吨位为
26.7 吨。

（四）货运站场建设及运营

截至 2013 年底，全省共有道路货运站 241 个，与 2012 年相比增加了
10 个；等级结构上，一级货运站 55 个，二级货运站总数 30 个，二级以上
货运站占比从 2012 年的 34.6% 提升至 2013 年的 35.3%。货运站从业人员
共 10 681 人，比 2012 年增加 98 人，增长 0.9%。

表 1 - 5　2012 年与 2013 年广东省各等级货运站数量及构成情况对比

单位：个

年度	合计	一级站	二级站	三级站	四级站
2012 年	231	59	21	15	136
2013 年	241	55	30	36	120

（五）绿色货运情况

2013 年，省交通运输厅在全面推广应用新能源车辆，加快推动甩挂运
输发展，全力推进广东省绿色货运示范项目，开展城市配送试点，发展绿
色运输方面取得一定成效，促进了道路交通运输行业节能减排。

1. 全面推广应用新能源车辆

2013 年，省厅继续倡导公共交通应用新能源车辆。截至 2013 年底，
全省城市公交新能源车辆 14 691 辆，比 2012 年增长 61.8%，新能源车辆
占全省城市公交车辆数的 27%；全省出租汽车新能源车辆 34 788 辆，比
2012 年增长 21.4%，新能源车辆占全省出租汽车车辆数的 51.6%，其中
天然气车 1 851 辆，双燃料车 32 037 辆，纯电动汽车 900 辆。新能源车辆
在公共交通领域的全面推广应用，大大促进了我省道路运输行业节能减
排。同时，省厅积极推广中、短途道路客运车辆使用 LNG 等清洁能源，推
广新能源环保车辆，与中海石油气电集团签订清洁能源战略合作协议，完
善充气、充电站点等保障设施布局，推进交通运输行业使用清洁能源。

2. 加快推动甩挂运输发展

2013 年，广东省交通运输厅继续深入推进甩挂运输发展，鼓励二级以

上公路货运站场进行升级改造，重点改造甩挂运输等专业化作业站场；完成国家第三批甩挂运输试点项目遴选，以专家评审方式遴选出深圳市华鹏飞现代物流股份有限公司甩挂运输试点项目、珠海港集装箱甩挂运输试点项目、广州市德邦物流服务有限公司等3个试点推荐项目，均被交通运输部确定为第三批试点项目。11月，广东省第一批3个国家甩挂运输试点项目顺利通过交通运输部、财政部验收，累计获得补贴资金超过8 000万元。截至2013年底，广东省国家级甩挂运输试点项目共有11个，项目数量在全国所有试点省份中居首位。同时，广东省15个省级甩挂运输试点项目按各自试点方案稳步推进。

3. 全面推进广东省绿色货运示范项目

2013年，省厅稳步推进广东绿色货运示范项目，完成绿色货车技术首期13家货运物流示范企业的195辆示范车辆的绿色货车技术设备安装与调试工作，正式启动首期示范基期数据采集工作，并着手筹备、组织开展绿色货车技术后期示范工作；甩挂运输示范和物流交易信息平台示范企业遴选方案获得世行不反对意见，完成两个示范企业的遴选准备工作；举办了绿色物流发展论坛，完成绿色货运政策研究课题评审，组织开展绿色货运培训教材编制，有关工作正有序推进。

4. 开展城市配送试点

2013年，根据《国务院办公厅关于促进物流业健康发展政策措施意见》（国办发〔2011〕38号）和交通运输部等七部委《关于加强和改进城市配送管理工作的意见》（交运发〔2013〕138号），广东省交通运输厅积极协调省公安厅、省发改委等部门，按照"先行先试、逐步完善、总结推广"的工作思路，在广州、深圳、佛山、东莞四地开展城市配送和农村物流配送试点工作，研究出台我省关于加强和改进城市配送管理工作实施意见。通过开展城市配送和农村物流配送试点，提高物流配送管理水平，优化交通资源配置，提高配送车辆利用效率，促进道路运输行业节能减排。

（六）行政监督管理情况

1. 加强道路运输管理信息化建设，大力发展数字交通

召开省道路运输管理信息化建设领导小组工作会议，启动道路运输信息化顶层设计、道路运输从业人员诚信信息系统及数字公交系统一期建设等9大工程；升级全省营运车辆卫星定位监管系统，逐步实现与北斗卫星导航系统的兼容，实现与客车IC卡进出站监管系统的联网联控；指导深圳市开展

公交都市信息化示范工程建设，组织专家评审并批复了佛山市开展交通运输部第二批出租汽车管理信息服务系统初步设计方案，启动系统建设前期准备工作；积极提升全省道路运输车辆技术管理信息化、规范化水平，实现全省综合性能检测站检测结果实时上传并将其与车辆年度审验工作关联，积极推动统一道路运输车辆检测车型参数数据库工作；以道路运输从业人员诚信信息系统为基础，推进与林安物流的政企诚信共建及信息共享。

2. 全面加强道路运输安全管理，大力发展安全交通

修订《广东省交通运输厅关于道路运输车辆卫星定位监控系统应用管理办法》，继续严格执行道路运输营运车辆卫星定位安全监管信息通报制度；开展道路客运安全生产年活动，开展道路客货运输安全生产专项检查；进一步规范道路危险货物运输行政许可，加强道路危险货物运输安全管理；组织广州长运、深圳运发两家大型客运企业实施长途客运接驳运输试点工作，探索与积累长途客运安全管理办法与经验；全面贯彻实施《汽车客运站营运客车安全例行检查及出站检查工作规范》，加快推进道路运输企业安全生产标准化达标工作，制定道路旅客运输企业和道路危险货物运输企业安全生产标准；开展 2012 年全省道路客运安全年活动的先进单位及个人评比工作，完成 1 427 名三级以上客运站安全例检人员的培训。

3. 加强法规建设和推进行政审批制度改革，规范行业管理

完成《广东省道路运输管理条例》修订工作，并通过省人大常委会审议并公布；组织开展省市际客运班线经营权续期工作，改革了省际包车牌使用和监管方法；规范市际包车客运市场准入，确定 2013 年首批市际包车发展计划，通过服务质量招投标确定经营主体，加强包车服务；稳步推进行政审批制度改革，完成汽车客运站站级评定省级职能转移；下发《广东省交通运输厅关于调整外商投资道路运输业立项审批权限的通知》，进一步理顺外商投资道路运输业的办事流程；继续推进全省道路运输管理人员"四统一"工作，完成全省道路运输管理人员调查统计工作，组织开展全省道路运输行政管理执法人员培训；按照交通运输部的部署，组织全省符合条件的出租车企业、道路运输企业、检测以及维修企业相关人员申报高级道路运输经理人。

（七）外商投资道路货物运输情况

1. 投资情况

截至 2013 年底，全省外商投资道路货运企业共 2 696 家，比 2012 年增加 187 家，其中新增 188 家，注销 1 家。新增企业中，生产型企业 166 家，

占新增总数的 88.3%。外商投资方中，港澳投资者投资最为活跃，全年新增投资企业或所属企业从事道路货运业的共 148 家，投资总额约 52.8 亿元。

表 1-6 2013 年广东省新增外商投资道路运输企业情况表

企业类型	业户数（户）	投资总额（亿元）	注册资本（亿元）
生产型企业	166	42.9	35.2
专业货运企业	20	20.4	18.2
危险货运企业	2	1.5	1.5
合计	188	64.8	54.9

2. 车辆结构

截至 2013 年底，全省外商投资企业共有车辆 12 071 辆，比 2012 年降低 11.3%。厢式货车占车辆总数的 49.0%，牵引车和挂车分别占车辆总数的 16.1%、21.0%，拖挂比 1:1.31，明显高于全省的 1:1.01。大型和重型车占车辆总数的 62.7%，明显高于全省水平 22.2%，表明专业化、大型化程度较高。

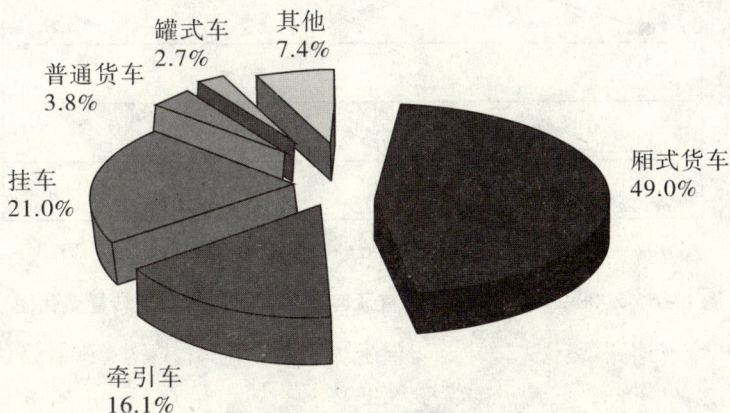

图 1-5 2013 年广东省外商投资企业车辆构成图

（八）出入境运输情况

2013 年粤港澳直通货运共完成运输量 11 924.4 万吨，货运周转量

204.2 亿吨公里，比 2012 年增长 0.9% 和降低 0.1%，出入境车辆 2 243.6
万辆次，比 2012 年增长 2.1%。

表 1-7　2013 年粤港澳直通货运基本情况

地区	货运量 （万吨）		货运周转量 （亿吨公里）		出入境车辆 （万辆次）
		出境		出境	
全省合计	11 924.4	6 852.6	204.2	131.8	2 243.6
粤港	11 711.2	6 851.1	201.4	129.4	2 190.6
粤澳	213.2	1.5	2.8	2.4	53.0

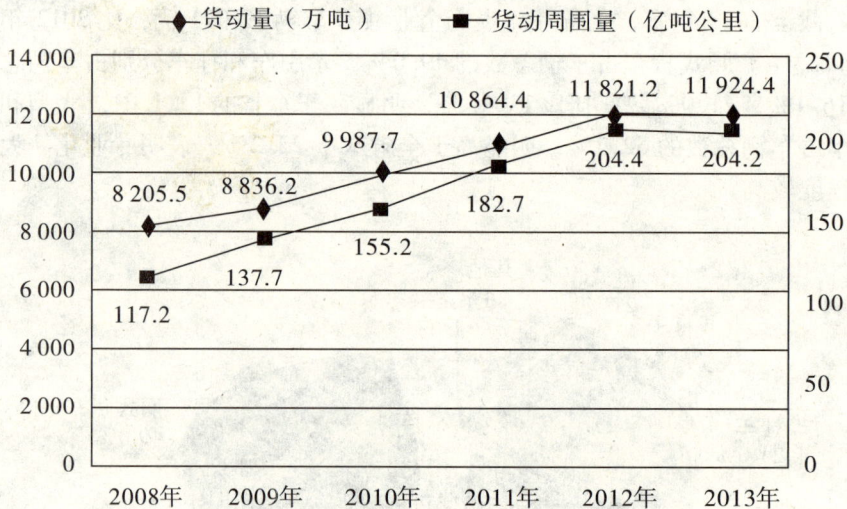

图 1-6　2008—2013 年粤港澳直通客运货运量和货运周转量变化图

二、2014 年广东省道路货物运输发展展望

　　2014 年是我省全面贯彻落实党的十八大和习总书记视察广东重要讲话
精神，全面深化改革的开局之年，是完成"十二五"规划目标任务的关键
一年。全省道路运输行业将继续紧紧围绕主题主线和"三个定位、两个率

先"总目标，坚持以民生为先，服务为要，加快发展综合交通、智能交通、绿色交通和平安交通，改进提升道路运输服务质量和水平，为全省经济社会平稳快速发展提供运输保障。

（一）适应经济发展需求，不断改进提升道路运输服务

2014 年全省"双转移"及产业结构调整政策将进一步深入推进，提供重要运输保障的道路运输业将继续调整结构，向规模化和集约化发展，不断提升道路运输服务水平和服务质量，向现代服务业转型升级，以适应新形势下经济发展需求。

（二）适应新型城镇化和公共服务均等化要求，大力发展民生交通

2014 年，广东省城镇化和城乡一体化进程将进一步加快，人们对城乡公共交通服务提出更高要求，道路运输业将坚持以民生优先、服务为要的原则，继续实施公交优先战略，大力发展多元化、多层次的公共交通，进一步完善城乡客运体系，全面改进提升城乡公共交通服务均等化与一体化水平，让更多的人享受有尊严、舒适、便捷、多元化的公共交通服务。

（三）适应大数据时代的要求，大力发展智慧交通

2014 年，随着物联网、云计算和大数据的广泛应用，道路运输服务将进入大数据时代。这将要求以交通信息化"引领"行业发展，用信息化、智能化带动道路运输行业结构调整和产业升级，鼓励发展各种运输服务新业态，推进跨区域、跨部门、跨业务的数据互联互通，实现云监管、云服务，为公众提供更加便捷、高效、绿色、安全的交通出行服务。

（四）适应综合运输发展需求，发挥比较优势

随着各种运输方式基础设施的不断完善，人们对综合运输服务水平提出更高要求。2014 年，道路运输业将加快综合运输枢纽建设，做好与高铁、民航、轻轨、港口等综合运输枢纽的衔接，发挥集疏运作用，改进提升综合运输服务水平，积极推进综合运输发展。

（五）适应节能减排需求，大力发展绿色交通

为落实交通运输部《公路水路交通运输节能减排"十二五"规划》、《广东省交通运输"十二五"节能减排发展规划》等要求，2014 年，道路运输业将继续推广应用新能源车辆，采用先进的节能减排车辆技术和运输组织技术，加快转变交通运输发展方式，大力发展绿色交通，推进道路运输行业节能减排。

第三章 2013 年广东省铁路货物运输发展
回顾与展望①

一、2013 年广东省铁路货物运输发展总体情况

2013 年，广铁集团以"改革货运受理方式、改革运输组织方式、清理规范货运收费和发展门到门全程物流服务"为重点，全面实施货运改革，强化安全风险控制，规范货运管理基础，促进铁路货运稳步发展。

（一）货运改革深入推进

根据铁路总公司的部署，广铁集团积极探索、先行先试，于 2013 年 6 月 15 日正式实施货运改革，并取得明显成效。2013 年 7 月份以来，广铁日均完成货物发送 29.2 万吨，比上半年增长 11.4%。日均完成装车 4 940 车，比上半年增长 12.1%，其中集装箱和零散白货发送量增幅明显，零散白货日均装车 1 467 车，比上半年增长 10.4%；集装箱日均装车 611 车，比上半年增长 14.6%。

1. 改革货运受理方式

取消客户申报计划、请求车、承认车等繁杂手续，敞开受理客户运输需求，做到运力资源 100% 网上公示，100% 公平销售。畅通 7 种受理渠道，并向社会公布地级市所在地货运营业站受理服务电话，从 2013 年 6 月 14 日起实现货运客服中心 24 小时对外提供服务，方便客户提报货运需求。

2. 改革运输组织方式

实行"实货制"运输，实现运输组织服务市场、服从市场的转变，提高铁路货运主动适应市场的能力，将"订金已交付"、"现货已到站"和"货源已核实"三种情况确认为实货，网上受理按"先订先得"确认，实货装车按"先到先装"组织，并确定实货运力保障的四个层级，由计算机信息系统结合实货标识和运力分级，自动生成运货信息，调度所据此编制

---

① 撰稿人：陈敏 广州铁路（集团）公司货运处。

日班装车计划实行"实货制"运输。

3. 全面清理规范货运收费

根据铁路总公司确定的收费项目和标准，对货运收费进行全面清理规范，重新明确并公布了 40 项杂费和 330 项货物品类装卸费率，以及仓储、接取送达、装载加固等收费标准；全面推行"一口价"收费，确保所有收费项目向社会公布，客户选择的所有服务项目的费用在一张货票上全部显示，一目了然、公开透明。

4. 开展门到门全程物流服务

广铁集团 60 个车站纳入全路第一批全程物流服务网点，各货运中心通过自行办理或委托、联合其他物流企业办理的方式开展接取送达业务。制定了《广铁集团铁路货物接取送达服务业务外包管理办法》，为各货运中心通过联营方式开展接取送达业务提供了依据。

（二）货运安全保持稳定

在深入推进货运改革工作的同时，牢固树立安全生产"三点共识"，围绕安全生产"三个重中之重"，不断夯实货运安全基础，确保货运安全稳定。

1. 全面排查和整治安全隐患

开展春运货装安全隐患排查、安全大检查、专项整治等系列活动，对危险货物运输、装载加固等关键环节进行全面排查，对各单位安全管理、干部作风进行全面督查，对军事运输、专用线安全管理等进行专项整治，共排查和整治问题、隐患 562 个，切实消除安全隐患。

2. 健全安全管理机制

修订完善了《装卸管理办法》、《铁路货物装载加固规则实施细则》等一系列货运安全管理办法，进一步规范货运安全管理；制定了货运安全关键环节作业指导书，细化重点货物装车前准备、装车中要求、装车后检查每个作业步骤和标准，以及相关作业记录和考核规定，强化作业过程卡控。

3. 强化重点货物运输安全控制

督促货检站加强对卷钢车的途中检查，认真执行卷钢车货检特定作业办法，切实强化卷钢运输安全控制，组织卷钢直达运输 300 多列；抓好军运超限运输组织工作，认真制定装运办法，确保军运超限运输安全。

（三）货运基础得到加强

始终把规章文电修订、教育培训等基础工作作为重点工作来抓，为货运改革稳步推进奠定了坚实的基础。

1. 做好货运规章文电管理

结合货运改革"一口价"政策推进及广铁集团货运规章文电管理系统设计需求，对货运有效及作废文电进行全面、及时清理，为货运规章文电实现电子化查询提供基础数据。适应货运改革要求，对货运改革后与机构不适应或影响营销职能发挥的货运文电和管理办法进行了全面修订。

2. 强化教育培训

举办货运改革专题培训班 14 期，培训 1 270 人次，确保干部职工全面掌握货运改革政策措施；组织举办了货运计划业务、危险货物运输业务等培训班 31 期，培训 2 118 人次，切实提高干部职工业务水平；组织货运中心、车务站段等单位 230 余人举行了硫酸罐车泄漏事故应急救援演练，切实增强干部职工应急处理能力。

3. 加大货运设备投入力度

2013 年共投入更新改造资金 1.34 亿元，同比增长 144%，重点用于提升货场能力，升级货运安全计量设备、车号识别系统，购置和改造新的装卸作业机械设备。

（四）货运营销取得成效

深入开展市场调查和客户走访活动、了解地方经济发展动态和行业规划、掌握企业运输需求，研究制定并实施有针对性的营销策略，全力开展营销攻关，促进货运增运上量。

1. 实施大客户战略

把大客户战略作为最主要的营销策略，稳定基础货源。为广东省第一大客户韶钢精心设计钢材装载加固方案，将螺纹钢装载加固方案由亏 5 吨装载优化为满载，每年为韶钢节约运输成本 300 多万元；实践"库存前移"营销理念，将西丽站闲置货场打造成韶钢在深圳地区的钢材集散地和交易市场，使原两地间由公路运输的钢材回流铁路运输，自 2013 年 8 月份以来，韶钢发往深圳的钢材，铁路运输同比增长 75.3%。

2. 拓展零散白货运输

开办了广州东、大朗等 15 个车站的零担运输业务；制定了相关管理办法，对零担货物货源营销、受理承运、装车组织、运输组织等重点工作进行了规范。按照"走出去、请进来"的思路，组织各货运中心在物流园区、批发市场等零散白货集散地设立站外受理点，并吸引物流公司和生产、商贸等企业驻站经营，促进零散白货增量。

3．提升运输保障能力

协调调度所有部门，主动与大型厂矿企业、港口进行对接，优化运输组织，大力挖潜提效，消除运输瓶颈，为货运营销工作提供运力支持。2013 年，广东省内铁水联运工作稳步推进，广州港、深圳港、阳江港、惠州港、珠海港等港口通过铁路发送煤炭、金属矿石、集装箱共 1 802.6 万吨，同比增加 211.8 万吨，增长 13.3%。

4．组织快运班列运输

加强了广州—长沙班列装卸车的盯控，优化装卸车组织方案，保证运行时效，长沙班列从开行之初日均发送 1 车，发展到目前日均发送 20 车以上。

（五）货物运输总量同比略降

2013 年，广东省铁路货物运输总量 9 485.6 万吨，同比减少 57.1 万吨，减幅 0.6%。其中货物发送 4 264.4 万吨，同比增加 128.1 万吨，增幅 3.1%；货物到达 5 221.2 万吨，同比减少 185.3 万吨，减幅 3.4%。

表 1-8　2013 年广东省合资（地方）公司铁路货物运量

单位：万吨

合资公司		发送			到达		
		2012 年	2013 年	同比	2012 年	2013 年	同比
广深公司	广坪段	863.1	807.4	-6.5%	2 191.2	2 260.2	3.1%
	广深段	1 272.1	1 229.8	-3.3%	410.6	406.9	-0.9%
三茂公司		812.1	1 021.5	25.8%	1 602.4	1 450.1	-9.5%
广梅汕公司		678.2	730.9	7.8%	905.6	876.3	-3.2%
平南公司		348.1	333.0	-4.3%	42.3	42.4	0.1%
广东地铁公司		161.0	138.2	-14.2%	230.2	167.3	-27.3%
粤海公司		1.7	3.6	111.8%	24.0	18.0	-25.0%
合计		4 136.3	4 264.4	3.1%	5 406.5	5 221.2	-3.4%

二、广东省铁路货物运输发展展望

2014 年是深入贯彻党的十八届三中全会精神、全面深化改革的开局之年，是深化铁路货运改革、全面提升货运服务质量的关键一年。根据新的形势和任务，2014 年广铁集团货运工作的基本思路是：以确保货运安全为重点，以深化货运改革为中心，继续完善货运安全风险控制体系，深入推进货运改革，切实强化货运基础，大力开展货运营销，不断提升服务质量，促进货运增运增收。

（一）不断深化货运改革，增强货运发展活力

1. 规范货运需求受理

畅通 7 种需求受理渠道，实行货运受理红线管理，严明受理纪律，坚决做到敞开受理、首问负责。全面启用 12306 电子商务系统的"物流管理"模块，实现物流信息的流转顺畅。除公示剩余运力信息、运力配置信息外，每日通过 12306 货运电子商务系统公布客户提报需求信息、实货核实信息、落空分析信息，主动接受客户和社会监督。

2. 优化运输组织方式

根据"实货制"运输要求，坚持"后厂围绕前店干"，进一步优化运输组织，提高运输组织效率，兑现客户运输需求。充分发挥编组站、区段站的车流集结功能，最大限度开行点对点的班列、直达列车，减少中转、解编作业，加速车辆移动。重点总结推广广州至长沙城际快捷班列经验，在粤湘琼三省中心城市间逐步开行点对点城际快捷班列，严格按图行车，保障货物运输时效，适应市场竞争需要。按照重点物资、零散白货、大宗物资的优先层级，进一步优化运力配置方案，完善计算机自动配置运力程序，解决部分区段、部分时段运力不足的矛盾。

3. 完善货场物流节点功能

加快货运设施设备建设，完善货场物流服务功能，逐步将货场建设成为集仓储、运输、包装加工、装卸、配送、信息服务等功能于一体的服务平台。在有条件的货场推进"货场变市场"，使之成为企业产品外销的储存仓库和销售市场，实现货物的集零成整，提高铁路的市场竞争力，广泛吸引货源通过铁路运输。

4. 探索灵活的运价浮动机制

严格规范货运收费，完善货物运价浮动管理办法，推进货运"营改

增"工作,做到货运收费合法合规、公开透明。按照《国务院关于改革铁路投融资体制、加快推进铁路建设的意见》和总公司统一部署,坚持铁路运价改革市场化取向,探索建立铁路货运价格随公路货运价格变化的动态调整机制,增加货物运价弹性,充分发挥价格杠杆的调适作用。

(二) 强化安全风险管理,确保货运安全稳定

1. 推进货运安全基础建设

深入推进货运安全管理规范化、标准化建设。根据货运改革情况,优化货运岗位职名设置,完善货运岗位职责、业务流程和质量标准,定期修订安全风险管理"三书一卡",不断丰富完善安全关键环节作业指导书,推动岗位作业标准落实。

2. 深化货运安全生产专项整治

以货物装载加固、危险货物运输、超限超重货物运输、集装箱运输、货检、装卸管理、煤炭抑尘、押运人管理为重点,开展货运安全生产专项整治活动,集中力量解决一批影响货运安全的突出问题。深入研究和查找货运安全管理的薄弱环节,加强对惯性问题和突出隐患的整治,重点整治作业中的"两违"行为,确保整治工作取得实效。

3. 强化货运安全风险过程控制

严格落实集团公司安全风险管理过程控制管理办法,抓好安全生产过程控制平台的运用,切实强化货运安全风险过程控制。重点落实大件货物、卷钢、废钢铁、料石以及箱装玻璃等重点货物办理站资质管理,严格开办条件,把好装车源头关。

4. 加强从业人员安全业务培训

以货运安全管理、货运营销、货运价格、物流服务为重点,针对装卸人员、货运安全员等举办装载加固、危险货物运输、集装箱运输、篷布管理等培训班,开展危险货物运输事故、超限超重货物运输应急救援演练和货运、装卸职业技能竞赛,提高货运从业人员的业务水平和应急处理能力。

(三) 深化货运营销攻关,实现货运增运增收

1. 强化货运营销基础

加强营销队伍建设,配齐配强集团公司、货运中心、物流车间三级货运营销人员,探索对专职营销人员实行"底薪+提成"的营销业绩考核,营销业绩与个人所得紧密挂钩,充分激发营销人员闯市场、揽货源的积极性和主动性。

2．改进货运营销策略

一是稳定大宗货源。按照"二八定律"和互利共赢原则，采取运量互保、量价互保的策略，拓展与大客户的战略合作范围和内涵，保持基础货源相对稳定。强化港口和钢厂挖潜提效的成果，提高运输保障能力。二是做大白货运量。对零散白货，在配空、装车、挂运等环节上优先安排，确保白货装车兑现率达到98%以上。进一步开行广州至长沙快捷班列，并逐步由单向运输拓展为往返运输。三是扩大广东省国际联运货物运量。借助广东省建设国际联运物流大通道的有利时机，充分利用班列运价政策，扩大珠三角地区的国际联运货物运量。

3．加强客户关系维护和管理

建立客户电子信息档案，实行客户分级管理，对年发送量20万吨以上的A类客户设立专职客户代表，提供"一对一"的服务。

（四）改善货运设备设施，提高物流服务能力

1．加大货运配套设备设施投入

落实《铁道部关于"十二五"铁路货运设备设施建设的实施意见》要求，加强货检手持机系统、货运高清视频等安全检测监控设备建设。

2．新建货运生产管理系统

完成大朗货场生产管理系统建设，全过程监测货场内生产动态，实现货物进站、仓储、装车、到达、交付的综合高效管理，并积极在其他主要货场推广运用。

（五）提高服务质量，全面改善客户体验

1．大力开展"门到门"运输

坚持接取送达业务服从、服务于增运增收大局，实行门到门运输、仓储等延伸服务保本微利经营。加强与兄弟铁路局的跨局合作，积极承揽大客户物流外包业务；积极探索与社会物流企业的合作方式，增加接取送达业务办理站，快速提升铁路接取送达能力。

2．加强货运投诉管理

认真落实《广铁集团货运服务质量投诉处理管理实施细则》，强化货运服务质量的检查考核，加强客户回访工作，进一步提高投诉处理的效率和质量。加强投诉信息分析和综合利用，不断改善货运日常管理，提高服务质量。

3．打造货运服务品牌

在开好广州至长沙班列的基础上，开行管内中心城市间快捷班列、打造管内内陆城市到沿海港口的集装箱运输等货运品牌，塑造铁路货运良好服务形象。

4．开展货运服务质量综合评价

制定《货运服务质量综合评价考核办法》，综合客户满意度测评、客户投诉、媒体曝光、内部检查、标准化创建等信息，组织开展年度货运服务质量综合评价考核，强化服务质量综合评价结果的反馈和分析，充分发挥评价结果对货运工作的激励作用，促进货运服务质量的全面提升。

第四章 2013 年广东省航空货物运输发展
回顾与展望[①]

2013 年，全球经济仍处于欧债危机所引发的全球经济危机后的调整期，世界主要经济体经济增长低迷，国际航空货运市场依然低迷。国际环境依然复杂多变，由于日本挑起的钓鱼岛争端在 2013 年没有平息迹象，这对中日经济和贸易往来的影响将继续加深。得益于中韩两国自由贸易协定（FTA）谈判推进顺利，广东地区与韩国的进出口贸易稳步发展。国内原有竞争优势减弱，新优势尚未形成，国内经济依然处于结构调整过程之中。

一、2013 年我国航空运输发展情况

2013 年，在世界经济复苏艰难，国内经济下行压力加大的情况下，全国民航主要运输指标继续保持平稳较快增长。2013 年，全行业完成运输总周转量 671.7 亿吨公里，比上年增加 61.4 亿吨公里，增长 10.1%，其中旅客周转量 501.43 亿吨公里，比上年增加 55.00 亿吨公里，增长 12.3%；货邮周转量 170.29 亿吨公里，比上年增加 6.40 亿吨公里，增长 3.9%。完成货邮运输量 561.2 万吨，比上年增长 3.0%，其中国内航线完成货邮运输量 406.7 万吨，比上年增长 4.7%（港澳台完成 19.9 万吨，比上年降低 4.4%）；国际航线完成货邮运输量 154.5 万吨，比上年降低 1.3%。全国民航机场完成货邮吞吐量 1 258.5 万吨，比上年增长 4.9%，其中东部地区完成货邮吞吐量 962.94 万吨，东北部地区完成货邮吞吐量 44.34 万吨，中部地区完成货邮吞吐量 65.52 万吨，西部地区完成货邮吞吐量 185.72 万吨。

---

① 撰稿人：万青 广州民航职业技术学院教授。

亿吨公里

百分比

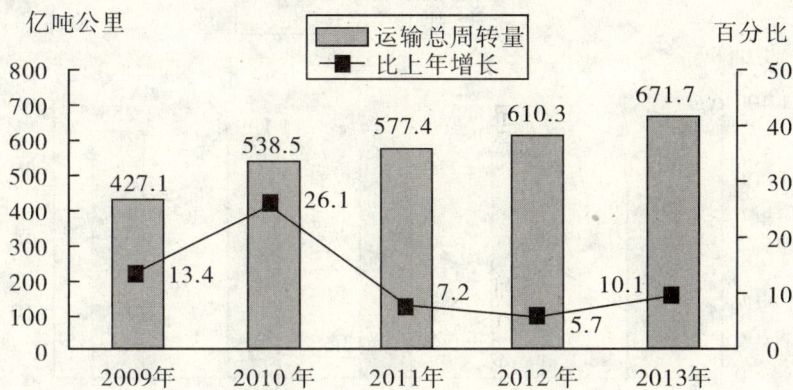

图 1-7 2009—2013 年我国民航运输总周转量

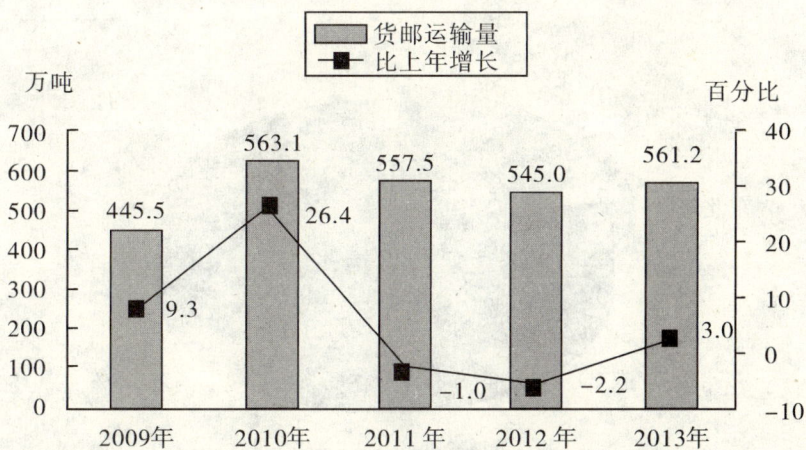

万吨

百分比

图 1-8 2009—2013 年我国民航货邮运输量

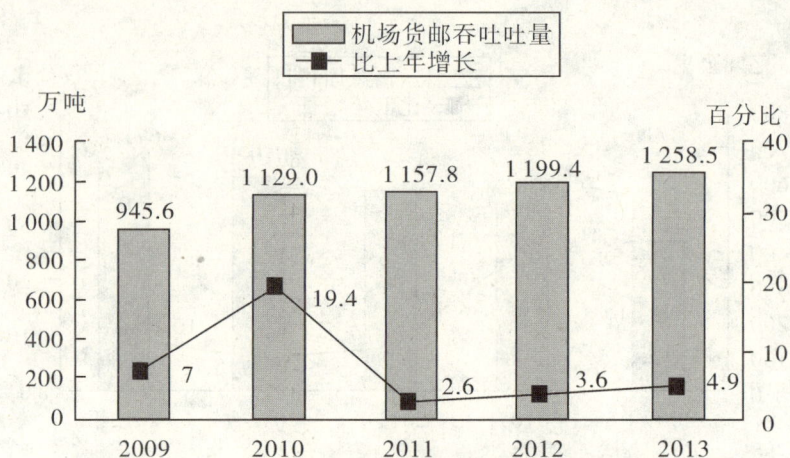

图 1-9　2009—2013 年我国民航机场货邮吞吐量

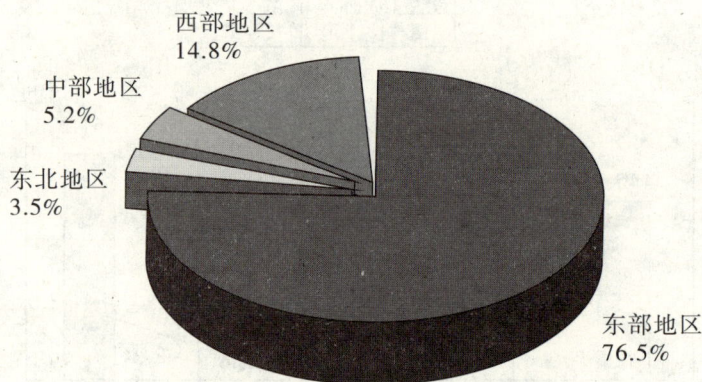

图 1-10　2013 年我国机场货邮吞吐量按地区分布

　　2013 年全国运输机场货邮吞吐量达 1 万吨以上的共 50 个，其中北京、上海和广州三大城市货邮吞吐量占全部机场货邮吞吐量的 51.8%，但较 2012 年同期占比 53.5%、2011 年同期占比 54.9%，可以明显看出北京、上海和广州三大城市货邮吞吐量占全部机场货邮吞吐量的比例持续下滑。

表 1 - 9　2013 年国内机场货邮吞吐量前十位排名

机场	名次	本期完成（吨）	上年同期（吨）	比上年增减%
上海/浦东	1	2 928 527.1	2 938 157.0	- 0.3
北京/首都	2	1 843 681.1	1 799 864.0	2.4
广州/白云	3	1 309 745.5	1 248 764.0	4.9
深圳/宝安	4	913 472.1	854 901.0	6.9
成都/双流	5	501 391.2	508 031.0	- 1.3
上海/虹桥	6	435 115.9	429 814.0	1.2
杭州/萧山	7	368 095.3	338 371.0	8.8
厦门/高崎	8	299 490.8	271 466.0	10.3
昆明/长水	9	293 627.7	262 272.0	12.0
重庆/江北	10	280 149.8	268 642.0	4.3

二、2013 年广东省航空运输发展情况

2013 年，广东省航空运输在不利的市场环境中，继续保持了较高的发展速度，各项运输生产指标再创新高。旅客运输吞吐量突破 9 000 万大关，达 91 236 629 人次；全年货运吞吐量保持持续增长趋势，达 2 266 969.9 吨；全年起降架次达 745 157 架次。与货邮吞吐量世界排名第三、国内排名第一的上海浦东国际机场相比，二者货邮吞吐量由 2012 年相差 802 270.7吨减少到 661 557.2 吨，进一步缩小了与上海浦东机场的差距。在上海浦东国际机场自 2011 年货邮吞吐量持续下降的同期，广东省全省航空货邮吞吐量保持了持续的增长态势。

广东省航空运输依然以广州白云国际机场和深圳宝安国际机场为龙头，继续保持国内货邮吞吐量机场第三名和第四名的位置，两家机场各项业务量均占到省内航空运输量的 9 成以上，除佛山沙堤机场货邮吞吐量出现大幅度下滑外，其他四家机场均保持增长态势。这也反映出 2013 年广东省经济依然维持较高活跃度。

表 1 – 10　2013 年广东省机场货邮吞吐量

机场	全国名次	本期完成（吨）	上年同期（吨）	比上年增减（%）
广州/白云	3	1 309 745.5	1 248 764.0	4.9
深圳/宝安	4	913 472.1	854 901.0	6.9
珠海/三灶	43	22 667.1	16 270.0	39.3
揭阳/潮汕	47	17 303.8	10 647.0	62.5
湛江	75	2 104.2	1 969.6	6.8
佛山/沙堤	93	1 614.1	2 840.0	– 43.2
梅县/长岗岌	149	63.1	36.0	75.3

表 1 – 11　2013 年广东省机场旅客吞吐量

机场	全国名次	本期完成（人）	上年同期（人）	比上年增减（%）
广州/白云	2	52 450 262	48 309 410	8.6
深圳/宝安	6	32 268 457	29 569 725	9.1
珠海/三灶	45	2 894 357	2 090 491	38.5
揭阳/潮汕	46	2 686 007	2 103 303	27.7
湛江	70	691 443	517 236	33.7
佛山/沙堤	133	161 953	183 032	– 11.5
梅县/长岗岌	151	84 150	52 672	59.8

表 1 – 12　2013 年广东省机场起落架次

机场	全国名次	本期完成（次）	上年同期（次）	比上年增减（%）
广州/白云	2	394 403	373 314	5.6
深圳/宝安	4	257 446	240 055	7.2
珠海/三灶	44	44 725	43 815	2.1
揭阳/潮汕	53	32 391	21 316	52.0
湛江	76	12 180	9 697	25.6
佛山/沙堤	162	1 238	1 335	– 7.3
梅县/长岗岌	135	2 774	2 114	31.2

（一）广州白云国际机场

第一，业务量稳步提升。2013 年，白云机场完成飞机起降 39.4 万架次，旅客吞吐量 5 245.03 万人次，货邮吞吐量 130.97 万吨，分别同比增长 5.6%、8.6% 和 4.9%，增幅始终保持在全国同类型机场前列，在业务量稳步增长的同时继续稳居全球十佳服务机场行列。

第二，枢纽建设取得成效。全年新增 13 条国际航线，新增国际通航点 6 个，国际和地区通航点达到 60 个，国际航班量增加到每周 731 班，中转旅客稳步增长。顺利实现国际一号货站全面启用，机场货站处理能力从 10 万吨提升至 52 万吨。24 小时国际过境旅客免办边检手续政策和部分外国人 72 小时过境免签政策得到落实，通程航班成功新增洛杉矶和温哥华两个试点，"三个一"通关模式在白云机场首先实施。新增从化和增城城市候机楼，城市候机楼已覆盖珠三角 14 个城市。

第三，服务水平不断提高。2013 年，白云机场持续开展"开放办机场，服务大提升"活动，完成了网站升级、手机客户端上线、增配智能型小手推车等二十余个服务提升项目，以"中转服务和机场交通优化"为主题开展 2013 年"金点子"征集活动，使服务水平稳步提升。

（二）深圳宝安国际机场

2013 年，深圳宝安国际机场实现旅客吞吐量 3 226.85 万人次，同比增长 9.1%；货邮吞吐量 91.35 万吨，同比增长 6.9%；飞机起降架次 25.74 万架次，同比增长 7.2%。深圳宝安机场实现了跨越式发展，旅客吞吐量突破三千万人次，货邮吞吐量逼近百万吨关口，机场影响力不断提升。

第一，新航站楼投入使用，发展空间得到保障。2013 年，深圳机场新航站楼的顺利投入使用，打破了长期困扰深圳机场的保障能力不足的发展制约，带来了地面保障资源的释放和北行分流航线的落实，提高了航班运行保障效率，推动了深圳机场航空主业的持续发展，并将进一步辐射临空经济与地区经济，满足了深圳机场航空主业快速增长的需求，提升了其应对区域内市场竞争的能力，为机场未来持续发展打下坚实基础。

第二，优化航线网络，提升品牌形象。2013 年，深圳机场抓住转场的发展机遇，持续挖掘主业发展潜力，以"调结构，强通达"为目标，优化航线网络，新增拉萨等国内航点 15 个；以"国际化战略"为指引，新开普吉岛航线，通航城市达到 109 个，国际航线旅客吞吐量同比增长 26.5%；以 T3 转场为契机，通过主办、参加国际高峰论坛，加大业务推介力度，提升深圳机场品牌影响力。

第三，业务不断发展，通关环境优化。2013 年，深圳机场物流园业务实现全面升级，新增货站等物业管理设施，面积达 7.8 万平方米，综合物流 IT 增值服务持续提升，ALMS 系统正式上线运行；保税中心业务发展势头强劲，引进中航国际物流有限公司等战略客户，启动保税物流中心二期项目，加强对潜在快件大客户的引进，为货运业务放量打下基础；通关环境进一步优化，一般贸易类货物"集中报关"，24 小时通关等 6 项便利通关政策落地运行；快件监管中心通过改善通关环境，提升快件业务通关效率，成为深圳市首批跨境电子商务出口试点单位。

（三）其他机场发展情况

2013 年，除佛山/沙堤机场各项指标下滑外，珠海/三灶、揭阳/潮汕、湛江、梅县/长岗岌机场均保持增长势头，珠海和揭阳/潮汕机场继续保持中国机场货邮吞吐量前 50 名，各家机场继续实行差异化竞争战略，根植于区域经济，持续稳步增加航班航线。从珠海、揭阳、湛江、梅县机场各项业务处理增速可以看出这种市场策略的有效性和针对性，客货吞吐量增长均高于全行业平均增长水平，保持了较高的发展增速。

随着我国航空通用市场的逐步开放，广东省除广州白云国际机场和深圳宝安国际机场外，要密切留意通用航空市场的发展变化，抓住我国通用航空市场开放的发展契机，走上航空运输市场细分、精细差异化竞争的改革发展新思路。

三、2014 年广东省航空运输发展展望

（一）航空运输业发展趋势和竞争格局

2014 年，我国及地区民航事业发展总体形势比较平稳。第一，十八届三中全会作出的进一步深化改革的决定，以及 2014 年中央经济工作会议提出的坚持稳中求进的经济总基调，将为我国经济持续保持良好快速发展保驾护航，国民经济平稳较快发展将增加航空运输需求尤其是国内航空需求；第二，国家加大经济结构调整力度、扩大居民消费需求、稳定发展对外贸易、促进现代服务业发展、加快旅游业发展、放开民营航空设立，将进一步扩大航空运输市场规模，有力推动民航业发展。

广东省经济总量和进出口总额连续多年保持全国第一，人均 GDP 也连

续多年保持全国前列，为广东民航发展提供了强力支持；稳步推进建设民航强国战略进程，广东省加强珠三角中心城市建设，大力推进城镇化和区域协调发展，将进一步促进广东省民航业快速发展。

但与此同时，广东省航空运输的发展也要面对复杂的国际国内形势和竞争格局，主要表现在：一是国际经济形势仍然严峻复杂，国际金融危机的影响短期内很难消除，油价的波动也对航空业发展造成很大的经营风险和利润压力，同时我国正通过转变经济发展方式来获取全新的发展动力，预计 2014 年国内经济发展速度继续减缓；二是行业监管部门在确保航班正常方面不断出台新举措、新办法和新要求，对行业服务的安全性、便捷性、可靠性提出了更高的要求；三是随着全球化进程的加速，国内外旅客对民航服务的需求日益呈现国际化、多元化和个性化特征，对机场的专业服务水平要求也越来越高；四是广东省的广州和深圳将继续与香港、新加坡、仁川、上海、北京等国内外一流机场开展激烈的市场竞争；五是高铁线路的建设和完善，以及高铁快递业务的发展，将对民航快递产生一定的冲击。

（二）广州白云机场和深圳宝安机场将继续保持增长

大珠三角地区拥有良好的经济基础和发展前景，是中国最大的航空运输市场，是我国改革开放以来经济增长最快，最具活力的地区，有望在新一轮改革开放中继续发挥引领作用。大珠三角地区拥有亚太乃至世界上最主要的枢纽机场群之一，广州和深圳处于发达城市地域的综合交通枢纽中心，两地机场应形成优势互补、差异发展的格局，共同推动区域经济和社会的全面发展。

广州和深圳是珠三角地区海、陆、空多种运输方式的重要综合节点，拥有强大的集散功能，是客货航空运输的最佳选择。广州白云机场应把握《关于促进民航业发展的若干意见》中有利白云机场发展的机遇，通过规范发展方式、创新发展模式、提高发展效益，努力推动白云机场实现转型升级和跨越式发展，早日建成功能完善、辐射全球的大型国际航空枢纽。深圳宝安国际机场则应发挥独特的区域位置优势和丰富的航空客货市场资源，继续着力打造成为区域客运枢纽、华南货运门户和亚太主要快件集散中心。深圳宝安国际机场在高端航空服务业拥有更广阔的前景，在 2014 年进一步促进了深圳机场的产业发展。

第五章　2013年广东省快递行业发展回顾与展望[①]

一、2013年广东省快递行业发展总体情况

2013年是全面深入贯彻党的十八大精神和加快建设与小康社会相适应的广东快递业的开局之年，也是实施广东快递业发展"十二五"规划的关键一年。在国家邮政局和广东省委、省政府的正确领导下，广东快递行业紧紧围绕主题主线，坚持以提高发展质量和效益为中心，按照抓发展、促规范、保安全、强基础的工作思路，全面加强了快递市场的管理能力，行业持续高速发展，市场秩序不断改善，服务能力和服务质量稳步提高，各项重点工作成效明显，全省快递业发展迈入了一个新的阶段。

（一）保持快速发展态势，业务量再创新高

2013年广东和全国一样，快递业保持了快速增长的态势。数据显示，全国快递业务量完成92亿件，同比增长60%；快递业务收入完成1430亿元，同比增长36%。广东快递业务量完成21.07亿件，同比增长57.49%，占全国总量的22.93%；快递业务收入完成336.78亿元，同比增长37.11%，占全国总收入的23.36%。广东快递业务量和业务收入多年来均居全国首位。

2013年，"双十一"期间（按6天计），全国共收投快件3.46亿件，比2012年同期增长73%。广东共收投快件1.15亿件，其中收件超过7 500万件，投件超过4 000万件，平均每天收投1 916万件。"双十一"期间，广东圆满完成了国家邮政局提出的在重要运营节点不爆仓、不瘫痪的目标任务。

（二）制定发展政策，进一步优化发展环境

2013年，国家和广东省快递业发展政策环境进一步优化，对快递行业的发展将产生深远的影响，主要表现在：

第一，行业发展远景目标得到明确。2013年1月，国家邮政局在全国

---

　　①　撰稿人：李清喜　广东省快递行业协会秘书长。

邮政管理工作会议上提出到 2020 年"建成与小康社会相适应的现代邮政业"的行业目标。该目标细化为"经济持续健康发展"、"人民群众用邮水平全面提高"、"企业培育跃上新台阶"、"行业文化软实力显著增强"、"创新型发展战略取得重大进展"等五个具体指标。这是我国邮政体制改革以来，首次提出的行业发展远景目标，对于指导快递业未来几年发展具有重要而深远的意义。

第二，快递业被纳入"营改增"试点。2013 年 12 月，国务院决定将快递业纳入"营改增"试点，快递业税制改革终于迈出了实质性的步伐。"营改增"不仅仅是税收方式的"分别核算、区别纳税"，更重要的是将"促进和加快快递业转变增长方式，促进行业分工不断细化，促进快递业与其关联产业的关系深化"。在市场利益的驱动下，快递企业的转型升级也必将加快步伐，"营改增"对行业今后的发展影响和意义重大。

第三，新修订的《快递市场管理办法》施行。2013 年 3 月，新修订的《快递市场管理办法》正式施行。同年 8 月起，国家邮政局在全国范围内，对跨省（市、区）经营快递业务的企业进行清理和规范。重点对超范围经营、无证经营、违法寄递国家机关公文、外资快递企业经营国内信件快递业务、侵犯消费者合法权益等问题企业出重拳进行整治。

第四，切合企业需要提供行业发展政策指引。2013 年，国家加强了行业法制建设，颁发了《商务部等部门关于实施支持跨境电子商务零售出口有关政策意见》、《国家邮政局关于提升末端投递服务水平指导意见》和《智能快件箱》邮政行业标准等文件，引导企业加强末端服务网络建设，探索推广智能投递，对末端服务网点实行备案管理，简化许可或变更流程的办理手续，着力解决"最后一公里"服务问题。

第五，《广东省快递市场管理办法》通过审议。2013 年 4 月，《广东省快递市场管理办法》经广东省政府常务工作会议审议通过，同年 7 月 1 日起施行。办法明确政府相关部门应对快递企业用地、融资以及快递车辆停靠等方面给予政策优惠。

（三）落实相关政策，促进行业健康发展

第一，贯彻落实《广东省快递市场管理办法》。为贯彻落实《广东省快递市场管理办法》，中山、江门、肇庆、汕头、潮州、阳江、揭阳等市相继出台了保障快递车辆便捷通行的文件，方便了城市快递车辆的作业和通行。

第二，注重行业规划与政府规划相衔接。2013 年，全行业开展了"十二五"规划中期评估工作，各地市编制了 2013—2015 年的发展规划，积极争取将规划和重点工程纳入地方政府规划和部门专项规划中，其中，中山、韶关、梅州等地的规划与当地政府进行了较好的衔接。

第三，积极争取当地政府政策支持。珠海、江门、揭阳等市积极向地方政府沟通汇报当地快递业发展情况，在快递车辆通行、企业融资、区域快件中心建设、快递人员培训和落户等问题上都得到了地方政府的政策和财政支持。

（四）紧扣行业发展瓶颈，努力提升服务质量

第一，开展提升服务质量专项整治活动。从 2013 年年初至年底，全省快递行业开展了提升服务质量的专项整治活动。针对快件延误、丢失损毁多、投递服务差、赔偿难和野蛮作业等热点问题进行大力整治。期间，全省共执法检查 2 729 次，出检 7 431 人次，检查企业共 2 505 家，发现问题企业 724 家，违法违规经营 204 件，责令整改 161 件，制定整改措施 2 086 项。通过整治活动，提高了行业整体服务水平。

第二，认真抓好行业旺季服务保障工作。"双十一"期间，广东快件量大增，快件收投超过 7 500 万件，占全国同期总量的 20%，较平日增长 110%。为保障行业旺季生产，各地立足早准备早谋划，采取了扩增分拣场地、添设分拣设备、租赁中转仓库、购置和租用转运车辆、招聘临时工增加作业人员、调整作业时间、增加作业频次等措施，确保了"不爆仓、不瘫痪"的目标任务。

第三，注重处理消费者的投申诉问题。消费者的投诉和申诉是考量企业服务质量的一个重要指标。针对部分快递企业服务质量问题突出、申诉处理逾期答复等问题，有关部门进行了约谈，并对相关企业进行了行政处罚。2013 年，省行业申诉受理中心共处理申诉 71 670 件，其中有效申诉 39 386 件，挽回消费者损失 611 万元，申诉满意率达 91.82%。2013 年广东申诉处理工作考核评分名列全国第一。

第四，积极探索建立长效诚信机制。2013 年，全省快递行业开展了以"企业诚信文化建设"为主题的征文比赛，评出获奖征文 16 篇；各地市还逐步建立健全企业诚信经营的办法和措施，进一步推动了行业诚信文化建设；广东省率先在全国开展了快递行业等级评定的试点工作，围绕服务质量和诚信经营，用十多项考核指标将企业分等级进行管理，在第一阶段的试点工作中为全国摸索出一些诚信建设的经验。

第五，狠抓行业发展安全管理。为保障快递服务的安全，全省21个地市成立了寄递渠道治安管理协调小组，开展了落实收寄验视专项整治活动，并配合公安部门开展整治寄递渠道非法贩运枪爆危险品、"雷霆扫毒"和"扫黄打非"等专项行动。通过上述一些活动，查处了一批违规违法案件，营造了安全服务的氛围，保障了全省寄递渠道的安全畅通，提升了行业安全生产和管理的能力和水平。

（五）加大行业投入，积极探索创新发展

第一，随着全省快递业务量的快速增长，为提高自身服务能力，快递企业加大了相关投入。2013年，全省新建或扩建了分拨中心20多个，新增作业面积30万平方米，新增各类型货运车辆1 300多台，全货机6架。第二，快递行业的快速发展和经营环境的改善，吸引了大量的业外资本投入，使行业的投资主体更加趋于丰富。第三，为适应电商快速发展的趋势和需要，企业积极改变传统快递单一模式，大胆尝试与电商结合，优化网络布局和管理机制，提高企业市场竞争力，促使企业转型升级和创新发展。

（六）成立地方协会，形成促行业发展合力

自2012年12月起至2013年5月止，广东全省21个地级市根据行业发展需要相继成立了各地快递行业协会。各地级市快递行业协会的成立，进一步形成并凝聚了行业发展的合力，健全了"政府管理、行业自律、社会监管"的行业管理格局。

二、广东省快递业发展存在的主要问题

2013年，广东快递业虽然保持了快速发展，但也存在一些问题。

第一，从行业整体情况看，行业在多年快速发展中所积累的问题开始显现：一是供需矛盾仍旧比较突出，投递末端短板仍然存在；二是市场经营秩序还不规范、低价格竞争问题比较突出，行业科学发展和可持续发展的基础并不牢固；三是城乡、区域间发展不平衡、不协调的问题还在延续；四是服务水平参差不齐，行业从业人员的整体素质还不高，投诉和申诉问题还比较多；五是寄递渠道安全隐患增多。

第二，从企业发展层面看，一是企业各项运营成本不断提高，生产用

地问题难以有效解决，经营发展压力正在加大；二是企业服务创新意识不强，相关投入不足，融资渠道不通畅；三是中央和地方政府对行业扶持政策和措施落实不到位，城市快递车辆通行难的问题尚未有效解决等。

三、2014 年广东快递业发展展望

（一）2014 年行业发展形势分析

2014 年是国家推行经济和社会政策全面变革的重要一年。当前的形势复杂多变，机遇与挑战共存，但发展机遇应该大于挑战。随着国家宏观经济进一步调结构、转方式、惠民生及我国工业化、信息化、城镇化、农业现代化的同步推进，城乡居民对快递服务的需求将进一步扩大，对促进快递业的发展创造了客观条件。特别是广东作为全国最大的制造中心、出口中心、流通中心和商贸中心，快递业继续保持快速发展的态势在短期内不会改变。循着这些年广东快递业发展的脉络，2014 年广东快递业发展必将延续的一些趋势是：市场的进一步开放引发的竞争更加激烈；市场监管和市场规范化将进一步加强；"营改增"试点将推动快递企业科学管理和转型升级；快递实名制的推进对安全和质量的要求会更高。在这种形势下，快递市场经营主体和管理部门要认清和顺应当前形势，牢牢把握发展的趋势，调整好发展和管理的思路，力求变革与创新，才能确保行业快速、健康和可持续发展。

（二）2014 年广东快递业发展预期目标

一是全年快递业务量达到 30 亿件，同比增长 44.2%；二是全年快递业务收入达到 420 亿元，同比增长 27.3%；三是在实现业务量较快增长的同时，更加注重质的提升，确保量质并举，以质为先。

（三）2014 年促进广东快递业发展的主要举措

1. 努力推进行业政策落地

指导企业贯彻落实快递业"营改增"试点政策，开展税制改革成效评估，保障行业平稳实施税制转换；落实国务院办公厅《关于实施支持跨境电子商务零售出口有关政策意见》，研究落实跨境电子商务寄递服务的具体措施，推动重点地区、重点企业加快建设跨境网购寄递业务；加大《关于加强和改进城市配送管理工作的指导意见》的落实力度，在更多地区解决城市快递车辆通行难等问题；加强协调沟通，以点及面，推进快递业用

地扶持、税费减免等政策的落地执行。

2. 加快推进基础能力建设

鼓励社会货车进入快递服务领域，支持有条件的上下游企业参与快递网络建设；配合国家重点交通枢纽建设，推动快递园区和重点区域分拨中心的建设和改造；引导规模以上快递企业在县级市完善快递服务网络，做好"快递下乡"和"快递西进"工程方案并组织实施；支持主要快递企业加快自主航空网络建设，加强"快递绿色通道"建设，实施"上机上铁"工程；加快在社区、校区、商区等公共场所配置智能快件箱，引导社会资源参与快递末端设施建设；推动快递企业实施"走出去"战略，通过自建、合作、并购等方式建设跨境网络。

3. 加强行业规划组织实施

推动解决在"十二五"规划中期评估中发现的重点、难点问题，确保规划实施到位；开展行业发展"十三五"规划预研究，联合院校和规划部门，围绕国家行业规划的制订，结合广东实际，全面调查分析市场情况，为制订广东快递业发展"十三五"规划做好前期准备工作。

4. 鼓励服务创新与科技进步

加强对全行业基础性、战略性、前沿性科学研究和共性技术研究；鼓励快递企业开办新型增值服务，引导企业发挥比较优势，打造个性差异化服务；充分利用市场机制推进快递企业兼并重组，加快培育标杆企业；推动快递业与综合交通运输体系资源优势互补，鼓励和扶持新能源车辆进入快递领域，促进行业绿色低碳发展。

5. 着力保障行业安全发展

坚持"安全为基、发展为要、服务为上"的原则，强化寄件人、寄递企业的主体责任，以严格执行收寄验视制度，保护用户信息安全和生产管理安全为重点，进一步完善应急机制建设和寄递渠道安全保障制度；要继续加强快递服务诚信体系建设和企业文化建设，进一步提升快递服务质量和企业的软实力，释放行业的正能量，扩大行业的号召力，促进行业健康发展。

第六章 2013年广东省冷链物流发展回顾与展望[①]

一、2013广东省冷链物流发展总体情况

近几年来，为促进农产品流通，满足广大居民对生鲜农产品的品质和安全的要求，促进农民增收，广东省各级政府重视以生鲜农产品冷藏和低温仓储、运输为主的冷链物流建设。2005年，我省配合国家鲜活农产品流通"五纵二横绿色通道"网络的建设，积极谋划生鲜农产品跨区域长途运输主通道，这为广东省冷链物流业发展奠定了基础；2007年，广东省扎实推进社会主义新农村建设，在加快推进建设现代农业、转变农业增长方式、促进农业又好又快发展的同时，也较好地带动全省冷链物流业步入发展期；2010年，亚运会在广州的成功举办，加速带动广东省冷链物流业发展；2012年，广东省出台了专门的农产品冷链物流发展规划，冷链物流设施建设成为新的投资热点，并吸引了外资冷链物流企业的入驻，冷链物流规模不断扩大，全省冷链物流业迎来一个全新的发展时期；2013年，随着广东省农产品冷链物流发展规划的全面落实和推进，冷链基础设施得到快速发展，冷链操作逐渐优化，冷链物流技术推广和应用越来越受到重视。

（一）冷链物流发展环境改善

随着国民整体生活水平的不断提高，生鲜农产品的消费规模快速扩大，居民的冷链消费能力和安全消费意识不断提升，对农产品的多样化、新鲜度、营养性和安全性等方面提出了更高的要求。现代物流业的快速发展和市场专业化的日益细分，对医药、生鲜农产品、食品的冷链物流服务提出了更高的要求。

2013年，中央政府及有关部门对冷链物流发展支持力度不减，多个文件中提出健全农产品冷链物流体系，支持冷链物流基础设施建设，降低冷链物流费用，提高冷链物流信息化水平等。广东省及各个地市也加大力度开展相关政策和规划研究，进行重点工程和项目的谋划和布局，积极推动

[①] 撰稿人：刘广海 广州大学物流与运输研究所。

冷链物流产业快速发展，这使冷链物流需求得以释放，其发展环境得到了明显改善。

（二）冷链物流基础设施加快建设

随着生活节奏的加快、生活水平的提高，居民对商品的优质化、差异化需求越来越高，这促使企业不断加强自有冷链设施装备的升级改造，引进国际先进设备，加强技术管理，冷藏、冷冻、冷运能力不断增强。据初步统计，2013年，包括广州长运冷链物流中心在内的一大批冷链基础设施得以新建、扩建，全年新增冷库20余万吨，新增运输车辆500余辆。截至2013年年底，广东省有大小冷库1 700多座，冷库容量近200万吨。在冷库分布方面，广东省冷库主要分布在珠三角地区，尤其是广州、深圳和佛山地区最为集中；在冷库投产时间方面，2001年至2010年间投产的约占40%~50%，2011年至今新建的达30%，可见其发展速度越来越快；在冷库温度设置方面，目前80%以上的冷库为低温库，仅有不足20%库容为高温库。

（三）冷链物流需求不断增长

首先，广东作为华南地区最大的经济体和人口聚居地，截至2013年共有常住人口10 644万（其中城镇人口7 212万，农村人口3 432万），居民易腐食品消费量与日俱增，据人口统计分析，广东省年易腐食品消费量达2 200余万吨，且数量仍在不断增长，冷链物流需求也在不断增加。其次，随着生鲜农产品产量、需求量和进入流通领域量的不断增长，冷链物流比例逐步提高，据统计，广东省果蔬、肉类、水产品冷链流通率分别在20%、30%、35%左右。再次，大型医药企业的干支线运输和高档鲜花的冷链服务也初具规模，随着冷链物流市场规模不断扩大，市场需求增速仍在加快。截至2013年，广东省具有一定规模的冷链物流相关企业超百家，全省冷链食品消费量达600余万吨，流通量达1 000余万吨。近几年，冷链物流产品年交易额以约20%的速度递增，冷链物流营业额逐年增加。

（四）冷链运输配送规模逐年增加

广东省是华南地区乃至全国重要的医药和农产品集散地，年易腐货物运输总量近4 000万吨，冷藏运输量达1 000余万吨。以省内冷链运输配送最为集中的广、深为例，2013年配送规模分别达到548亿和526亿，年均增速分别达到12.2%和10.1%。在运输配送形式方面，生产企业采用自行运输配送的占60%左右，仅有40%左右的企业采用第三方物流进行运输配送；在运输配送品类方面，速冻食品、肉类、水产等冻品运输占主要部分，总量合计占到总运量的 50% ~60%，其次是乳制品、干货和果蔬等；在运输配送路径上，以城市内部配送和城际配送为主，干线运输为辅，其中，市内配送和城际配送占到总运量的 70% ~80%。

表 1-13　城镇居民人均生鲜易腐食品数量

单位：千克

年份	1990 年	1995 年	2000 年	2005 年	2010 年	2012 年
蔬菜	138.70	116.47	114.74	118.58	116.11	112.3
水果	41.11	44.96	57.48	56.69	54.23	56.1
肉类	25.16	23.65	25.50	32.83	34.72	35.7
水产品	7.69	9.20	11.74	12.55	15.21	15.2
禽蛋	7.25	9.74	11.21	10.40	10.00	10.5
鲜奶	4.63	4.62	9.94	17.92	13.98	14.0

表 1-14　农村居民人均生鲜易腐食品数量

单位：千克

年份	1990 年	1995 年	2000 年	2005 年	2010 年	2012 年
蔬菜	134.0	104.6	106.7	102.2	93.2	84.7
水果	5.8	13.0	18.3	17.1	19.6	22.8
肉类	12.5	13.5	18.3	22.4	22.1	23.5
水产品	2.1	3.3	3.9	4.9	5.1	5.4
禽蛋	2.4	3.2	4.7	4.7	5.1	5.9
鲜奶	1.1	0.6	1.0	2.8	3.5	5.3

（五）冷链物流信息技术逐步推广应用

　　冷链物流技术推广和应用越来越受到重视，冷链溯源与全程监控等技术逐渐成熟，RFID 及传感技术等信息化技术应用程度不断提高。如广州市物流与供应链协会提出了广州市城市配送信息服务平台冷链追溯系统并展开建设。据抽样统计分析发现，广东冷链企业总体信息化水平居于全国前列。在全省规模以上冷链物流企业中，75%的冷链物流企业使用了视频监控系统，60%以上的冷链物流企业实施了温度监控管理，50%以上的冷链物流企业建立了自身的仓储信息管理系统；在冷链运输企业中，60%以上的冷链运输企业采用了温度监控，10%左右的冷链运输企业采用了视频监控，70%以上的冷链运输企业运用了GPS进行调度管理。

（六）冷链物流应用范围不断扩大

目前广东省冷链物流已从过去单一的肉食品、水产品，向医药、蔬菜、水果、花卉、熟食品、奶制品、快餐原料等多品种方向发展，服务范围由简单的冷冻储藏向"从田头到餐桌"全程冷链物流服务发展，冷链物流体系逐步形成。冷链物流业已逐步走向规模化、专业化，在国内处于领先水平。

（七）冷链物流标准化组织不断壮大

2013年，由广州大学、广州市标准化研究院、广东省冷藏链协会、广州拜尔聚氨酯科技有限公司筹建的广东省冷藏链标准化技术委员会（以下简称"标委会"）获得批准，进入正式建设阶段。标委会将负责确定省内冷藏链中预冷、加工、冷冻冷藏、运输、贮藏、配送、销售等各环节涉及的术语和定义，以及完善企业和从业人员、装备、检测检疫、作业和操作、卫生安全、产品追溯、能耗管理、标签标识等标准化工作，使冷藏链相关各方在共同保证安全方面标准统一、依据明确、责任分明，以有效推动食品物流行业的行业规范、行业自律、行业发展，促进区域性冷藏链健康发展。

二、广东省冷链物流发展形势

通过对广东省冷链物流行业的全面调查发现，就整体水平而言，广东省暂时位居全国前列，但与西方发达国家仍有一定差距，特别是在保鲜意识、基础设施、技术水平、冷链结构等方面有待进一步加强。

（一）冷链保鲜意识将逐步提高

长期以来，花卉、果蔬采后保鲜技术的研究和产业化应用缓慢、商品化程度低，缺乏贮、运、销配套技术，冷链保鲜的意识比较淡薄，致使采后果蔬腐烂损失高。在针对基地和合作社类企业的调查中发现，全程使用冷链保鲜或部分使用冷链保鲜技术的企业不到20%。广东夏季的地面温度高达40℃以上，而且台风、暴雨频繁，对蔬菜的种植生产、储运、配送影响很大。种植户普遍关注的是蔬果从田头采摘到销售的1~2天的时间段，而这段时间中农产品的外观不会有太多的变化。蔬果从种植户转手后，因为超出控制范围，其质量、卖相和售价已经与种植户没有关系，所以没有对产品保鲜投入更多的资源。小农意识占主导地位，在源头上缺乏对产品附加值的长远眼光，致使农产品一直徘徊在售价低、耗损大、质量安全风险系数高的状态。

因此，在今后较长的一段时间内，宣传全程冷链重要性，提高公众对生鲜易腐产品冷链的认知度，积极引导城乡居民消费，进一步提高城乡居民对农产品、食品的品质和安全意识，促进饮食习惯和消费方式转变将是政府、高校院所、行业协会和研究机构等的一项长期任务。

表1-15　2015年冷链物流规划目标

指标	产品	目前	我国2015年规划目标	广东省2015年规划目标
冷链流通率	果蔬	5%	20%以上	25%以上
	肉类	15%	30%以上	35%以上
	水产品	23%	36%以上	40%以上
冷藏运输率	果蔬	15%	30%以上	34%以上
	肉类	30%	50%以上	55%以上
	水产品	40%	65%以上	69%以上
流通环节腐损率	果蔬	20%~30%	15%以下	11%以下
	肉类	12%	8%以下	6%以下
	水产品	15%	10%以下	8%以下

（二）冷藏、冷运设施的需求将持续增长

从国内总体情况来看，广东省的冷库资源较为充裕，但作为拥有1亿人口的大省，其冷库基础设施仍有不足。人均冷库容量与国外发达国家相比还有较大的差距，难以满足庞大人口对冷藏冷冻食品的需求。冷藏冷冻食品市场的持续增长吸引了国内外投资者的高度关注，冷链物流市场投资非常活跃。传统的大型物流企业、民营企业、私募资本以及国外冷链物流

企业，纷纷进入冷链物流市场，布局广东市场。

在冷藏运输配送方面，由于不同时令、不同地区的产品大不相同，以及产销市场分离等特点，市场对冷藏运输配送的需求越来越大。不论从世界的整体发展趋势还是从我国的冷藏现状来看，在陆路运输方面，冷藏车在数量上已经占据主导地位。根据国际制冷学会的统计，目前全球至少有100万辆冷藏汽车正在使用，其中，美国超过20万辆（另有冷藏挂车18万台），日本超过10万辆，年运送商品的价值超过1.2万亿美元。而广东只有各类冷藏车5 000余辆，和美、日、欧等发达国家和地区在总量，尤其是人均数字上仍有较大差距（德、英、法等人均保有量为我国的20倍）。随着易腐食品产销量的增长以及区域化经济的繁荣，公路冷藏运输将得到更大的发展。

表1-16　广东冷链装备与发达国家和地区发展情况对比

指标	国外	广东
冷库	美国：60公斤/人	20公斤/人（考虑全省流通量）
	欧盟15国：40公斤/人	
冷藏车	美、日、欧等发达国家和地区：10辆/万人	0.5辆/万人

（三）冷链投入力度将进一步加大

虽然食品安全已逐渐为人们所重视，但由于基础条件的缺乏以及经济利益的驱动，目前冷链结构极不完善。要保证食品的品质与安全，必须从产品生产的源头开始就采取及时的控温措施，因为缺乏严格的法律措施强制规定，故冷藏链断链现象严重。

在西方发达国家，目前预冷率已达80%以上。广东省虽然在肉类、鱼类的低温冷藏链方面已有多年历史，但新鲜蔬菜的冷藏链刚刚起步，各类易腐食品预冷率总体不足20%（奶、肉、水产品的预冷率略高），尤其是年产量4 500万吨的果蔬类，在现实操作中，由于缺乏相关预冷设备，特别是田间预冷设备，果蔬的预冷率不足10%，食品腐损严重。在运输环节，为了减少成本，大量水果蔬菜采用加冰或蒙棉被等土保温办法进行运输，致使腐损率极高。相关资料的统计结果表明，目前广东省易腐食品腐损率达15%~30%。而在批发销售环节，大部分批发市场缺乏冷链设施，因此我们必须直面冷链升级这一问题，对批发市场进行大规模的改造，包括冷库、车辆、质量监督、管理、专业人员等方面。广东省在今后几年仍将进一步加大冷链投入力度，预计在2014—2015年，冷链流通率、运输率将按规划要求稳步提高，流通环节腐损率在2015年可达到预期目标。

表1－17　广东冷链物流与发达国家和地区发展情况对比

指标	国外	广东
预冷保鲜率	欧美发达国家：80%～100%	20%
冷藏运输率	欧美发达国家：80%～90%	果蔬25%，花卉30%，肉类40% 水产品50%，医药80%
	俄罗斯、泰国、智利等：50%	
损耗率	欧美发达国家：≤5%	果蔬20%～30%，肉类12% 水产品15%，花卉20%～30%

（四）农产品安全信息追溯机制需逐步加强

目前广东省农产品的溯源机制并不完善，大部分种植农产品的生产者虽然已在主管部门注册登记，但整个生产过程的记录只在内部进行。就目前合作社的形式来看，其大多只解决社员产前、产中、产后的服务问题，社员之间只是生产环节、技术方面的简单合作，而对社员所用的农药和化肥没有强制性的指标和规定，也不能控制社员种植产品的品种和数量，只是对其进行引导。两者的关系属于非紧密型，管理方式较为松散。

标准的农产品信息管理系统是要将基地审查备案系统、农产品产业信息化、农产品农药残留动态监测、农产品在线供销等进行有机结合。通过调查发现，目前农产品基地能做的只是靠人工记录农产品采收前的种植状态后，再输入系统，主要用于信息查询和资料备案。如果要进一步对农产品采收后的物流、销售渠道进行跟踪，则需要使用EDI、GNSS、条码技术，以及设备和管理成本比普通条码技术更高的RFID技术。蔬果基地和合作社不能承受RFID的高昂成本，而条码技术也不太适用于农产品，具有信息跟踪溯源信息系统亟须建立。

（五）冷链物流标准亟须提高

发达国家长期以来对冷藏链的建设和完善十分重视，在易腐食品的生产、储藏、运输、销售等方面均有严格的法规相配套。广东省生鲜食品从供应商到消费者的流通过程中，食物安全质量保障上存在处理不规范、责任不分明的情况，冷藏链各环节的标准规范需要尽快编制，针对各环节的技术条件、装备条件、服务规范和行为准则、工作流程和过程规范、质量控制和测量方法、质量评价指标和评价方法等工作需要加快推进，使冷藏链相关各方在共同保证食品安全方面标准统一、依据明确、责任分明，以便有效促进食品冷链物流行业的规范和自律，推动广东省区域食品冷藏链健康快速发展。

（六）冷链物流人才有待培养

在人才方面，由于冷链技术涉及制冷、食品、管理等多个学科，专门针对冷链物流技术的教育仍十分少见，冷链的发展必须依靠专业人员的管理和操作，冷链物流人才的培养是冷链物流发展的基础，也是核心问题，因此，政府、学校和相关企业需共同努力，积极推动冷链物流人才培养工作。

第七章 2013 年广东省电子商务物流 发展回顾与展望

一、2013 年广东电子商务物流发展总体情况

（一）电子商务产业进入规模发展阶段

2013 年，广东电子商务交易额突破 2 万亿元，网络购物额达到 2 500 亿元，相当于社会消费品零售总额的 10%，全年广东商家在天猫上的交易额突破 600 亿元。全省 11 家企业入选国家级电子商务示范企业，28 个项目入选工信部电子商务集成创新试点项目，73 家企业被认定为省级电子商务企业。广东企业应用电子商务的比例超过 30%，越来越多的企业通过电子商务拓展业务。据调查，广东的 B2B 网站占全国 B2B 网站总数的 16.11%；广东电信增值服务（ICP）备案企业近 4 000 家，占全国 10% 左右；"TCL"、"华帝"、"格力"、"美的"、"志高空调"等大型传统制造企业年网络销售额均已超亿元。

（二）电商物流服务支撑体系不断优化

2013 年，广东加大交通运输基础设施建设投入力度，加强综合运输枢纽建设，引入 GIS 和智能化、信息化等现代化先进科学技术，推进空地联运、公铁联运、公水联运、铁水联运及陆岛运输客运体系建设。宽带网络接入能力进一步增强，在推进光纤入户、3G 基站和 WiFi 热点等宽带网络建设方面，取得了明显进展。截止到第二季度，月均新增宽带用户约 9.7 万户，光纤端口占比已达 22.2%，珠三角地区互联网宽带接入用户普及率达 26.3%。移动客户端电商物流下单及支付、身份认证、手机关联、即时通信、规模推广等服务能力不断提升。2013 年 12 月 17 日，南方现代物流公共信息平台正式上线运营。大型企业加大物流信息化投入，大数据、云计算、物联网、移动互联、智慧物流等新技术扩大应用，已形成较完善的电商物流配送、售后服务和仓储体系，电子商务物流服务协同能力显著提升。

（三）大型 B2C 电商平台在粤自建物流提速布局

2013 年，为提高物流效率和服务质量，控制物流成本，应对节日网购高峰，京东商城、淘宝＋天猫、VANCL 凡客诚品、苏宁易购、当当、亚马逊、易迅、1 号店等主要大型 B2C 电子商务平台进行多轮融资，为自建物流提供了丰富的资金支持。大型电商平台的物流仓储业加快发展，不断加强"最后一公里"建设，提升用户体验。

表 1-18　大型 B2C 电商平台在粤自建物流情况

企业	物流配送模式	自建物流情况
京东商城	"自营物流＋第三方物流"模式。自建物流：仓储、配送、三大物流中心、三地仓储中心。第三方合作：宅急送、邮政、厂商、高校代理	已实现华南地级市的 100% 覆盖，一级物流中心：广州；二级物流中心：佛山、深圳 在广州、深圳两地建成 2 个大家电物流园，配送半径超过 150～300 公里，并在广州、深圳、佛山等城市推出了"211 限时达"、"上门自提"、"快递运输"等服务
淘宝＋天猫	菜鸟网络"大数据＋自建仓储网络＋资源整合"模式	目前，菜鸟网络已有包括广州在内的十几个城市的项目在同时推进
VANCL 凡客诚品	"自建物流＋第三方物流"模式，旗下"如风达"一日两送	如风达所提供的广州物流配送，一天两次送货。VANCL 近期会将货到付款区域扩展到广东全境
苏宁易购	"自主经营＋第三方物流"模式	苏宁"物流云"项目。苏宁易购已实现大家电在粤一线城市半日达、二线城市次日达；在广州、深圳等中心仓城市全面覆盖的基础上，同时覆盖周边城市，实现小件商品的半日达承诺

（续上表）

企业	物流配送模式	自建物流情况
当当	"仓储自建＋城际同城外部合作"模式	在广州设立物流配送中心，在运输配送环节，当当与国内104家第三方物流企业建立合作关系，物流配送成本降低30%
亚马逊	"自建物流＋第三方合作"模式	在广州成立分公司，并自建库房，一线城市主要采用自主送货方式；二、三线城市的货物，则外包给第三方。亚马逊和南方物流集团合作兴建的亚马逊中国广州运营中心投入运营
易迅	"自建物流＋第三方合作"模式	易迅网已经在广州、深圳等地建有核心仓库，建立自有配送队伍。在华南区域实现统一的上门揽件、入仓和配送业务
1号店	自建物流	1号店在广州已建有仓储中心，东莞市洪梅仓储中心在建设中，将建成华南地区最大的自动化的B2C电商仓库。1号店70%业务的订单由自建配送系统配送，"半日达"、"次日达"、"准时达"、"社区O2O"、"便利店自提点"和"纸箱回收"等一系列物流创新举措不断推出

（四）生鲜电商催热冷链物流

2013年，从顺丰优选、淘宝农业频道到1号店生鲜频道等，生鲜电商已成为电子商务行业的热点，生鲜食品网购需求旺盛，广东冷链物流迎来一个全新的发展期。广东省不断加强冷链物流技术的推广应用，完善冷链物流的基础设施，改善冷链物流产业发展的环境，有效地促进了冷链物流的加速发展。广东省达到一定规模的冷链物流园区有18个，冷库建设规模以每年20%左右的速度增长，冷链物流营业额逐年增加。广东广弘食品冷冻实业有限公司、广东太古冷链物流有限公司、佛山市南海区大沥桂江冷库储存配送有限公司3家公司被评为中国冷链物流50强。广东顺丰速运旗下电商食品商城"顺丰优选"平台打通了"生产基地—网络—消费者"的直销渠道，开通了北京、天津、上海、河北、湖北、浙江、江苏、安徽和广东共9个地区的冷链物流服务，广州日本黑猫宅急便雅玛多在上海、福建、浙江、江苏、广东和台湾开通了冷链物流服务。

（五）跨境电商物流服务提升

2013年中国跨境电子商务交易额突破3.1万亿元，广东跨境电子商务交易额约占全国70%，年均增速达30%。广东省跨境电子商务发展具有得天独厚的优势，全球四大商业速递巨头在广东均设有地区总部，仅2013年1—5月份邮政出口量已达到1 500万件，日均出口10万件。从市场主体情况看，成就了一批广东电商企业，如兰亭集市、环球国际、出口易、一达通等企业。2013年9月24日，广州成为全国第六个跨境电商试点城市。2013年10月，广州市跨境贸易电子商务正式启动，对B2C一般出口（邮件／快件）实行"清单核放，汇总申报"的通关模式，让企业可以享受快速、便捷的通关、免退税和收结汇服务，同时实现了将企业跨境电子商务零售出口额纳入海关贸易统计。

（六）电商物流监管体系逐步完善

2013年5月，国家邮政局网、广东省政府网正式公布了《广东省快递市场管理办法》（以下简称《办法》），是全国首个省级快递市场管理办法，于2013年7月1日起施行。6月28日，广东省广州市工商局、深圳市市场监管局举行《穗深两市电子商务市场监管协作机制合作备忘录》签字仪式，标志着两地网络市场监管的交流与协作迈上新台阶。2013年12月底，随着美国某食品电商企业的一批"家庭食材包"成功以"B2C"方式在广州机场检验检疫局监管服务下入境，全国空港跨境电商检验检疫质量监管与服务工作在广州白云机场迈出了实质性的第一步。广州机场检验检疫局规划构建"跨境电商质量监管服务平台"，并以此为核心构建质量监管服务模式，力促广州空港跨境电商业务取得实质性突破。2013年下半年，广东省禁毒委和广东省政府的八个部门联合开展了物流寄递实名制试点的前期调研与研究工作。

二、2013 年广东省电子商务物流发展存在的问题

（一）电商物流发展环境有待优化

随着电商网购需求的增大和电商物流市场规模的扩大，消费者对电商物流服务质量提出更高层次的要求。但目前在省内缺乏引导、规范和监管电商物流业务的针对性地方性政策和法律法规；行业整体发展不均衡，广东一线城市发展迅猛，二、三线城市处于原地踏步状态，区域电商物流呈现点状发展的态势，尚未形成完善的物流体系；缺少系统化的行业标准、服务标准；与其他相关行业的衔接错位与断层，也间接加大了政府部门对整个电商物流领域统一监管的困难。

（二）电商物流信息化管理水平较低

近年来，广东珠三角地区的物流信息化发展取得了较大的成就，在物流配送的技术和设备上也作出了较大的改进，但是就电子商务方面的物流管理而言，其物流管理的信息化水平仍然较低，在阻碍物流产业发展的同时，也对该地区电子商务的发展产生了较大的阻力。另外，由于包括 RFID 技术、GPS 定位技术以及电子标签在内的电子商务行业发展的核心技术的普及程度较低，缺乏先进的自动化物流配送方法，严重影响了电商物流配送效率。

（三）大型电商企业自建物流管理难

自建物流体系成本高、风险大，物流建设投入中最突出的就是仓储建设中的固定资产投资，电子商务企业主要靠融资来发展自建物流，对外部资本的依赖度极高。大量物流基础设施的投入，在短时间难以收回成本，企业的灵活性减弱，产品竞争力下降，一旦遇到资金短缺或其他突发状况将可能给企业造成毁灭性的打击。自建物流体系的建立离不开相应的物流基础设施、设备和相应规模的物流经营运作团队，庞大的物流人员队伍也成为电商企业自建物流的一个重要管理难题。

（四）冷链物流成生鲜电商发展短板

广东冷链物流产业有了较快的发展，但还缺乏供应链上下游之间的整体规划与协调，无法形成完整独立的生鲜品冷链物流体系。生鲜电商商品物流跟踪信息不畅，尚不能及时反映瞬息万变的市场动态，从而不能发挥

有效的信息导向作用。冷链物流的基础硬件设施建设不足，发展和分布也不均衡，冷链物流技术落后，导致电商生鲜产品质量降低。裸露、散装以及非冷藏状态下的电商生鲜品物流，在运输、分销、零售及多次装卸和搬运过程中增加了二次污染的机会，降低了电商生鲜品的新鲜度和产品质量，与现代电商冷链服务要求有较大的差距。

（五）跨境电商物流服务体系有待完善

跨境电商物流服务的流程复杂多样，涉及海关通关、知识产权保护、信息技术、争端处理等多个领域。跨境电商物流配套服务不够完善，一旦商品出现问题需要售后服务时，难以达到标准统一的服务水平。跨境电商购买货物配送时间偏长、企业物流货物信息系统不够完善，消费者较难追踪货物物流信息，配送中常出现丢件、货物损坏，以及退换货不方便等问题。

（六）电商物流管理人才培训体系滞后

广东电商物流的快速发展，使得对人才的需求不仅仅是一般快递人员的需求，而是对自动化分拣、配送系统等管理人才的需求，对能够进行物流系统规划、配送中心建设等高级人才的需求。广东省电商物流配送方面的教育还相对落后，尚未建立完善的电商物流教育体系和人才培训体系，相关的高素质专业化人才稀缺；另外，在高校向企业输送人才的过程中，往往由于其将相关的理论知识与专业实践有效结合的能力不够，严重降低了电商物流管理的效率。

三、广东省电子商务物流的发展建议

（一）促进电商物流创新发展环境

促进电商物流资源整合，发展企业战略联盟，依托广东龙头物流企业的网络和渠道，发挥三流合一的优势和作用，加快传统物流园区转型升级以及仓储、分拣等设施设备更新改造；促进电商物流信息与城市交通信息有效衔接，提高电商物流发展效率；支持结合商业中心、大型社区、产业园区等建设电商物流服务网点，规划建设快件自取设施，提升社区网络配送能力；支持传统物流企业积极拓展和参与电商平台运营，鼓励电商企业将已建成的物流体系面向社会领域开放，合理开展分包业务等。

（二）提升电商物流企业信息化水平

强化电商物流企业配送网络、结点、通道的建设。加强企业信息数据资源积累和提升专业数据处理能力，准确定位电商消费群体、把握客户消费取向，实现由电商交易数据信息向电商物流经营效益转化，考虑客户电商物流便利策略，提供"电商产品＋物流产品＋线上线下渠道"的信息数据库营销整体方案服务，为电商物流服务客户提供更精准的服务。鼓励电商物流企业持续创新服务产品和经营模式，激发电商物流市场活力，形成功能完善、多态融合、广泛覆盖、规范有序的电商物流服务体系，全面提高广东电商物流服务的质量。

（三）加强电商平台自建物流策略引导

加强对大型 B2C 电商平台自建物流的引导，建立与之相适应的配套设施。电商平台自建物流需综合把握众多方面：严格控制自建物流的现金流，保障投资与受益的有效权衡，自建物流建设循序渐进；优化自身管理水平，实现自建物流管理系统高水平集成化管理，实现电商物流信息的采集、处理、传输、存储的数据化、规范化；围绕电商平台自身主营业务的发展，注重品牌建设；妥善处理好与第三方物流企业的关系。通过物流配送的信息化，充分发挥信息技术在电商物流配送中心的指导性优势，将 B2C 电子商务平台与自建物流配送各环节进行信息的无缝对接，提供准确及时的货物追踪信息，并及时反馈，使消费者需求得到更好满足，为消费者提供更优质、更高效的服务。

（四）推动电商冷链物流发展模式创新

借鉴发达国家经验，结合广东实际，建立一个能满足消费者、供应商和 B2C 平台零售商三方面需求的一体化电商冷链物流模式，完善平台技术管理手段和物流后台监督系统。联合科研院所、高校加快培育冷链物流的综合性专业人才；注重区域电商冷链物流资源的整合，注重供应链上下游之间的整体规划与协调，形成完整独立的生鲜品冷链物流体系。行业组织发挥沟通协调作用，推广行业规范与典型案例，相关企业根据市场规则具体运作，合力推动广东省冷链物流逐步发展。

（五）培育本土跨境电商物流服务平台

加强与外资跨境电商企业和物流企业的合作，培育本土第三方跨境电商物流综合服务平台（代运营）和专业第三方电商物流服务机构。建立本土平台与外资在线购物平台互联机制，互设对方板块，产品追溯数据库互联，售后相互代理。降低跨境电子商务交易中物流费用的比重，为行业不同、模式各异的跨境电商公司提供通用的解决方案，协助客户提供后台的支付、物流以及客户服务、涉外法律顾问等模块服务。

（六）加强电商物流人才的引进与培育

加强有关科研机构、高校、电商平台、物流企业的合作，实现物流产、学、研密切联系，双向引进，培养电商物流咨询、电商物流研究、生鲜电商冷链物流、跨境电商物流和供应链管理与方案实施的综合型人才。增强人才聚集效应，鼓励企业与电商、物流咨询机构、科研院校等进行多种形式的资本与技术融合，优势互补，实现电商物流的产学研联动发展。进一步规范电商物流职业认证工作，组织开展高水平的资质证书教育和培训，重点培养急需的电商物流应用人才、操作人才。

第二部分 ▷ 区域发展篇

第一章　珠三角地区

2013 年广州市物流业发展回顾与展望[①]

近年来，广州市围绕国家中心城市目标定位，以"信息化、专业化、高端化"为导向，大力发展商贸物流，成功创建了全国流通领域现代物流示范城市、全国首批现代物流技术应用和共同配送综合试点城市、城市共同配送试点城市，形成了汽车及配件、电脑及配件、钢材、塑料原料、水产品、牛仔服装、皮具等一批影响全国的"广州价格"。

一、2013 年广州市物流业发展总体情况

（一）物流业规模进一步提升

2013 年，广州市物流业增加值为 1 191 亿元，约占 GDP 的 7.7%；社会物流总费用为 2 280 亿元，约占 GDP 的 14.7%；交通运输、仓储和邮政业实现增加值 996.3 亿元，增长 6.9%；货物运输总量 8.21 亿吨，增长 21.2%；港口货物吞吐量 47 200 万吨，增长 4.6%；港口集装箱吞吐量 1 550.5 万国际标准箱，增长 5.2%；白云国际机场旅客吞吐量 5 245.0 万人次，机场货邮吞吐量 130.97 万吨，分别增长 8.6% 和 4.9%。

（二）基础设施水平进一步改善

空港、海港、信息港、轨道、高速公路等基础设施以及电子口岸的建设稳步推进，初步形成了以航空、公路、铁路、水路网络为基础，以临港物流园区及大型货运站场为配套，以广州电子口岸提供大通关、大物流信息服务为支撑的现代物流格局。

（三）企业发展质量进一步提升

发挥区位条件、产业基础、市场机制、服务体系、营商环境、国际网

[①] 供稿单位：广州市经济贸易委员会。

络优势，从用地、税收、人才等方面加大对物流企业总部的引入和培育力度，引导培育了一批和商贸流通业紧密结合的第三方物流服务企业。目前，广州市共有 80 家国家 A 级物流企业，其中 5A 级企业 7 家。

（四）率先开展城市物流配送试点

《关于构建新型城市化物流配送体系的工作方案》以及《关于开展新型城市化物流配送试点工作的实施方案》（下称"两个《方案》"）相继出台，以适应电子商务发展和现代商贸流通创新的城市配送物流升级为切入点，在中心城区率先启动城市物流配送试点，重点促进广州市传统物流向现代物流业转型，加快物流产业现代化、专业化、信息化的城市配送体系的构建。目前，两批共 10 家试点企业的 440 辆试点车辆已投入运营，收到了良好效果。

（五）推进落实现代物流发展布局规划

根据《广州市现代物流发展布局规划（2012—2020）》，结合广州市城市物流配送试点工作，组织制订城市配送发展规划，一方面加快 12 个城市物流配送中心的规划建设，鼓励扶持建设公用型信息化管理的城市物流配送节点，构建点面结合、干支衔接、通行顺畅的城市物流配送通道网络体系；鼓励现有或规划货运站场升级转型，以建立公共仓储共同配送为技术发展目标，同步做好装卸转运、停车、出入通道等配套设施规划建设。另一方面完善配送停车和装卸作业设施，对城市商业区、居住区、生产区、高等院校和大型公共活动场地等城建项目，在控制性详细规划的前提下合理设置城市配送所需的停车和装卸场地；制定大型商场、超市等设施的配送停车场地配建标准，并强化对标准的监督。

（六）积极开展国家试点城市创建工作

继续推动 2012 年城市共同配送试点项目，开展阶段性验收，广州市上报的 12 个试点项目已全部完成并通过省市区联合验收小组的验收，大部分项目已投入运作并收到了良好效果，为发展城市共同配送积累了经验。成功创建 2013 年国家城市共同配送试点城市，经广泛征集、专家评审、认真调研、综合遴选，确定了一批试点项目及承担企业，现正根据试点工作方案有序推进相关工作。

（七）组织开展产业物流示范工程

根据《广州市产业物流示范工程认定管理办法（试行）》，广泛征集广州市发展模式好、带动效应强的产业物流企业，树典型、立标杆，示范带动物流企业转型升级，促进现代商贸物流业和城市配送体系创新提升，推动广州市产业物流持续、快速、健康发展。认定广州华新商贸有限公司、广州市嘉诚国际物流股份有限公司等15家企业为广州市第一批产业物流示范企业。

二、广州市物流业发展存在的主要问题

（一）物流行业诚信体系缺失

物流行业（主要是陆路汽车和内河航船）准入门槛较低，再加上缺乏相关规划引导，造成运输企业规模普遍偏小，运输组织松散、生产组织化程度低、经营行为不规范的运输企业竞争能力和抗风险能力较弱，诚信体系缺失。目前由于分割管理的体制弊端，政府各部门之间缺乏必要的机制联系，各环节质量监管和责任界定难。这需要国家和省在宏观层面由经信、商务、交通、公安等部门联席建立促进产业物流健康发展的工作机制。

（二）物流业发展对策研究不足

随着信息技术的成熟和应用，物流产业发展很快，出现了很多新业态、新技术和新商业模式，针对新兴的业态和物流组织模式，缺乏专业的研究规划指引，宏观层面缺乏现代物流产业发展的制度环境的构建。这需要有关部门及时总结，从宏观层面加强现代物流发展的对策研究，将物流产业作为推动产业转型、打造中国经济升级版的重点产业来抓，并从战略高度尽快出台促进行业发展的产业指引和技术标准。

（三）新增物流用地难以保障

随着我国城镇化加快，城市扩容改造，原有物流用地急剧收缩，新增物流用地难以保障。《关于减轻物流企业负担的调查报告》显示，物流企业用地平均价格为30.7万元/亩，比上年上涨10%左右。其中，51.3%的企业用地价格在30万元/亩以上，12.8%的企业用地价格在50万元/亩以上。物流用地按照商业用地计价，导致用地成本过高，单靠经营物流业务实在难以承受。企业普遍反映，物流用地资源稀缺，土地供应难以保障，建设规划难以落地，征地阻力日益加大。与此同时，一些地方物流用地缺乏科学规划，造成资源浪费和重复建设；也有的地方以物流名义圈占土

地，改变用途，更加剧了物流用地的紧张局面。这需要有关部门研究出台保障物流用地的政策措施。

三、广州市促进物流业发展的措施

（一）推进物流标准化建设

开展广州市现代物流业标准体系研究，清理现有物流标准，分期制定与推广物流技术标准和工作标准，逐步建立全市现代物流标准体系。推进以标准化托盘循环共用系统为重点的物流标准化试点工作，争取培育一批国家试点单位。

（二）加强行业诚信建设

加强行业日常监管力度，强化质量信誉考核，深化安全生产标准化建设工作，打造物流行业信用体系。支持广东林安集团等诚信建设方面基础较好的企业和广州物流与供应链协会对接，依托行业协会诚信信息共享平台，整合企业的会员诚信信息，并进行广泛发布，引导全市企业诚信经营，推动行业诚信建设。

（三）提高物流信息化水平

继续开展广州物流公共信息平台建设和推广应用工作，拓展广州市物流公共信息平台服务功能，建设推广广州城市配送信息服务平台；鼓励物流企业加大信息化的应用，增强物流对电子商务的支撑能力，促进物流与电子商务行业的互动，推动行业融合发展；整合现有平台资源，逐步实现物流公共信息查询、物流电子政务、电子商务信息服务功能。

（四）落实各级政策措施

出台《关于加快推进城市物流配送发展的指导意见》，争取用3～5年的时间形成与广州发展需求相适应的城市配送现代物流服务体系；再培育一批专业程度高的城市物流配送试点企业，增加投放一批试点车辆；继续培育一批运营规范、技术应用水平高、管理有序的产业物流示范企业，提高A级物流企业RFID等物流新技术应用普及率。

（五）加快物流行业转型升级

以国家城市共同配送试点为契机，探索"网订店取"等城市物流末端配送模式，切实解决"最后一公里"问题。发挥产业物流示范企业、重点物流企业的示范带动作用，引导全市物流企业加快转型升级，进一步提升物流行业整体水平。研究编制冷链物流发展规划，推广冷链技术，支持冷库、冷链车等设施设备建设，进一步提升冷链物流水平。

（六）加大第三方物流发展扶持力度

引导第三方物流企业逐步实现规模化、专业化、网络化，鼓励第三方物流健康、有序、协调发展。促进物流业与产业融合，逐步引导专业市场物流仓储有序外移，推动中心城区物流组织状况进一步改善。

2013 年深圳市物流业发展回顾与展望[①]

一、2013 年深圳物流业发展总体情况

2013 年，深圳市物流业总体运行状况良好，物流规模再创新高，物流效益不断增强，服务能力显著提升，物流品牌日益凸显，对全市"促消费、扩内需、惠民生、稳物价"发挥了重要作用。

（一）物流业运行状态良好

2013 年，深圳市物流业实现增加值 1 445.62 亿元，较去年同期增长 12.98%，增速同比下降 1.03 个百分点，物流业增加值占同期全市 GDP 的比重为 9.97%，较去年同期上升 0.09 个百分点；社会物流总费用为 2 069.23 亿元，同比增长 11.63%，与深圳市同期 GDP 的比率为 14.27%，较去年同期下降 0.04 个百分点；实现社会物流总额 35 458.02 亿元，同比增长 8.10%，从其构成来看，工业产品、农产品、进口货物、邮政行业物流总额分别为 20 772.84 亿元、75.47 亿元、14 253.80 亿元、355.91 亿元，同比增长率分别为 5.58%、13.29%、15.62% 和 48.23%。

表 2-1 2010—2013 年深圳市物流业增加值统计表

	2010 年	2011 年	2012 年	2013 年
物流业增加值（亿元）	926.30	1 122.36	1 279.56	1 445.62
占 GDP 比重（%）	9.74	9.76	9.88	9.97
同比增长（%）	15.02	21.17	14.01	12.98

---

① 供稿单位：深圳市交通运输委员会。

表 2 - 2　2010—2013 年深圳市社会物流总费用统计表

	2010 年	2011 年	2012 年	2013 年
社会物流总费用（亿元）	1 430.79	1 714.52	1 853.69	2 069.23
与 GDP 比率（%）	15.04	14.91	14.31	14.27
同比增长（%）	13.38	19.83	8.12	11.63

表 2 - 3　2010—2013 年深圳市社会物流总额统计表

	2010 年	2011 年	2012 年	2013 年
社会物流总额（亿元）	26 101.06	30 804.89	32 799.86	35 458.02
同比增长（%）	13.69	18.02	6.48	8.10

（二）运输结构正发生重大变化

近年伴随着产业发展演化和外部形势变化，深圳物流业运输结构正发生重大调整，高时效物流需求增长，加之深圳机场二跑道启用，空运物流开始了新一轮增长，海运物流步入成熟发展期，而陆运物流步入稳定维持期。

1. 空运转入快速增长期

随着高时效物流需求增长，深圳机场二跑道启用，机场货邮吞吐量进入新一轮的增长周期。深圳机场货邮吞吐量完成双触底后，展现了新一轮的增长趋势。2013 年深圳市机场货邮吞吐量达到 91.35 万吨，同比增长 6.85%，增速比去年同期上升 3.67 个百分点。第四季度达到 24.37 万吨，增速比去年同期上升 2.13 个百分点。

2. 海运进入成熟发展期

港口货物及集装箱吞吐量继续维持高水平，步入发展成熟期，港口集装箱吞吐量跃居世界第三。2013 年，深圳市港口货物及集装箱吞吐量分别为 2.34 亿吨和 2 328 万 TEU，仍维持近年的高位水平，同比增长 2.59% 和 1.47%，增速比去年上升 0.46 个百分点和 0.01 个百分点。其中，第四季度表现突出，港口货物吞吐量和集装箱吞吐量分别实现 5 907.42 万吨和 600.29 万 TEU，同比增长 5.02% 和 5.62%，保障了全年整体的增长。

3. 陆运步入稳定维持期

全市陆路货运量占社会货运总量七成以上，但近年增速整体呈现下降趋势。2013 年深圳陆路货运量（包括铁路货运量和公路货运量）达到 22 633.08万吨，同比增长 1.11%，增速比去年同期下降0.18 个百分点。

（三）物流业在全国地位不断提高

深圳物流业在全国地位不断提高。从规模上看，物流业增加值和机场货邮吞吐量占全国比重连续上升，港口集装箱吞吐量首次超越香港排名世界第三，深圳机场综合实力连续12 年位居国内第四。从效率上看，物流业增加值和总费用占 GDP 比重指标，均高于全国平均水平。

二、深圳物流业发展存在的问题

（一）供应链融资缺乏政策支持，企业发展受制于资金

提供融资服务是供应链管理型企业吸引业务和拓展服务链条的重要手段。当前大部分供应链管理型企业的融资渠道主要还是依靠间接融资手段，对于直接融资而言，尽管目前深圳市已有怡亚通、飞马国际两家轻资产供应链管理型上市公司，但证监会目前主要还是支持公司通过上市兴建实体项目，对于供应链管理型企业通过上市拓展市场渠道或开展供应链服务项目并没有扶持倾向，这极大地限制了供应链管理型企业的融资途径。

随着深圳市供应链管理行业的不断发展，市场竞争力的增强，供应链管理企业若想保持勇进不退，必然需要扩大规模、提升竞争力及巨额资金的支撑。目前深圳市供应链管理企业融资难的原因主要有以下几个方面：首先，供应链管理企业在提供物流服务过程中要给上游客户垫付大量资金，且回收货款周期较长，带来较大的流动资金压力和风险。其次，供应链管理型企业属于轻资产型，向银行贷款缺乏相应的抵押物。再次，供应链管理企业在开展供应链金融服务的过程中缺乏必要的政策支持和法律环境。

（二）第三方代理业务陷入低价竞争，供应链企业拓展受挫

深圳众多外贸公司、物流公司处于激烈竞争状态。据了解，以前外贸、物流业的代理费一般在 1% ~3%，现在已经降到了 4‰~8‰，由于涉及更多供应链环节服务，供应链公司的管理费用远高于外贸、物流业，有些供应链公司甚至亏本提供代理服务，目的是取得资金结算中介地位，获取规模化经营后垫资环节产生的汇差和利差。

（三）供应链管理研究滞后实践，制约了行业发展

近年来，深圳市供应链企业的规模呈逐年递增态势，尤其在 2008 年全球金融危机爆发以来，供应链企业凭借其先进的供需网络优势，大力拓展新兴市场，不断发展壮大。但对学术界和税务部门来说，供应链管理仍是一个新生事物，其理论形成远远滞后于具体实践。国家关于供应链行业的定位不明晰，行业发展标准缺失，此外还有一系列政策、法律适用问题。目前税务部门只能将供应链出口企业视同外贸出口企业进行管理。由于供应链企业的经营模式以及运行机制与外贸企业有较大的差别，退税部门在管理中不可避免会遇到一些无法依据现行政策来解决的问题，制约了供应链行业的进一步发展。从对供应链管理企业调研走访中发现，多数供应链企业反映出口退税进度缓慢。

三、深圳物流业发展展望

（一）物流运行指标增长放缓

受宏观经济下行压力影响，深圳市物流业务规模增长放缓，整体运行态势呈现"稳中偏弱"特征。从未来发展预期来看，2014 年欧美发达国家经济继续复苏，我国正在制定和出台系列外贸扶持政策，深圳市物流企业继续向全国乃至全球战略布局，深圳物流业运行将有望恢复平稳增长。

（二）货物运输指标小幅增长

2014 年第 1 季度，受外贸形势波动影响，深圳港口货物及集装箱吞吐量出现罕见负增长，机场货邮吞吐量保持了一定增幅，社会货运量及货运周转量持续加快增长，反映了深圳经济外溢加速的特征。从后期走势看，随着供应链上下游企业生产经营活动全面启动，物流经济将呈现回升的发展态势。

四、深圳市促进物流业发展措施

转型升级成为深圳物流业 2014 年发展的重要主题，伴随着国家及深圳市宏观环境持续向好，物流需求规模进一步扩大，物流业将继续保持较快增长。应顺应物流业发展趋势，积极转变政策思路、采取有力措施，加快物流业转型升级。

（一）以空港地区开发促进航空物流发展

在全球生产组织变革、创新成果扩散和国际贸易扩大背景下，伴随着城市发展的不同阶段，中心城市各种运输方式的货值也在发生较大变化。在城市发展起步阶段，由于产业以面向国际市场的制造业为主，海港和海运方式对城市发展发挥主导作用；在城市发展成熟阶段，制造业由于成本上升而向低成本区域迁移，取而代之的是高科技产业和现代服务业，附加值高、时效性强的货物输运能力增强，空港和空运方式将对城市发展发挥更重要作用。

过去三十年，深圳"大进大出"的外向型产业促进了大运量海运方式发展。根据当前深圳港口货物及集装箱吞吐量数据和香港发展经验，未来深圳海港运输将进入持续低增长阶段。伴随着深圳产业结构升级、市场结构变化以及经济腹地扩展，承载高附加值价值货物运输的空运，以及联系拓展经济腹地的陆运（公路和铁路运输）将获得更大发展空间。

加快深圳空港地区规划和开发，大力发展航空物流，加快高时效、高价值货物集疏配送，满足物流的小批量、多批次、及时性需求，增强物流支撑战略性新兴产业、国际高端消费产业等高端产业发展的能力，同时以航空物流带动信息技术的发展、物流技术的应用、物流理念的创新。规划建设固戍物流园区、空港综合保税区，促进供应链管理、供应链金融以及空港保税仓储、采购、展示等业务发展。

（二）以物聚商促进港口物流的转型升级

以深港组合港和珠三角港口群为依托，把握海运业务成熟发展期时机，加快海港业务转型升级。积极发展航运业务管理中心、单证管理中心、结算中心以及航运中介服务，打造综合型的航运服务平台。积极发展航运航材租赁、交易等多种创新服务，提供大型航运航材买卖合同范本、中介、验收、评估及交易监理、代收代付价款等交易"一站式"综合服务。促进航运服务与金融、保险、信息行业的渗透融合，加快航运金融衍生品的开发，提高物流国际结算便捷程度。定期发布行业动态月报和年度航运报告、航运指数、航运交易价格等，保证上述信息及时、客观，逐步在业内树立起权威性。

（三）以政策带动促进电商物流发展

当前，深圳经济和产业结构加速调整，以加工贸易为主的大运量、大批次、长时效物流需求，逐渐被以高新科技和高端消费为主的小运量、多批次、高时效物流需求所替代。同时，全球已步入互联网和大数据时代，电子商务迅猛发展。深圳物流业要不断满足电商提出的各项需求，同时需要借助电商拓展服务内容、优化物流流程、提升物流效率，进而实现转型升级。

2013 年 12 月，深圳市政府颁布《深圳市关于进一步促进电子商务发展的若干措施》，明确大力推进物流设施建设，支持电子商务企业与物流企业的协调发展。2008 至 2013 年深圳电商交易额年均增速达 40%。物流是电子商务发展的核心环节和重要保障，也是物流业转型升级的重要领域，深圳市交委高度重视电商物流企业发展，现已完成《关于加快发展深圳电子商务物流业的政策措施（送审稿）》（简称《政策措施》）的编制工作，目前《政策措施》已上报市政府。

加快审议颁布深圳市促进电商物流发展的政策意见。鼓励第三方电商物流企业创新服务模式，专注核心业务，培育一批快捷高效、绿色环保、竞争力强的电商物流示范企业和示范工程；加大宣传和推广力度，支持传统物流企业积极参与电商平台运营，创新思维方式和运营模式；平衡协调电商平台运营和物流配送功能，鼓励电商企业将已建成的物流体系面向社会领域开放，合理开展分包业务，全面提升电商物流效率和社会物流资源配置水平；支持以电商服务为主的物流骨干网络建设，鼓励大型电商、物流企业以及其他社会资本探索云物流、云仓储和云服务等电商物流新模式，发展企业战略联盟，整合运输、仓储等传统物流资源，提升对供应链和产业链的控制力。

（四）以降低保管费为重点提升物流效率

从深圳社会物流总费用构成来看，运输费用占物流总费用比重下降明显，而保管费用、管理费用占物流总费用比重不断上升，其中保管费用中的仓储费用、利息费用仍维系在较高水平。2013 年深圳社会物流总费用中保管费用同比上升 15.54%，占当年社会物流总费用的 34.11%，较去年同期上升 1.53 个百分点；管理费用同比增长 19.92%，占当年社会物流总费用的比重为 18.32%，较去年同期上升 1.46 个百分点。保管和管理费用继续保持上升趋势，其中仓储、利息和货物损耗费是带动保管费用升高的主要原因之一。

针对近年来深圳市物流总费用中保管费用快速上升的趋势，建议实施引导物流仓储企业兼并重组、支持实施共同配送等措施，提高仓储设施利用率和仓储设施周转率，逐步降低物资周转的利息费用和仓储费用，进而推动传统仓储企业由功能单一的仓储中心向功能完善的各类物流配送中心转变，由商品保管型的传统仓储向库存控制型的现代仓储转变。

2013 年珠海市物流业发展回顾与展望①

一、2013 年珠海市物流业发展总体情况

（一）交通运输量显著增长

2013 年，珠海市实现货运量 8 457 万吨，同比增长 11.6%。珠海市主要港口完成货物吞吐量 10 024 万吨，增长 29.5%，其中外贸货物吞吐量 2 036 万吨，增长 18.1%；港口集装箱吞吐量 87.26 万标准箱，增长 7.6%。

（二）港口设施不断完善

截至 2013 年年底，全市共有生产性泊位 148 个，非生产性泊位 5 个，万吨级以上生产性泊位 27 个，设计年通过能力 1.49 亿吨，集装箱吞吐能力 181 万标准箱。其中，干散货泊位 25 个，年吞吐能力 8 113 万吨；油、气、化工品液体散货泊位 41 个，年吞吐能力 4 474 万吨；多用途泊位 27 个，年货物吞吐能力 599 万吨；集装箱 95 万标准箱，集装箱专用泊位 4 个，年吞吐能力 86 万标准箱；件杂货泊位 15 个，年吞吐能力 327 万吨；客运及陆岛交通泊位 36 个，年周转（吞吐）能力旅客 927 万人，货物 2 万吨。

（三）重点物流项目加快建设

一是广珠铁路珠海西站物流中心一期工程（货场扩建工程）和珠海西站通站市政道路工程均已进入施工阶段，珠海世海钢材物流中心一期工程用地吹填工作也正在紧张推进中。

二是珠海港汇通物流园项目一期总面积 4 万平方米已投入使用，二期总面积 6 万平方米已经动工。珠海港汇通物流园被交通运输部定位为具有货运枢纽功能的综合服务型物流园区，该物流园还成为珠海唯一入选广东省首批 20 个重点培育示范的物流园区。

三是 2013 年底，普洛斯珠海港国际物流园第一、二期工程正式动工，

---

① 供稿单位：珠海市科技工贸和信息化局。

总投资 2.7 亿元，总面积 8.6 万平方米。普洛斯珠海港物流园主要定位为：打造国际化的配送中心和商贸物流中心，为横琴新区、珠江西岸提供城市配送和区域服务。

四是百安物流市场第一园区占地 4 万多平方米，配备有现代装卸升降平台的立体化仓库、恒温仓库已投入使用，靠近珠海大道及屏东二路的第二园区，总占地面积 2 万余平方米，正在对外招商。

（四）物流产业发展规划政策即将出台

1. 推动《珠海市物流产业发展规划》编制工作

2013 年，珠海市有关部门召开多次《珠海市物流产业发展规划》编制工作会议，规划送审稿已基本定稿。《珠海市物流产业发展规划（稿）》科学分析了珠海市物流发展的条件、物流需求，提出了战略目标、发展任务、重点工程、空间布局、保障措施，有利于为珠海市物流发展提供纲领性的指导。

2. 研究制定物流业发展政策

为了配套《珠海市物流产业发展规划》，珠海市有关部门委托第三方机构编制促进物流业发展若干政策，以政策作为支撑，更好地支持珠海市物流业健康、可持续发展。物流业发展有关政策正在争取尽快出台。

二、珠海市物流业发展存在的问题

（一）"小而散"的格局未根本改变

珠海市尽管有从事物流相关业务的各类企业上千家，其中第三方物流企业近百家，但大多数企业仅从事传统的运输、仓储、货代等单一业务，且规模普遍较小，具有显著区域竞争力的大型物流企业集团及第三方物流服务企业比较缺乏。历经多年发展的珠海港控股集团、百安快运、信禾物流等物流企业虽已具备一定规模，但掌控的物流资源依然有限。

（二）物流运输成本较高

珠海市公路运输货运量占到货物运输量的 80% 以上，随着油价高企而运价上涨空间有限，物流运行成本高是珠海物流业发展难以改变也必须面对的难题。再加上物流企业自身管理水平未能跟上，货物运输返程时放空现象较为普遍，物流效率低下，物流成本更加难以降低，物流企业经营发展压力大。

（三）行业扶持力度有待加强

物流业散、乱、小的局面没有得到根本转变，政府在对企业发展的引导上支持力度不够，企业需求与政府需求之间存在较大差异。政府奖励、扶持的资金量相对较少，企业实际得到的扶持资金对推动企业做大做强作用不大。在物流企业运行成本高、利润率偏低的状况下，政府需要加大对物流企业的资金扶持。

三、珠海市促进物流业发展的措施

（一）快速推进物流企业信息化

利用电子商务、物联网、云计算等现代信息技术手段，改变传统物流产业发展模式，提高物流现代化水平。为此，珠海市物流业要向网络化与规模化方向发展，以培育网络化配送企业为目标，加快电子商务（网购）、快递等物流服务的发展，营造支持创新服务发展的政策氛围，并快速推进物流企业信息化和供应链技术的应用，鼓励依托物流园区或具有政府背景的公共服务企业等为主体的物流信息平台的建设。

（二）努力推动产业联动发展

珠海市物流业正在不断地向制造、商贸等产业渗透，城市的制造业、商贸服务业将在与物流业密切联动中获得后发的高起点和快速扩张的发展优势。珠海市将以物流服务所创造的产业布局环境条件为手段，配套发展农业、制造业、商贸服务业，实现各产业与物流业的联动发展、创新发展和增量发展，创造存量与增量物流需求共同支撑的物流产业聚集发展条件。

（三）提高物流产业组织化水平

围绕现代物流产业发展环境和产业衔接系统的建设，在提高以物流功能和服务为支撑的商贸业和制造业的发展能力上，开展具有综合性、创新性的产业组织与发展工作，打开物流及相关产业联动发展的产业组织创新发展局面，实现产业布局、组织与物流联动模式创新。一是建设以多式联运为核心的物流产业组织与服务系统；二是建设以交易、加工、结算、分拨、配送为主要产业内容的商贸物流系统；三是建设以产品制造、原料获取、产品运输与仓储为主要内容的制造业物流系统。

（四）加强与物流企业的联系

相关部门认真贯彻落实"一线工作法"的有关要求，做好挂点领导下企业送服务工作，做到每个季度至少走访企业一次，及时了解物流企业发展状况和诉求。以工作机制为保障，切实解决物流企业发展的实际问题。做好珠海港汇通物流园二期、普洛斯珠海港国际物流园、百安物流市场第二园区等园区及项目的跟踪服务工作。

2013 年佛山市物流业发展回顾与展望①

一、2013 年佛山市物流业发展总体情况

（一）物流货运量稳步增长

2013 年，佛山市全市实现生产总值 7 010.17 亿元，同比增长 10.0%；完成规模以上工业总产值 3 652.82 亿元，同比增长 12.7%；社会商品零售总额 2 264.10 亿元，同比增长 12.1%。年货运量达到 27 206 万吨，同比增长 9.9%；货物周转量达 240.72 亿吨公里，同比增长 11.4%。全年完成邮电业务总量 165.35 亿元，比上年增长 11.1%。

（二）物流业外包业务比例大

由于近年来国内市场的开拓，佛山的陶瓷、电光源、白色家电、家具等商品的市场在全国范围内进一步得到扩张，对运输、仓储等物流服务需求也进一步加大。根据对生产企业物流需求的调查发现，生产企业运输外包平均比例为 79.73%，平均由 6.56 家第三方物流企业承担运输外包工作；仓储外包平均比例为 92.14%，平均由 6.7 家第三方物流企业承担仓储外包工作。②

（三）两业联动发展日益深入

近年来，佛山市物流业紧密围绕制造业的发展需求，大力推动与制造业的联动发展。目前，佛山市正在推动制造业与物流业联动基地建设，其中包括为光电子、机械设备、陶瓷、有色金属、纺织等制造业行业服务的禅城港物流基地；为电子、机电、建材、汽配等制造业行业服务的狮山基地；为有色金属、内衣等制造业行业服务的大沥基地；为建材、家具、纺织等制造业行业服务的九江基地；为家用电器、机械装备、电子通信、精细化工等制造业行业服务的容桂基地；为家具、钢铁、塑料等制造业和商

---

① 供稿单位：佛山市经济和信息化局。
② 数据来源：2014 年佛山市物流业发展情况调研报告。下文出现的数据如无特殊注明，均出自该调研报告。

贸业服务的乐从基地，以及为食品饮料、建材、机电、汽配等制造业行业服务的乐平基地。

（四） 商贸物流业取得新进展

佛山市专业市场正在加快向商品展贸中心、采购中心、物流中心、结算中心、行业信息发布中心等方向发展，带动传统商贸业向现代商贸物流业转型。

一是专业市场带动商贸物流业发展。佛山依靠强大的工业产品生产能力，带动了一批现代化专业市场的发展。现代专业市场的发展，派生出大量物流需求，带动商贸物流发展。佛山市许多物流企业运用现代科技信息技术和先进管理手段，整合商业、供销、医药等现有产业，利用批发、仓储企业的经营网络、场地等优势，以"商贸＋物流"的方式改造、组建专业配送企业，发展商贸物流。

二是国际采购中心引领商贸物流发展。佛山陶瓷国际采购中心、顺德乐从家具国际采购中心等广东省商品国际采购中心培育建设工作的开展，有效推动了物流配送、运输仓储、电子商务的发展。一些大型超市、连锁商店、网上商城等商贸企业的物流中心也纷纷落户佛山，如卜蜂莲花配送中心、百佳华南配送中心、屈臣氏华南分拨中心、唯品会华南物流中心等，进一步提升了佛山商贸物流发展水平。

（五） 冷链物流发展受到高度重视

近年，佛山市高度重视以生鲜农产品冷藏、低温仓储和运输为主的冷链物流建设，形成了具有佛山特色的冷链物流项目。

一是水产冷链物流。以西樵何氏水产服务中心为代表，已形成了集淡水鱼收购、暂养、物流配送为一体的现代冷链物流中心，配送网络遍及北京、上海、福州、南京、郑州、西安等全国 30 多个大中小城市及港澳地区。

二是"智慧菜篮子"工程的社区配送物流。作为佛山冷链物流的代表性项目——国通物流"智慧菜篮子"工程进展顺利，已进入超过 70 个小区，共安装 650 个货柜，网上订货、检验、配送、支付等业务运作良好。

三是大型冷库相继落户。华南地区最大的台湾、美国等进出口水果物流企业浩辉物流配送中心落户高明，该配送中心占地 2 万多平方米，首期投资 1 000 万美元，建设规模约 7 000 吨的冷库，已在 2013 年 5 月试业，拟在未来三至五年内投产 1 万吨冷库。

（六）现代仓储发展亮点涌现

虽然佛山大部分物流仓储都处于规模小、形式粗放阶段，但随着近年来现代物流的发展，佛山物流仓储涌现不少亮点。

一是南储仓储的大宗商品仓储管理。在大宗商品仓储发展方面，南储仓储管理集团有限公司是其中的佼佼者。2013年，南储有色金属仓储吞吐量400万吨，在全国有色金属单库排名第一。此外，南储利用自身仓储优势，在管理模式上大胆创新，已成为仓储融资业务的龙头企业，累积合作融资企业近三千家，帮助中小企业融资近千亿，为中心企业提供了快速、灵活的融资帮助，充分发掘了企业动产的融资功能，成为仓储物流拓展业务发展典范。

二是建成全国最大医药物流单体仓库。在仓储规模方面，海元物流在狮山基地建成了全国最大的医药物流单体仓库，目前广药集团已经进驻。仓库具备常温储存、冷藏储存、快速拣货等仓储功能，为入驻的医药企业提供健全的仓储物流服务。

三是吉宝仓储物流实施现代化管理。在仓储设备技术方面，吉宝物流仓库配备各种先进设备，其中近2万平方米的立体高位仓库配备高度达到12米的VNA（窄巷道）货架，为客户提供超过3万个托盘位；同时使用公司进口林德VNA（窄巷道）叉车，并配有车载无线终端，直接连接到企业仓库管理系统，由系统来指挥并监控仓库所有操作。

（七）信息技术应用逐渐广泛

目前，佛山物流企业正加快推进物流信息化的应用，主要表现如下：

第一，GPS和RFID技术应用广泛。物流信息技术是物流现代化的重要标志。近年，佛山物流企业逐渐开始应用信息化技术。根据调研结果显示，佛山物流企业应用得最多的是GPS技术，应用比例为75.00%；其次是RFID技术，应用比例为53.57%。物流企业运用信息系统详情如下图：

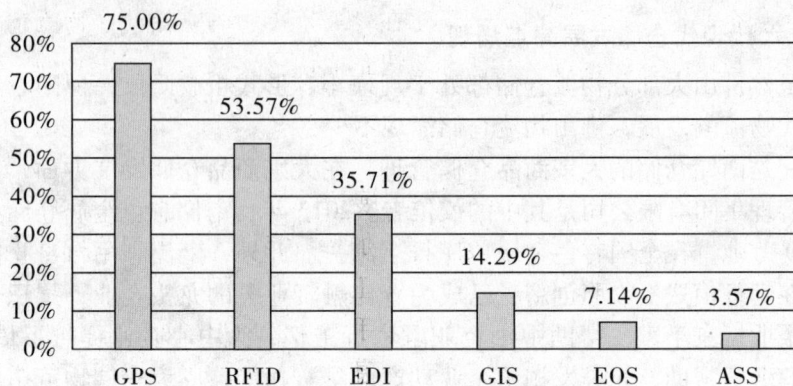

图2-1　佛山市物流企业运用信息系统情况比例图

第二，企业实现业务管理信息化。佛山物流企业运用信息技术，基本能实现物流管理及其相关业务功能。其中，73.33%的物流企业认为通过信息系统能实现对运输业务的管理，其次是仓储管理70%、客户管理63.33%、车辆监控60.00%。目前企业物流信息系统可实现功能的比例如下图：

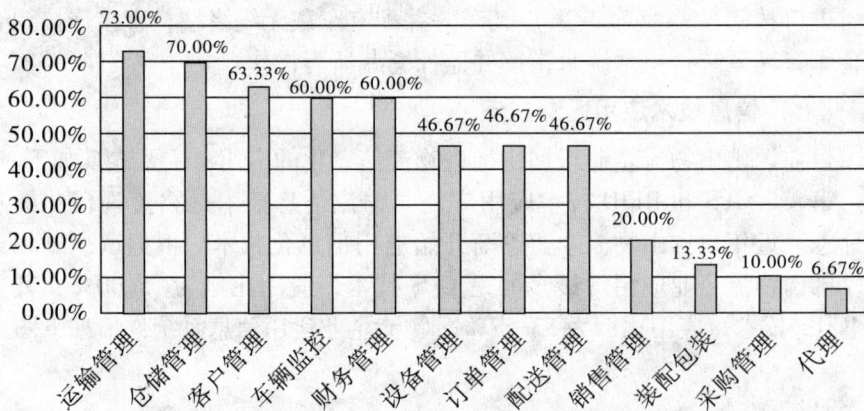

图2-2　佛山市物流企业信息系统可实现功能的比例图

第三，信息化投入继续加大。根据物流企业问卷调查的结果，78.57%的物流企业明确表示，未来1~3年将增加对物流信息化建设的投入；同时也将"提高信息化水平"作为未来1~3年企业需要重点加强的工作。这表明物流企业已经意识到物流信息化在企业发展中的重要性。物流企业加大信息化建设的计划，将从主观上加快企业信息化发展步伐，有利于推动佛山市物流信息化的进程。

（八）物流信息平台成果丰硕

近年来，佛山物流信息平台加快发展，取得了一定的丰硕成果。

第一，佛山货运公共信息平台建设加快。目前，佛山中心城区正实施限货、限行措施，传统的物流运输行业正面临新的挑战。佛山货运公共信息平台的建设正是解决这个难题的有效手段之一。货运公共信息平台是集货运行业政务功能、电子商务功能、信息化管理功能于一体的综合服务平台，采用城际货运班车总站的模式，使传统的、分散的货运作业方式转变为定时、定点、定线路、定车次、相对固定费率的方式，使城际货运总站化、客运化，能快速整合、集散佛山及周边货物资源，既提高效率，又降低成本，减轻城市负荷。

第二，企业物流信息平台建设卓有成效。佛山市物流企业为降低经营成本，提高运作效率，扩大物流业务，积极开展高附加值业务，均加紧物流信息平台的建设。佛航物流集团开发的"佛航海运业务电商平台"、"小型船舶辅助经营管理平台"、"海运宝"等水运物流方面的企业信息平台，整合了水运物流企业信息化资源，为客户开放 7×24 小时全天候免费查询海运信息服务。国通物流正加紧建设跨境电子商务平台，积极开拓跨境电子商务物流业务。佛山市运输公司、南储仓储有限公司积极深化管理信息化程度，成立"南储商务网"，加紧完善 ERP 信息管理系统，提供信息自查、标准仓单、供求信息、交易保障等服务，提升业务管理科学化、网络化，并进一步推进电子标签等物联网的应用。

二、佛山市物流业发展存在的主要问题

（一）现代物流业观念缺乏

佛山市许多物流企业都仅仅将物流业简单地理解成为"运输+仓储"，没有真正理解现代物流业的内涵与外延，没有意识到现代物流业的行业整合作用，不具备现代物流业发展的供应链管理思维。传统思维根深蒂固，只顾盯着自身"运输+仓储"的"一亩三分地"，尚未找到新的经济增长点。因此，大多数物流企业发展到一定规模后，难以进一步做大做强。

（二）全市物流企业规模偏小

虽然近年来佛山市物流企业发展较快，服务功能和服务质量有所提高，但形成规模的物流企业不多，仍以中小企业为主。从广东省标准化研究院提供的数据库中，摘取企业名称中带有"物流"或者"运输"的企业，共计892个，但平均注册资本仅为49.59万元，注册资本1 000万或以上的仅37个。

同时，从佛山市经信局获取的统计数据显示，佛山共有"个体运输户"86 885家，但拥有车辆"10辆或以上"的只有362家，仅占总数的0.42%。可见，佛山市物流业面临企业规模偏小、整合资源能力弱、经营网络化程度低、服务质量水平不高等问题，服务能力与国内百强物流企业相比还存在较大的差距。

表2-4　2013年佛山市运输企业与相应车辆情况表

序号	项目	数量（家）	车辆（台）
1	个体运输户	86 885	96 438
2	10辆以下的企业	23 594	45 324
3	10~49辆的企业	322	7 013
4	50~99辆的企业	28	1 995
5	100辆及以上的企业	12	1 406
6	10辆及以上的企业合计	362	10 056
7	危货企业	112	1 848
8	危货厢式运输车辆数	/	851
9	危货罐式运输车辆数	/	454
10	普货厢式运输车辆数	/	62 794
11	普货罐式运输车辆数	/	918

注：统计截止日期为2013年7月。

（三）物流信息建设投入较低

目前，佛山市物流信息化建设程度较低，已成为制约佛山市物流企业发展壮大、突破发展瓶颈的主要因素之一。在全市层面上，缺乏一个覆盖公路、铁路、机场、港口、物流园区的交通运输信息平台，从而无法形成多式联运的综合交通网络，导致物流运输效率低下。在物流企业层面上，物流企业信息化投入力度较低。通过物流企业的问卷调查得知，物流企业信息系统建设的投入占收入的百分比仅为14.99%。

（四）物流空间布局有待完善

作为珠三角中心城市之一，佛山产业发展结构日趋完善，但与之配套的物流行业空间布局却有待完善。主要表现在：

第一，物流节点空间布局定位不明确。佛山的物流节点功能重叠，从总体上没有形成类似于"基地—园区—配送中心"的节点层级结构。佛山大部分物流节点都是各自为政，没有从整体上、区域上考虑功能定位和节点层级定位。

第二，物流节点布局正面临重大调整。重大物流港区佛山新港、澜石港搬迁在即，部分物流节点如东货场、易运物流园区等也由于中心城区限行缘故即将搬迁。物流节点的搬迁，必然会打破原有节点格局，形成新的物流节点布局。

第三，中小型节点数量不足。由于佛山市中小物流节点不足，许多制造业企业无法将其产品直接分拨到分销点。以佛山著名陶瓷制造商金意陶为例，由于其产品仅依靠一个三水仓库，不具备足够的分拨能力，只能将产品运到广州进行分拨。佛山产业发展，需要足够数量辐射面广、运力充足、功能齐备的物流节点进行支撑。

（五）"营改增"试点改革冲击大

"营改增"试点改革对佛山物流行业冲击较大，直接增加了传统物流企业的税负。"营改增"试点改革将原来按3%征收营业税的装卸搬运、港务场站等服务项目从交通运输业中剥离出来，与仓储、信息及货代等一起归入物流辅助行业，按6%征收增值税，而交通运输业的其他服务项目则按11%征收增值税。在目前的税制下，物流企业必须分别核算运输和仓储装卸等服务项目的收入，否则一并从高税率征税。这造成了物流企业尤其是规模较小、管理不规范的物流企业核算复杂化，管理成本加重，税负增加。本来小型物流运输企业的利润率就不高，"营改增"实施后，税负直接从3%飙升至11%，利润率将进一步下降，制约了佛山物流行业的发展。

三、佛山市促进物流业发展的措施

（一）强化供应链管理思想

深化物流企业供应链管理理念，充分发挥物流行业协会的组织协调能力，定时组织佛山市物流企业开展供应链管理相关课程培训，组织物流企业到先进地区乃至国外大型物流企业参观学习；积极推动传统物流企业服务功能由"点"到"链"发展，不断完善现代运输、现代仓储功能，积极拓展包装、流通加工、配送、货代、信息处理、咨询和物流解决方案设计等增值服务功能，努力发展成为能提供一体化物流服务的综合性现代物流企业。

（二）优化全市物流节点布局

佛山物流业需要优化物流节点的布局，提升节点的服务功能，构建"基地—园区—配送中心"三级节点结构布局。一是要立足佛山市产业特征、区位优势、资源禀赋，以区域交通枢纽、特色产业园区、重点商品集散地为重要载体，优化布局物流基地；二是要充分利用已有运输场站、仓储基地，统筹布局建设服务功能多元化、信息化水平较高的物流园区；三是要重点优化城市配送层级，构建布局合理、网络健全、方便快速的物流配送网络，提高全市物流运作的规模效益。

此外，针对佛山市物流企业辐射全国运输网络能力较弱的现状，可在广佛交界处设立公路港、分拨中心等，充分利用广州专业物流企业的优势，带动佛山现代物流的发展。

（三）推动物流信息化建设

一是要引导物流企业加强在物流信息技术建设方面的投资，鼓励物流企业积极运用 GPS、GIS、EDI、RFID、EOS、ASS 等物流相关的现代信息技术，提升物流企业现代化水平；二是积极推进公共物流信息平台与电子政务系统、企业信息系统以及省市区各类公共信息平台的互联互通，使物流公共信息平台能够更好地为相关行业服务；三是加大力度推广具有佛山优势和特色的水运信息平台。

（四）促进物流业态创新

一是推进物流业与制造业联动发展，鼓励制造企业将物流服务需求进行外包，统筹规划产业集聚区的物流服务体系，鼓励集聚区内物流基础设施、物流信息平台共享共用；二是鼓励物流企业应用现代物流管理技术，发展面向流通企业和消费者的社会化城市共同配送职能，促进流通现代化，扩大居民消费；三是充分发挥佛山农业的优势，进一步完善鲜活农产品储藏、加工、运输和配送等冷链物流设施建设，发展冷链物流；四是发展与电子商务企业息息相关的电商物流，建立集分销、仓储、物流金融、物流信息、配送、网上交易、网上结算和银行服务等功能于一体的电商物流服务体系；五是鼓励发展物流总部基地、物流超市、仓储金融、"智慧菜篮子"物流等现代物流新模式。

2013 年东莞市物流业发展回顾与展望[①]

一、2013 年东莞市物流业发展总体情况

（一）物流总量逐步扩大，产业支援作用明显

2013 年，东莞市实现社会物流总额 1.47 万亿元；交通运输、仓储和邮政业实现增加值 153.28 亿元，增长 10.8%。全年完成货运量 12 863 万吨，增长 14.9%，其中公路货物运输量 9 162 万吨，增长 8.8%，水路货物运输量 3 701 万吨；完成货物周转量 432.27 亿吨公里，增长 45.7%，其中公路货物周转量 68.39 亿吨公里，增长 25.8%，水路货物周转量 363.89 亿吨公里。全年港口完成货物吞吐量 11 187 万吨。

（二）物流基础设施逐步完善，重点项目相继落户

东莞市城市道路交通网络以及虎门港、常平大京九等物流基地建设加快推进。2013 年，虎门港发展态势迅猛，实现货物吞吐量 6 099.35 万吨，同比增长 19.12%，带动了东莞全港区吞吐量历史上首次突破 1 亿吨，成为全国亿吨大港，位居全省第 4 位；完成集装箱吞吐量 151.34 万标准箱，同比增长 48.8%。大京九物流园发展日渐成熟，成为东部物流带的重要龙头和载体。中外运东莞物流中心项目落户石龙港区红海物流园并加快建设。新加坡港务集团、荷兰孚宝、普洛斯、安博、华润集团、五矿集团等国内外大型知名企业相继落户东莞。根据东莞市"三重"项目工作部署，菜鸟物流、亚马逊、苏宁易购、1 号店、普洛斯等大型物流中心项目也相继布局落户东莞。

（三）运输方式逐步丰富，物流市场体系不断完善

东莞市地理位置优越，交通运输条件良好，形成了海、陆、空共同发展的物流运输体系。

第一，公路物流。在与国内城市的货物流通中，公路专线物流发挥重

---

①　供稿单位：东莞市经济和信息化局。

要作用，涌现了一大批专线运输企业，并根据物资集散的需求在 107 国道等主干道旁形成了龙骏、华博、国通、荣兴等一批货运市场。

第二，铁路物流。广深线在东莞境内有常平、茶山两个货运站场，京九线有塘头厦、东莞东站、谢岗、樟木头四个货运站场，目前经铁路集散的主要是粮食、饲料、食用油、盐、钢铁、玻璃等农副产品和建筑材料。依托铁路优势，樟木头粮食批发市场和常平粮油饲料批发市场已发展成为珠三角地区最大的粮食批发集散地之一。

第三，港口物流。近年来，虎门港开发建设步伐加快，目前经虎门港进出的主要是集装箱及石化、煤炭、粮食、汽车等商品，虎门港的国际货柜码头已成为全国最大的商品汽车滚装物流中转基地，成为海南马自达商品车的全国储运总库和上海大众商品车华南地区总库。

第四，航空物流。香港机场在虎门镇开通了"超级中国干线·东莞线"，广州白云机场在寮步镇开设了首个异地货站——白云国际机场东莞货站，深圳机场在长安镇开设了首个异地国际航空货站——深圳机场东莞国际货站，将空运货站的收发点直接延伸至东莞。依托东莞优越的交通运输条件和丰富的产业基础，大力发展"多式联运"，进一步构建高效便捷、有机衔接的立体化、系统化的综合交通运输网络，提高资源使用效率和物流运行效率。常平开通至盐田港的直达货运专列以及中外运在石龙镇建设红海物流园项目，迈出了"海铁联运"第一步。

（四）保税需求日益增加，保税物流快速发展

2013 年，东莞市实现进出口总额 1 530.72 亿美元，同比增长 6.0%，其中进口 622.08 亿美元，增长 4.6%；出口 908.64 亿美元，增长 6.9%。全市拥有 15 000 多家加工贸易企业，大部分产品的原材料及市场都在国外。进出口货物保税需求非常大。全市获批运营的各类保税物流监管网点 39 个（含保税仓 22 个、出口监管仓 17 个），保税物流中心（B 型）1 个，保税物流在东莞市加工贸易的发展中起到了至关重要的作用，但由于起步晚，客户基础弱，发展滞后于广州和深圳。东莞保税物流中心（B 型）作为东莞市保税物流龙头项目，自 2010 年 5 月正式封关运作以来，2013 年累计完成 56.93 亿美元，同比增长 54.2%。

（五）物流社会化加快，城市配送发展迅猛

东莞市具备毗邻香港、深圳和广州等核心城市的区位优势和发达的综合物流网络，针对香港 700 万、深圳市 1 300 万和广州市 1 300 万人口日常

消费所产生的配送需求，具备在大珠三角范围内开展城市配送和共同配送的客观条件。在市场主导、政府引导的作用下，东莞市初步形成了形式多样的城市配送体系。一是连锁企业配送体系。2013 年全市连锁门店超过15 000家，东莞11 家企业名列广东省连锁企业 50 强。连锁企业的壮大带动了城市配送的发展，大型连锁企业自身发展催生了一批现代化的物流配送中心，灵活高效的第三方物流为蓬勃发展的连锁企业提供了强有力的技术保障，构成了东莞市发达的连锁企业配送网络。二是电子商务配送体系。东莞市电子商务保持快速的发展势头，市场交易额与用户渗透率持续升高。2013 年，全市电子商务交易额将达 2 300 亿元，同比增长 28%。其中跨境电子商务交易额超过 500 亿元，同比增长达 30%，增速远高于外贸增速。东莞作为全国电子商务主要的货源地和重要的消费地，全国有将近30% 的网销产品来自东莞，产生了庞大的物流配送需求，形成了以各大快递业为主的配送网络。

二、东莞物流业发展存在的问题

（一）道路货运占比高，物流业态低端

从物流企业的数量上看，2013 年东莞市物流企业的数量达到了 4 800 家，其中 268 家为个体经营者，占比为 5.6%。从行业分布看，东莞市物流企业更多地依赖公路运输模式开展业务，道路运输业、装卸搬运和运输代理业，占比分别为 29% 和 61%，总占比高达 90%。其余铁路运输业、水上运输业、航空运输业、管道运输业等四种行业企业的数量占比仅为2.5%，这显示东莞市物流企业仍然处于价值链的低端环节。

（二）企业总体规模较小，缺乏龙头企业

从东莞市百强物流企业收入看，69% 的百强物流企业收入规模小于5 000万元，98 家企业的营业收入小于 3 亿元，营业收入为 5 ~ 10 亿元和大于 10 亿元的物流企业分别仅 1 家。从全国 A 级物流企业的评选结果看，广州市和深圳市 A 级物流企业数量占全省比例分别为 40.82% 和 20.41%，在广东省物流行业的龙头地位特别明显。对比而言，东莞市物流业龙头企业带动作用不显著的情形表现得尤为突出，仅有一家 3A 级物流企业。可见，东莞市物流企业规模偏小，能够起到龙头作用的企业屈指可数，品牌效应不突出，缺乏具有全省乃至全国覆盖能力的企业，不利于物流行业的

整合和规范化发展。

（三）物流社会化程度低，信息化水平不高

东莞市物流企业的用工规模、自有土地规模均偏小，大部分物流和商贸企业都有自己的车队，运输和仓储的社会化程度不高，物流资源整合和专业化经营潜力巨大，公共配送和城市配送的发展有利于物流和商贸资源的整合、交通运输环境的改善以及大型城市配送物流企业的崛起。

物流企业的自动化程度和信息化程度偏低，尽管互联网得到普遍应用，但很明显没有与企业的业务流程和物流设备进行系统集成，供应链全程监控能力缺乏，不能与制造业、商贸企业等形成无缝对接，因而业务承接能力和高端业务扩展能力不强。

三、东莞市促进物流业发展的措施

（一）落实城市共同配送试点项目建设

通过试点项目的引导示范作用，撬动社会资源加大商贸物流基础设施投入，推动物流配送经营模式创新，推广现代物流技术应用，提高物流配送机械化、自动化、标准化和信息化水平，构建布局合理、运行高效、技术领先、网络健全的商贸物流配送体系，推动东莞市试点工作早日"出成绩、见实效"。

（二）壮大市场主体力量，培育物流龙头企业

按照"政府引导、市场主导、重点培育"的原则，积极引进一批国内外龙头物流企业特别是总部型物流企业，逐步培育一批经营规范、规模大、服务水平高、竞争力强的物流龙头企业，鼓励和支持物流企业通过参股、控股、兼并、联合、合资、合作等方式进行资产重组，业务融合和流程再造，提高物流企业的市场竞争力，发挥典型示范和项目带动作用。

（三）强化规划统筹，实现产业合理布局

坚持"市级统筹、土地节约集约利用和资源整合"的原则，充分考虑香港、广州和深圳等地区现代物流业发展的竞合态势，以及深莞惠区域物流交通一体化趋势，秉承资源共享、优势互补和差异化发展的理念，按照市场需求、目标定位、功能配置等规划要求，统筹全市"一港三带六园区"物流产业发展格局的规划建设，引导大型物流项目合理布点。依托主

要交通枢纽，在中心城区周边、高快速路通道接口、"城市中部物流带"建设若干个综合性、现代化城市公共配送中心，实现干线运输与城市配送的有效衔接，服务物流产业集约化发展。

（四）提高信息化水平，实施标准化战略

加强物流信息基础设施建设，推广物流技术应用，加快建设行业和区域物流公共信息平台，以建设"智慧港口物流应用园区"，"智慧陆路物流应用园区"，实施"区港联动物流服务标准化"等为着力点，推进虎门港、常平智慧物流示范工程，提升物流、仓储和通关的全程智能化，强化服务业支撑作用。

以物流标准化体系的建设来推动物流行业的迅速发展，鼓励有基础和实力的物流企业参与 A 级物流企业评选，通过开展现代制造业和物流业"两业融合"示范工程，推广射频识别（RFID）技术、托盘共用系统、冷链技术、装卸车专用技术，普及和发展供应商管理库存（VMI）和准时配送（JIT）等供应链管理模式，支持企业推行全过程标准化管理。

2013 年中山市物流业发展回顾与展望①

一、2013 年中山市物流业发展总体情况

（一）物流业规模不断壮大

2013 年，中山市共有各类物流企业超 2 300 家（包括快递公司、货运部、运输公司等），其中注册资本在 100 万元以上的有 155 家，年营业额在 1 000 万元以上的有 46 家，获国家 A 级认证的物流企业共 10 家（其中国家 3A 物流企业 2 家，4A 物流企业 7 家，5A 物流企业 1 家），拥有 A 级物流企业数量在全省排名第三。全市交通运输仓储和邮政业实现增加值 48.4 亿元，增长 12.2%；完成全社会货运量达 1.48 亿吨，增长 29.1%；港口货物吞吐量 6 876 万吨，增长 33.4%；全社会货运量 16 719 万吨，增长 13.2%；全社会货物周转量 1 465 461 万吨公里，增长 20.1%。

（二）物流园区发展加快

中山市物流产业呈集聚发展态势，物流园区发展加快。现有物流园区 11 个，其中包括一个保税物流中心、两个专业型物流中心和五个综合型物流中心。中山保税物流中心是珠三角西岸重要的保税物流中心，利用"境内关外"的优势，加快物流速度，帮助企业开拓市场，已进驻物流企业 9 家，已有 2 500 多家企业使用该中心进出货物。截至 2013 年上半年，保税物流中心货物总值 92.4 亿美元，其中境内进出中心货值 80.33 亿美元，境外进出中心货值 12.07 亿美元。两个专业型物流中心分别是九州通医药物流中心和金涛仓储水果批发交易中心。五个综合型物流中心分别是北部物流中心、天润物流市场、华通行物流配载中心、德昌顺物流中心和中炬东协物流中心。中山市积极加快物流园区发展，推进其信息化建设，促进物流园区做大做强。

（三）重点项目建设顺利推进

近年，中山市积极培育和引进了苏宁物流、金属材料加工配送中心、

---

① 供稿单位：中山市经济和信息化局。

北大荒农产品仓储物流基地、宏昌物流园、广东邮政速递物流中心和国际快件监管中心等一批物流重点项目。这些重点项目建设顺利，基本已实现运营。目前在建的重点项目有宝洁物流、天润物流城、华润万家物流配送中心、天乙物流城项目等。其中，天乙物流城项目占地总面积23万平方米，分二期开发，一期已于2013年5月投入使用，该项目采用物流信息平台网络在线交易与物流园区实体运作相结合，是集商流、物流、资金流、信息流等综合服务于一体的供应链服务平台。

（四）物流企业诚信体系加快建设

2009年，中山市天润物流市场有限公司积极开展园区内企业诚信体系建设，通过严格审批入园企业申请，对进场配载运输的车辆和司机进行公安网络信息验证，开展法律法规培训，建立企业诚信档案，定期开展诚信星级客户评比等活动，组建企业"诚信联盟"，取得了良好的效果。现中山市物流协会正借鉴天润的经验，逐步试行物流企业的信用评价认证工作。

（五）物流业受政府部门扶持发展

中山市保税物流中心连续多年来获得省、市财政的扶持，一是2009—2013年获得市工业产业资金商贸流通业专项资金260万元，省专项资金扶持100万元；二是保税物流中心项目获得贷款贴息，从2012年起连续5年市财政按照5亿元贷款利息据实全额安排补助资金，其中2014年预算内安排3 069万元；三是对保税物流中心内注册企业实施税收补助政策，2010年7月至2013年6月共补贴金额249.39万元。

二、中山市物流业发展存在的主要问题

（一）物流企业服务单一，龙头物流企业缺乏

中山市现代物流业还处于起步阶段，全市大部分物流企业还受传统观念影响，"大而全"、"小而全"的思想仍存在，物流专业化程度低，大多数企业仍集中在公路运输等传统物流行业，物流企业规模较小、服务范围窄、服务层次低，多数只能提供仓储、运输等基础物流服务。除九州通医药等少数几家企业外，其他物流企业科技含量不高，缺乏现代化经营和资源整合手段，物流的精细化组织和管理等能力仍显不足，不能满足客户的个性化需求，有实力和拥有跨地区乃至全国性网络的物流骨干企业和龙头

企业较少，更缺乏能够提供全程供应链服务和高端服务的企业，无法带动整个行业的转型升级。

（二）重下游轻上游，产业链服务弱

目前中山市大多数企业物流以服务供应链下游部分环节为主，为制造业企业提供简单的仓储和运输服务，而供应链上游的采购、生产、分销等物流活动则由生产企业自身完成，物流企业未能充分发掘生产企业的物流需求，更缺乏主动承接美的、格兰仕等先进制造业生产物流外包的能力，与制造业企业联动水平不高，未能很好地实现生产需求与物流服务互相促进的良性循环。

（三）节点布局不合理，区域发展不平衡

由于北部镇街经济和产业发展水平较高，中山市北部物流资源丰富，物流企业和园区数量众多，物流网络发达，能够有效地支撑当地经济，满足产业发展的需求；而南部地区物流资源匮乏，缺乏大型物流企业和物流枢纽，南部货物进出通常要中转一次，严重影响了物流效率，提高了物流成本，制约了当地产业的发展。南部地区除了中山威高、神湾港和三乡物流货运中心外，基本没有大型物流企业和货运枢纽。

三、中山市促进物流业发展的措施

（一）进一步发挥保税物流中心作用

一是积极推动中山保税物流中心升级为综合保税区，努力提高通关效率。截至2014年5月，中山保税物流中心升级为综合保税区的申请处于审批阶段，现已先行先试享受部分综合保税区政策，市外经贸局协同海关、检验检疫等部门做好通关协调工作，通过运用信息化管理手段，在提高海关和检验检疫监管有效性的同时，进一步简化程序、提高物流运输效率和通关速度，实现24小时查验作业，为企业提供全天候服务。

二是充分发挥物流中心进出口服务平台的作用，降低企业物流运作成本。探讨以物流中心作为散货拼柜平台运营主体的可能性，通过降低相关价格成本，吸引国际货代、国际贸易买家进驻，积极发展园区散货拼柜业务。同时，通过争取境外买家，将境外中转仓库转移到物流中心，形成区域性分销中心，有效节约企业的运转运输费用，降低采购成本。

三是整合车检场和保税物流中心实施捆绑式发展，探讨开展"一区两点"的港区联动建设模式。中山市正在开展货运码头东移及建设深水港的可行性研究，统筹考虑保税物流中心升格为综合保税区工作，并探讨将综合保税区（B区）规划建设在深水港周边，形成"一区两点"的港区联动格局，并科学规划一期建设规模，使中山保税区成为经济社会效益均衡发展的贸易平台。

四是进一步提高中山港口岸对外开放水平。中山港口岸扩大对外轮开放的申报工作已进入最后审批阶段。待中山港口岸扩大对外开放获批后，应积极加强与各口岸查验单位的沟通协调，进一步完善口岸配套设施建设，对闸口、监控等查验配套设施进行完善，配套完善口岸服务单位等。同时加快黄圃港口岸配套设施建设和验收前的准备工作，争取早日通过上级部门的验收并投入使用。

（二）推动物流业转型升级

一是积极实施物流信息资源整合工程。以"重点突破、分步实施"为原则，中山市开展物流信息资源整合工程，加快中山市物流信息服务公共平台的建设应用。目前中山市物流信息服务公共平台已建成，正投入运营，选择北部物流镇区及南部工业镇区作为应用物流信息服务公共平台试点，逐步向全市推广。通过创新车源信息、货源信息和仓储信息等物流信息服务模式，加快物流信息资源共享。探索物流金融、物流位置服务等新型物流支撑服务与平台的对接模式。强化平台适应性，建立健全平台线上线下联动体系，积极发展基于移动通讯终端的平台应用。

二是开展公路港物流规划研究。公路港模式是指通过建设大型路港平台集聚与整合物流资源，实现物流企业和社会车辆在平台内"集约化经营、信息化管理"的目标。中山市发改局将参考浙江传化集团的公路港物流经验，开展公路港物流规划研究，拟通过对市内交通设施、物流现状进行深入调研和分析，整合现有公路物流资源，推广公路港、物联网等新经验和新技术在物流领域的应用，推动物流业向信息化、智能化和标准化发展。

三是加快发展第三方物流。鼓励有实力的龙头企业在生产、配送、仓储、供应链管理等物流主要作业环节应用物联网相关技术。积极推动RFID、自动化仓库、物联网等先进适用技术应用于物流企业，加快推广供应链管理、全程物流解决方案、物流金融等现代物流经营模式。为推动企业转型升级，支持规模以上物流企业引进自动化仓库、物联网新技术、

LNG 天然气新能源，以及供应链管理、全程物流方案、物流金融等，打造商流、物流、信息流、资金流四流合一的新型运营模式，为制造行业、流通行业提供更好的、更多元化的物流服务。

（三）积极发展近洋物流

一是发挥中山港口优势，打造珠江江海联运集散中心。中山市位于珠江三角洲核心区域，水陆交通发达，具有较强辐射周边地区的能力。依据《物流业调整和振兴规划》、《关于促进物流业健康发展的政策意见》等指导性文件，立足近洋，错位发展，依托珠江流域经济蓬勃发展之态势，加快发展近洋跨境物流，提高国际物流的服务水平。具体目标是：一要开通直航东南亚、日本、韩国和中国沿海的集装箱班轮；二要改变中山港口喂给香港的单一格局和近距离喂给格局，使中山港口喂得更远，将运往美洲的货物喂给到台湾高雄，将运往欧洲、大洋洲和非洲的货物喂给到新加坡；三要将珠江上游的货物和来自沿海的货物在中山港口进行集散。

二是实行错位发展战略，提升近洋国际物流的成效。中山的港口定位是打造万吨级及以下码头，主动避开周边深水海港的锋芒，走中低载重船舶路线，实现中山港口与东南亚多数国家万吨级码头港口的完美对接。由此，中山港口江海联运和近洋运输喂给的优势，在与周边港口的错位竞争中将得到发展与体现，进而成为承接港澳、中国沿海和近洋，辐射珠江的重要航运港口，为中山发展国际物流创造良好的基础。泛珠三角、中国—东盟自由贸易区等区域经济合作的不断深化，为中山的货源拓展提供了庞大的成长空间。中山国家级临港装备制造业基地以其水运便捷，出海距离近在咫尺的重要优势，成功地吸引了众多大型央企及优质民企落户。目前，该园区引资逾 600 亿元，已经落户二十几家央企，2015 年产值有望突破 2 000 亿元，产品多出口境外，将促使中山有 80～180 万 TEU 的新增货物流动，中山市国际物流业将迎来新的发展机遇。

2013 年江门市物流业发展回顾与展望[①]

一、2013 年江门市物流业发展总体情况

2013 年江门市物流业整体运行平稳，交通运输、仓储和邮政业增加值较上年增长 11%，全年完成固定资产投资额 76.77 亿元，比上年增长 81%。具体看，全年完成货运量 9 999 万吨，同比增长 11.1%；完成货运周转量 135.07 亿吨公里，同比增长 17.2%；客运周转量 67.31 亿人公里，同比增长 4.4%；港口货物吞吐量 6 737 万吨，同比增长 8.5%；邮政业务总量 7.61 亿元，增长 38.7%。

（一）交通基础设施建设不断加快

2013 年，江门市交通基础建设完成投资 49 亿元。2013 年 8 月 22 日广东跨度最大斜拉桥江顺大桥主塔顺利封顶，江门大道北线控制性工程启动施工，西环路隧道贯通在即。深茂铁路、广中江高速、江罗高速、新台高速建设全面加快，中开高速、鹤开高速、广佛江快速通道二期前期工作顺利推进，佛开高速陈山出口改造工程完工，开平环城公路建设速度加快，高新区公共码头项目工作进一步推进。交通基础设施建设不断加快，交通运输体系日趋完善，为江门市现代物流业的快速发展提供了重大机遇和条件。

（二）RFID 技术在物流领域试点应用

为提升江门市现代物流业信息化水平，推动制造业与物流业联动发展，在 2013 年年初的江门"两会"上，江门市提出要扶持 100 家企业应用 RFID（射频识别）技术，并决定先在物流领域开展 RFID 技术应用试点项目申报工作，获批试点项目将纳入中小物流企业信息化提升工程予以扶持，此外江门市 2013 年度中央财政促进服务业发展专项资金也对试点项目进行支持。目前，江门市安捷物流有限公司——安捷物流"嘉宝莉 RFID 仓储系统"项目已经成为 2013 年江门市区物流领域 RFID 技术应用试点项

[①] 供稿单位：江门市经济和信息化局。

目。RFID 技术应用试点项目的推进对江门市物流信息化发展促进作用明显。

（三）物流项目招商引资取得成效

2013 年，江门市委、市政府加大了物流项目招商引资力度，并实现了较大突破。为宣传江门市的发展成就和投资环境，推介招商项目，引大项目促大发展，进一步吸引上海以及长三角等国内发达地区投资者选择江门，2013 年 11 月 21 日江门市委、市政府在上海锦江饭店举办"2013 年广东江门（上海）投资洽谈会"，此次投资洽谈会是江门市首次走出家门、推介江门而举办的最大规模的异地招商活动。推介会上，江门市政府对接上海自贸区特推了江门高新区港口物流园区、鹤山国际物流港等经营性港口、江门高新区公共码头、台山市广海湾 5~10 万吨深水码头等交通基础设施，以及旅游文化、先进制造业共 87 个招商项目，涉及招商优惠政策 38 个，计划总投资额达 665 亿人民币，其中普洛斯鹤山物流园项目、江门高新区公共码头项目等 13 项现场签约，投资金额约 110 亿美元。

（四）物流行业安全生产受到重视

根据《江门市安全生产检查督查专项行动工作方案》和《广东省经济和信息化委转发商务部办公厅关于集中开展商贸领域安全生产大检查的通知》（粤经信商贸函〔2013〕1756 号）的工作部署，为配合安全生产监督部门加强对全市物流行业安全生产的工作力度，排除安全隐患，降低安全生产事故发生率，江门市经信局制定了《江门市物流行业安全生产检查督查工作方案》，针对全市物流企业全面开展安全生产检查督查行动，通过企业自查、政府督查等手段，排查物流企业生产经营中存在的安全隐患和薄弱环节，发现并消除安全生产隐患，落实整改责任和措施，有效防范各类生产安全事故和遏制重特大事故发生。

（五）新会区出台扶持物流业政策

为充分发挥流通服务生产、商贸促进消费的积极作用，加快新会区经济结构调整和发展方式转变，推动区域重要商贸服务中心、现代物流中心建设，新会区人民政府办公室出台的《关于加快新会区商贸服务和现代物流业发展的若干扶持措施》经区政府十四届第十七次常务会议审议通过，对在新会区内从事生产经营，且经新会区工商部门登记确认的商贸服务和现代物流业（包括仓储业、交通运输业）等企业进行扶持。

（六）物流对外合作力度不断加强

近年来，江门市与港澳及其他地区物流合作日益加深，先后与香港物流商会签订了江港《促进现代物流业发展合作备忘录》，与香港、澳门共同签订江港澳《促进物流业发展合作协议》，与香港物流协会、香港物流商会、澳门付货人协会、台湾物流协会签署了《江港澳台物流合作与发展备忘录》。这一系列协议的签订，促进了江港澳物流业优势互补、互利互惠，形成了三地区域物流合作的良好基础。

2013年3月，江门市物流行业协会与香港航运物流协会成员单位就加强两地航运物流等方面达成了初步协议，签订了《江港两地物流合作与发展协议》。2013年5月，香港航运物流协会分别与江门市物流行业协会、江门高新区管委会签署了《江门市物流行业协会与香港航运物流协会项目合作备忘录》和《江门高新区物流体系服务中心框架合作协议》，今后江港两地的物流企业将在国际航运等方面加强合作。同时，双方将共同打造面向多个区域的物流供应链，具体包括陆路运输、报关、海运、仓储配送等多个方面的内容。

二、江门市物流业发展存在的主要问题

（一）现代物流观念落后

长期以来，江门市多数物流企业和相关部门物流观念淡薄，对现代物流业能够提升工业发展水平和投资环境的重要性和关键性认识不足，对物流的认识仍局限于交通运输、仓储、搬运等传统物流业务。另外，多数非物流企业也热衷于选择自营物流的方式，部分企业还存在重生产、轻物流，重自给、轻外协的思想，对物流服务很多方面的认识都还停留在传统的层面上。

（二）物流园区建设缓慢

目前，江门市还没有形成较大规模的物流园区，园区建设缓慢。同时，部分物流园区仍只是个别大企业自我需要、自我发展的物流"车间"，并没有起到公共型物流园区或者物流基地的作用。另外，江门市专业市场的规模不大，最大的年交易额只有十几亿元，市场的影响力和辐射力较弱。

（三）物流专业化程度低

一是专业物流公司竞争力不够强。江门现有物流企业普遍存在规模较小，技术装备落后；运输车辆车型偏小、缺少营运集装箱车；仓储设施陈旧落后，装卸搬运的机械化水平低等问题。而且，目前有实力、信誉好的物流企业在江门设立广东西部总部的企业不多，大部分只是把江门作为货物中转站；现有物流企业能够提供全国性物流服务网络的企业不多，能提供全球性物流服务网络的企业几乎没有。

二是物流市场有待挖掘和开发。江门市大部分生产企业对物流活动的组织仍然沿袭传统模式，从原材料采购到产品销售过程中的一系列物流活动主要依靠企业自身完成。高效率的专业化、社会化物流服务还未被相当一部分生产企业所认识，由此也带来了物流企业缺乏服务转型动力的问题，未能很好地实现生产需求与物流服务互相促进的良性循环。

（四）港口物流能力不足

江门的港口主要以河港为主，西江、潭江航道的通航能力一般在3 000吨以下；银洲湖水域虽然较深，但由于崖门水道有泥沙淤积，要满足1万吨货轮满载通行，疏浚工作量很大。江门虽然有漫长的海岸线资源，但目前海港建设比较落后，台山鱼塘港建设虽已历时逾10年，但进展较慢，未能形成较大的吞吐能力。港口没有定期国际航班，既增加经营成本，又影响口岸形象，极大地制约着港口物流的发展，并致使后方的物流园区失去了重要支撑。

（五）专业物流人才短缺

物流人才是物流行业发展的关键，也是物流企业成长的保障。江门地区的物流教育和培训还很欠缺，企业普遍反映缺少物流专业人才，人才短缺是制约江门物流业发展的一个比较突出的瓶颈。目前江门市物流企业管理人员和职工的学历、素质普遍较低，很难满足现代物流产业的发展需要，也难以满足为工商企业客户提供第三方物流服务的要求。

三、江门市促进物流业发展的措施

（一）加快重大基础设施建设

进一步完善全市"内通外联"的交通网络，对接广佛都市圈、港珠澳大桥，实现江顺大桥主跨合龙，西环路隧道全线贯通，加快江门大道北线、深茂铁路、江罗高速、广中江高速、新台高速南延线、江门高新区公共码头建设进度，抓紧推进江门大道南线、广佛江快速通道江门段二期工程、广佛江珠城轨、鹤开高速、中开高速、佛开高速三堡至水口段扩建前期工作。加快崖门万吨级航道、广海湾港区进港航道整治工程前期工作。

（二）积极发展产业物流

依托江门市现有产业资源和独特产业优势，大力引导、积极培育若干个"专、精、新"的产业物流。一是发展农产品物流，积极引进大型专业物流企业，投资建设农产品批发物流交易中心、产地批发市场、农产品交易所，增强农产品物流加工能力，配套建设区域性农产品批发市场和社区生鲜超市，逐步取代低层次农贸市场功能，发展新型城市商业模式，构建多渠道、全方位的农产品批发流通销售体系。二是发展水产物流，充分发挥江门市水产品市场发达的优势，通过合理选址，规划建设集水产交易、冷冻冷藏、物流加工、电子商务、检疫检测、餐饮美食等配套服务于一体的水产物流区，扩大江门市水产品市场的辐射范围，带动该地区经济的发展。

（三）扶持发展智慧物流

扶持发展"智慧物流"，即通过物流专项资金，支持有条件的物流企业运用物联网等先进技术提供新的服务手段，为全行业提供成功的示范案例；加强物流中心、商贸市场等硬件改造升级和配套设施建设，重点支持仓储及运输工具的标准化改造以及相关公共信息平台的建设等；加快推进中小物流企业信息化提升工程建设，继续完善物流公共信息平台建设；培育省级物联网示范企业。

（四）继续改善通关环境

继续深化口岸联检部门合作，进一步简化报关报检手续，大力推进"一次申报、一次查验、一次放行"口岸通关模式，深化通关作业无纸化改革，切实提高通关效率，加快出口退税进度。通过改善通关环境，大力推动加工贸易转型升级，促进跨境电子商务和外向型物流的发展。

（五）加强招商引资力度

要重视现代物流业项目招商，充分盘活利用好土地资源，加强人才引进培养，完善物流配套等设施设备，尽快落实物流中心招商运营；积极推动三埠港口岸的设施改造和选址迁建工作，为全市招商引资、外经贸发展营造良好的投资和服务环境；积极对外推介江门市投资环境，争取在物流仓储、冷链物流等项目上取得更大突破。

（六）增强与其他地区的物流合作

加强与珠海、中山、佛山、广州、深圳等珠三角邻近城市的区域物流合作，加强沟通协调和信息交流，在确定各自物流发展的重点和方向的同时发掘彼此合作的空间，科学建设港口、仓储、站场等基础设施，加快区域基础配套设施建设；抓住港珠澳大桥的兴建这一契机，加强与港澳地区的物流协作，鼓励港澳外商来江门经营道路运输及口岸运输服务业务；紧紧抓住国家"21世纪海上丝绸之路"、"新丝绸之路经济带"战略思想带来的新机遇，加大广海湾建设力度，在港口、物流等方面加强与东盟的合作。

2013 年惠州市物流业发展回顾与展望[①]

一、2013 年惠州市物流业发展总体情况

（一）物流产业规模不断扩大

近年来，随着大产业、大项目、大交通、大旅游的强劲拉动，惠州产业实力日益增强，城市综合竞争力大幅提升，物流需求大幅增长。据不完全统计，2013 年，惠州市物流业实现增加值超过 266 亿元，增长约 11%；公路货运周转量 1 152 091 万吨公里，增长 30%；惠州港货物吞吐量9 152.96 万吨，比 2002 年增长了 9 倍。2013 年，惠州市冠以物流名称登记注册的企业有 1 100 多家，认定了惠州金泽等 8 家现代物流龙头企业，为全市现代物流业的发展起到了较好的示范带动作用。

（二）交通运输网络日臻完善

近年来，惠州市高速公路、铁路、港口、内河航运、惠州机场等交通基础设施建设大力推进，综合运输能力不断增强，交通对物流业发展的支撑作用进一步增强。

第一，公路主骨架初步形成。截至 2013 年年底，惠州市境内公路通车里程 11 233.9 公里，通车里程公路密度为 100.7 公里/百平方公里，其中高速公路 8 条，共 492.4 公里，通车里程全省排名第二。

第二，铁路网络加快完善。惠州市境内现有铁路营运里程为 208.4 公里，其中京九铁路 88.9 公里，惠大铁路 53.8 公里，厦深铁路 58.2 公里，未来惠州市与广州、深圳、东莞都将有城际轨道交通线路，惠城至惠阳、惠阳至惠东、惠城至惠东的市内轨道也纳入珠三角轨道交通规划。

第三，惠州港建设初具规模。2013 年，惠州港港口吞吐能力为 10 011万吨，成为广东省第 6 个吞吐能力超亿吨的港口，随着辖区和记黄埔集装箱码头、中海油物流基地等一批重点大型项目的投产运营，这对港口吞吐量将起到很大的拉动作用。2013 年 11 月，惠州市政府出台的《关于努力

---

① 供稿单位：惠州市经济和信息化局。

建设海洋经济强市的实施意见》，也将推动惠州港进入新一轮的跨越式发展阶段。此外，惠州国际集装箱码头一期泊位已正式启用，首条惠州至上海跨省内贸集装箱航线已开通。

（三）港口配套物流服务逐步完善

2013 年，惠州港荃湾港区国际集装箱码头 2#泊位最后一批港机设备安装调试完成并投入试运行。至此，惠州港全港吞吐能力达到 10 011 万吨/年，实现年底惠州港口吞吐能力超亿吨的目标。与码头建设匹配的物流项目在惠州港荃湾港区正有条不紊地推进。中储粮惠州港粮食物流中转库项目总投资 2.8 亿元，拟建仓容规模 20 万吨，一期建设仓容 10 万吨，已竣工并正式运营；惠州荃湾港口开发有限公司与惠州金泽物流有限公司签署了总投资 6 亿元、占地面积约 27 万平方米的金泽现代海港物流园项目，将在惠州港区建立钢材交易中心及煤炭、矿石等大宗货物仓储物流中心，预计未来几年内可为惠州港带来千万吨吞吐量；总投资 1 亿元、计划用地 4 万平方米的华亿通综合物流项目正进行用地挂牌准备工作及初步设计。随着荃湾港区新一批物流项目的建设和运营，港区物流服务正逐渐完善。

（四）物流业发展环境不断完善

2013 年 2 月，惠州市政府出台了《关于加快我市现代服务业集聚区发展的意见》（惠府办〔2013〕8 号）和《关于进一步加快我市服务业发展的若干意见》（惠府〔2013〕13 号），提出要采取财政投入、用地保障、税费优惠、人才引进等多项举措扶持包括物流业在内的服务业发展。从 2013 年起，市财政每年将整合安排 4 000 万元现代服务业发展专项资金；同年 5 月，惠州市政府出台了《惠州市人民政府关于加快现代流通业发展的若干意见》（以下简称《意见》），提出要使物流业发展水平明显提升，全力建设区域性现代物流中心。随着物流业发展有关意见的出台，惠州市物流业在发展方向上更加明确，政策发展环境也更加完善。

二、惠州市物流业发展存在的主要问题

（一）港口基础设施有待完善

作为惠州市发展物流业主要依托之一的惠州港，港区基础设施投入不足，受港口初期建设规模和条件限制，目前荃湾港区泊位及进港航道等级低，不能适应船舶大型化发展要求；惠州港周边路网密度远低于珠三角其

他港口城市，疏港公路惠澳大道、疏港铁路惠大铁路等级不高。港口在全市物流业发展中的支撑作用尚未得到有效利用。

（二）物流集约化程度不高

2013 年，虽然惠州市对物流业制定了长期发展规划，加强了政策引导，但由于政策实施的时效性，长期以来物流企业存在的"小而散"问题还未得到根本改变，新建的物流园区对物流资源的整合功能尚未真正发挥出来，全市较缺乏运作成熟且能够提供运输、仓储、包装、配送、信息处理等综合服务的物流园区，物流业集约化发展程度较低，各种运输方式之间缺乏有效衔接，物流质量和效益依然较低。

（三）第三方物流力量相对薄弱

惠州市物流业的专业化、社会化服务已经开始起步，国有、私营、个体物流企业发展速度快，但第三方物流力量还比较薄弱，不能满足惠州市制造企业庞大的专业物流服务需求，尚缺乏能够为生产企业提供全方位生产物流服务需求的第三方物流企业。调查表明，由于惠州市物流企业的作业质量、综合物流能力和运作的经济性较差，难以满足企业所需要的高质量物流服务需求，惠州市 TCL、德赛、联想等大型企业将生产物流服务外包给了广州、深圳等地的物流企业。正是由于惠州市缺乏专业化的第三方物流企业，导致惠州市大量物流服务市场被分割，部分税收流失。

（四）物流信息化程度不高

目前惠州市大多物流企业还处于传统的作业方式，缺乏信息化管理手段，对信息化改造兴趣不高，物联网等新技术在物流领域的应用不多，物流效率较低。而信息硬件设施和信息化管理手段的落后，也导致了潜在的社会需求没有及时转化为现实的物流需求。

三、惠州市促进物流业发展的措施

（一）加快建设物流基础设施

加快推进公路、铁路、港口、机场建设，完善交通运输体系，打造高效便捷、无缝对接的基础设施网络，促进综合交通运输与多式联运发展。重点发展"两港"经济，抓紧推进惠州机场基础设施完善和复航工作，精心规划建设空港经济区，进一步完善惠州港基础设施，促进港口物流"铁水"联运，积极实施"惠盐港口一体化"，提升港口物流集疏功能。鼓励在各类产业园区、产业聚集区、交通枢纽规划建设一批集仓储配送、车辆调度、信息交易、金融服务等功能于一体的现代物流园区。

（二）加快发展现代物流业

鼓励生产和商贸企业按照分工协作的原则，剥离或外包物流功能，整合物流资源，促进企业内部物流社会化，促进供应链各环节有机结合，加快向现代物流企业转型。加强各种运输方式运输企业的相互协调，建立高效、安全、低成本的运输系统。加快运输与物流服务的融合，为物流一体化运作与管理提供条件。鼓励邮政企业深化改革，做大做强快递物流业务。大力发展第四方物流，加快物流企业兼并重组，培育一批服务水平高、竞争力强的大型现代物流企业。勇于探索发展在网络技术支撑下的第五方物流，为制造业提供实时、高效、协同的物流服务。实施物流业与制造业联动发展示范工程，重点扶持一批现代物流龙头企业。

（三）鼓励发展物流新业态

推进智慧物流建设，加快物流物联网公共信息平台和南方物联网示范工程建设，推进企业物流管理信息化。重点加快培育和发展金融物流，制定政策措施，支持金融物流公共服务平台建设，推动金融业、物流业与制造业"三业融合"。鼓励相关信息技术研发与创新，加快推广物联网、互联网、云计算、全球定位系统、地理信息系统等技术在物流领域的应用。推动企业参与制定物流信息技术标准和信息资源标准，建立物流信息采集、处理和服务的交换共享机制。加快对现有仓储、转运设施和运输工具的标准化改造，加快建成数字化、网络化、智能化、集成化、可视化智慧物流体系，重点推进金泽智慧物流园、宝鼎威智慧物流园等项目建设。积极引进物流企业总部、区域总部，鼓励支持大型物流企业在惠州建设区域性物流中心。

（四）积极建设现代物流业集聚区

以现代物流产业为主体，以物流园区建设为主要形态，重点在城市规划区和工业开发区内布局现代物流业发展集聚区，形成社会化加工配送、分拣包装、仓储运输、货运代理、信息发布等有效集中的区域，促进物流资源合理整合，实现集约化、规模化发展。

第二章　粤东部分地区

2013 年汕头市物流业发展回顾与展望[①]

一、2013 年汕头市物流业发展总体情况

汕头市作为国家经济特区和沿海开放城市，位于广东省东部，珠江三角洲南端，"大珠三角"和"泛珠三角"经济圈的重要节点，是中国南方重要港口城市、沿海开放城市和著名侨乡，是两大区域经济圈之间各类资源整合与扩散、聚集与辐射的重要节点，历来是粤东北、赣东南、闽西南的商品集散地和重要进出口岸。近年来，汕头物流产业取得了长足发展，产业规模不断扩大，产业层次不断提升，物流发展的硬件和软件建设双管齐下，传统物流业逐步开始向现代物流业转型。

（一）物流业发展规模不断扩大

2013 年，汕头市物流业呈现良好发展势头，物流增加值、货物运输规模、港口吞吐量等不断扩大。全市实现物流业增加值 52.36 亿元，较 2012 年增长 11.5%，占现代服务业增加值的比重为 20.8%；完成货物周转量 184.12 亿吨公里，较 2012 年增长 14.2%；完成港口货物吞吐量 5 037.9 万吨，较 2012 年增长 10.4%；完成集装箱吞吐量 128.8 万标准箱，较 2012 年增长 3%。

（二）交通基础设施建设成效显著

2013 年，汕头市四条高速公路全面开工建设，汕揭梅高速"月浦—泰山"立交段建成通车，泰山立交至汕汾高速段建设进展顺利，汕湛、潮惠、揭惠高速汕头段开工建设，潮汕环线高速公路按省市共建模式启动勘察设计和项目投资人招标，汕头海湾隧道完成勘察设计招标。厦深铁路开通运行，厦深联络线经多方争取，初步设计方案获省政府和中国铁路总公

---

① 供稿单位：汕头市经济和信息化局。

司批复同意实施；疏港铁路、广梅汕铁路扩能改造项目前期工作顺利推进，粤东城际和市域轨道交通项目完成初步规划编制。干线公路升级改造步伐加快，国道 206 线大学路改造完成一期工程，启动二期工程建设，国道 324 线外砂段完工，潮阳、潮南段路面改造及峡山段改线工程开工建设；省道 234 线、235 司神线、231 凤湾线以及省道 237、337 线，惠公路二期工程，磊广路，河浦大道等改造工程开工建设；南澳大桥主桥主塔封顶。广澳港区防波堤、海门港区华能煤炭中转基地加快建设。

（三）确定物流企业重点培育对象

2013 年 5 月，根据汕头市委、市政府召开的"加快民营经济、中小企业发展暨实施'五个 100'工程动员会"精神和《中共汕头市委、汕头市人民政府关于加快民营经济、中小企业发展和实施"五个 100"工程的意见》、《汕头市 100 家现代服务业企业做强做优工程工作方案》，编制实施了《2013 年度现代物流业发展行动计划》，确定了 2013 年汕头市现代物流业的发展重点和具体工作计划。汕头市经信局结合汕头市加快民营经济中小企业发展暨实施"五个 100"工程的会议精神，从企业规模、信息化程度、研发投入、企业资质等方面综合考虑，挑选出 25 家现代物流企业作为全市物流行业做强做优的对象进行重点培育。

（四）推动"物联通"平台建设应用

为加快物流行业向信息化、标准化的方向迈进，构建公共物流信息平台，提升整体物流服务水平，由汕头市物流行业协会标准化技术委员会牵头建设的"物联通"技术应用平台投入使用后，将为客户、承运人、货主等三方实时提供货物信息。"物联通"的建设，将为物流行业搭建移动信息化平台，实现了物流管理的"智能化、移动化"，为现代物流产业升级作出了示范。

（五）逐步完善物流标准体系建设

为提高物流标准水平，汕头市于 2013 年 9 月 7 日成立了汕头市物流行业协会标准化技术委员会，旨在向汕头市物流企业引进国内外最新的现代物流管理运作理念，推广现代物流管理新技术与成功的物流管理经验；协调、制定并推广相应的国家物流标准化准则。最终目标是使物流供应链上的企业充分利用标准化及信息技术，提高物流运作效率，降低物流系统成本、库存和物资储备，提高企业核心竞争力。

（六）举办首届粤东现代物流产业博览会

2013年9月7日，汕头市成功举办了首届粤东现代物流产业博览会。本次博览会以"物联网开启智慧物流新时代"为主题，是集产品展示、交流合作、贸易洽谈于一体的行业盛会。博览会通过搭建工业、商贸业、物流业和配套产业企业的对接和交流平台，推动整个粤东地区物流产业加快发展。活动共吸引了来自粤东及闽赣地区第三方物流企业、生产厂家、金融机构、经贸企业等300多家参会，涵盖海、陆、空、仓储等多种业态。本次博览会的成功举办有利于巩固和提升汕头市作为物流区域中心城市的核心地位。

（七）支持协会筹建物流发展基金

2013年，汕头市物流行业协会在与民生银行共同运营合作社的基础上，组建了物流发展基金，银行授信不低于1亿元人民币。该基金将用于支持物流业的发展，切实为物流企业解决资金短缺的问题。截至目前，该基金已向9家现代物流企业提供贷款共计1 000万。

二、汕头市物流业发展存在的问题

（一）缺乏物流龙头企业

全市物流业呈现小、散、乱局面，综合型物流园区和物流中心规划、建设滞后，物流企业发展基本停留在低层次的价格竞争中，缺少规模大、业态新、辐射面广、带动力强的物流龙头项目。第三方物流市场发展虽然在加快步伐，但发展方式仍然较粗放，大部分物流企业依然保留传统的运作方式，缺乏物流标杆企业示范来带动整个行业的创新发展。

（二）港口发展能力不足

汕头港码头泊位、主航道等基础设施建设薄弱、进展缓慢；港区内物流企业服务理念落后，综合服务水平低，缺乏统一、有效的管理，各家物流企业为抢夺货源，不惜削减运价进行恶性竞争；再加上港口通关软环境不佳等原因，相较于邻近的深圳港和厦门港，汕头港的竞争能力尤显不足，导致许多运输企业舍近求远，汕头港货源流失严重，业务量难以饱和，经营发展压力较大。

（三）多式联运水平不高

汕头市临近深水大港，集公路、铁路、空港和高铁于一体的交通区位优势未能充分利用，物流园区建设统筹铁路、公路、水路、民航等多种交通运输枢纽的能力较弱，缺乏多种运输方式之间的顺畅衔接和高效中转，多式联运运输体系有待发展。

三、汕头市促进物流业发展的措施

（一）加强交通基础设施建设

继续加强交通基础设施建设，为物流业的发展构建外通内联、便捷通达的交通运输体系。第一，争取汕揭梅高速公路汕头段全线建成通车，汕湛、潮惠、揭惠三条高速公路完成征拆工作，实现全面施工，加快潮汕环线高速公路前期工作，着手规划牛田洋快速通道；第二，协调推进厦深铁路通车后相关配套设施的优化和完善，全力推进厦深铁路联络线建设，积极协助、配合完成项目前期工作，争取尽快开工建设；第三，加快汕头港疏港铁路项目前期工作，积极配合省加快完成粤东地区城际轨道规划，争取完成市域轨道交通网规划及报批工作；第四，完成华能海门煤炭中转基地主体工程，新开工广澳港区 2 万吨级石化码头，争取开工建设两个 10 万吨级集装箱码头和航道二期工程，争取尽快重启潮阳港的运营工作。

（二）提高物流信息化发展水平

物流信息化是汕头市未来实现粤东物流中心的重要手段。完善汕头市物流信息平台的升级改造，积极在物流企业中推广应用；加强先进物流技术装备的应用，鼓励物流企业采用仓储运输、装卸搬运、分拣包装、条码印刷等专用物流技术装备；鼓励发展物联网，推广 RFID 等自动识别、标识技术以及电子数据交换（EDI）技术在物流企业的广泛应用，从软件和硬件上提高全市物流信息化发展水平。

（三）加快发展本地特色物流业

围绕玩具、纺织、海产品等具有汕头当地特色的产业，按照科学规划、合理布局、错位发展的原则，积极促进具有本地特色物流业的发展。充分利用澄海、潮南、濠江等地的产业优势，融合现代仓储、电子商务、共同配送、全程冷链等功能，发展具有产业特色的现代物流综合体。加快澄海宝奥物流园区、潮南峡山轻纺物流园区、海门国家级渔港综合服务区等一批具有本地特色的物流载体的发展。

（四）强化行业协会的桥梁和整合作用

行业协会是介于政府和企业之间的组织，要充分发挥协会的桥梁和纽带作用，全心全意为会员单位和政府服务，维护会员及企业的合法权益，积极挖掘、集中、整合地区物流资源，着力拓展综合物流服务领域，加强行业自律。通过科学发展，努力打造粤东地区物流产业创新型行业协会，推进全市物流业的发展。

2013 年潮州市物流业发展回顾与展望①

一、2013 年潮州市物流业发展总体情况

潮州市地处我国东南沿海地区，是广东的"东大门"，也是海峡西岸经济区的重要组成部分。目前，潮州市境内公路、铁路纵横交错，汕汾高速公路、汕梅高速公路、国道 G324 线、广梅汕铁路以及厦深铁路等便捷运输通道贯穿全市，紧密连接东南沿海地区及周边地市；厦深铁路潮汕站位于潮州市沙溪镇，距离市区约 15 公里，是潮汕地区主要铁路站场；潮州港是国家一类对外开放口岸和对台直航港口，是具备建设大型深水泊位条件的天然良港，也是广东省距离台湾最近的港口；揭阳潮汕机场距离潮州市区只有约 20 公里。经过多年来的努力建设和持续发展，潮州市已逐步形成了公路、站场、港口、铁路互相联结，互为配套的综合运输体系，综合运输能力和技术水平较高。

2013 年，全市实现生产总值 780.3 亿元，比上年增长 11%。其中，第一产业增加值 54.9 亿元，增长 4.9%，对 GDP 增长的贡献率为 2.8%，拉动经济增长 0.3 个百分点；第二产业增加值 435.9 亿元，增长 14.2%，对 GDP 增长的贡献率为 71.9%，拉动经济增长 7.9 个百分点；第三产业增加值 289.5 亿元，增长 7.3%，对 GDP 增长的贡献率为 25.3%，拉动经济增长 2.8 个百分点。三次产业比例关系为 7：55.9：37.1。

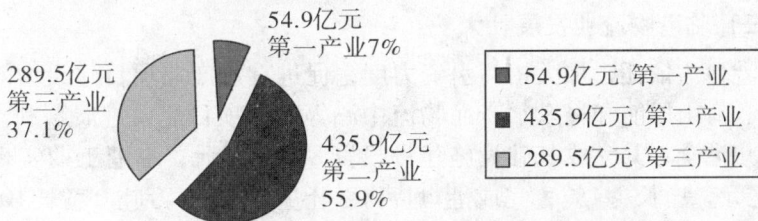

图 2 - 3　2013 年潮州市三大产业结构比例图

---

① 供稿单位：潮州市经济和信息化局。

（一）物流发展规模持续增长

第一，物流业务量保持增长。2013年，潮州市交通运输、仓储、邮政业实现增加值25.2亿元，同比增长6.8%；全市完成货物运输量3944.4亿吨，同比增长11.4%，其中公路货运量2738万吨，水路货运量782万吨；完成货运周转量175.63亿吨公里，同比增长7.3%，其中，公路货物周转量38.3亿吨公里，公路货物周转量1312694万吨公里。

第二，物流企业数量不断增加。截至2013年年底，在潮州市工商部门登记注册的属交通运输仓储邮政业的企业共有590家，较上年增加53家，其中物流企业107家，较上年增加48家。潮州市物流企业数量的快速增长有助于带动全市物流业服务能力和发展水平的提高。

第三，水路运输规模逐渐增强。2013年，潮州市拥有水上运输船舶296艘，较上年增加70艘，增长30.97%；总载重量57.8万吨，较上年增加17.81万吨，增长44.54%。其中，内河船舶287艘，总载重量7.3万吨；沿海船舶9艘，总载重量50.5万吨。

（二）基础设施建设取得进展

2013年，潮州市大力推进潮惠高速公路、S222线、S232线、饶平环城北路等项目建设，开工建设韩江东西溪大桥、潮州大桥和韩江大桥维修工程，新改建县乡公路52.2公里、通村公路215.7公里，切实改善农村出行条件；完成厦深铁路潮汕站和饶平站建设配套，保障厦深铁路于2013年12月28日按期通车运营；加强港口基础建设，逐步完善进港大道、亚太码头各项配套，做好小红山码头复建、大唐电厂煤码头、潮州港公用航道及西澳港区等项目前期工作，潮州港口岸核心能力建设通过国家验收。全市交通基础设施的建设和完善，将逐步改善全市物流运输条件。

（三）临港物流业发展壮大

以港口为依托，加大招商引资力度，促进重点产业项目建设增效，华能风电、海山风能和粤东水产品物流中心等港口项目建设进展顺利。2013年，潮州港全年共完成基础设施建设投资8120万元；临港工业实现增加值32亿元，增长4.1%；完成港口货物吞吐量1050.6万吨，增长10.5%。此外，潮州港临港物流集聚区被列为省现代服务业集聚区，有效提升了产业承载能力。

（四）快递业发展势头强劲

截至2013年年底，潮州共有本地快递许可企业16家，备案分支机构

15 家。据统计，2013 年全市快递业务量达 845 万件，同比增长 144.2%，快递业务收入 1.17 亿元，同比增长 82.4%。受电子商务产业发展的拉动，全市快递行业保持强劲发展势头，快递行业市场规模持续扩大，前景广阔。

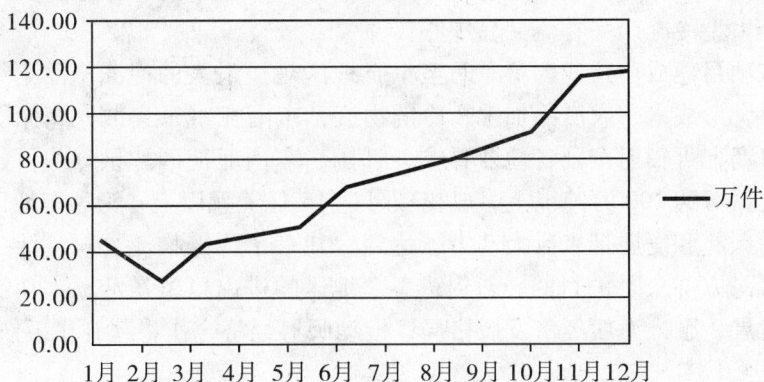

图 2-4　潮州市 2013 年 1—12 月快递业务量变化图

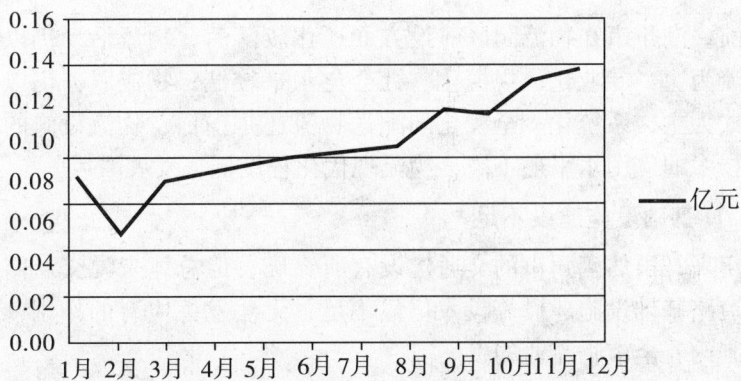

图 2-5　潮州市 2013 年 1—12 月快递业务收入情况图

（五）冷链物流发展取得突破

2013 年 3 月，国家质检总局同意筹建潮州港三百门码头为进口肉类指定口岸，作为其配套建设的"广东海润冷链物流有限公司"项目，经潮州港三百门港务有限公司、广东海润发展集团有限公司和新加坡（中国）投资有限公司签订三方合作协议书，确定由广东海润发展集团有限公司投资兴建。项目计划总投资约人民币 12 亿元，计划用地约 1 400 亩，项目工程分为两部分，第一部分计划投入人民币 4 亿元，用于征地及建设大型冷库和相应的配套设施；第二部分规划用地 1 200 亩，投资人民币 8 亿元，建设一个大型冷冻产品物流交易中心。

该项目建成后将成为粤东乃至全省地区规模最大的冷冻产品集结、发散中心，形成水、农产品加工，冷链物流，东南亚水果集散，仓储等临港专业市场，可辐射全国各地及日本、韩国、东南亚地区。预计项目建成后年成交量可达 100 万吨以上，成交额可达 15 亿美元以上，为粤东地区更多行业的兴起和发展带来巨大动力，达到"建一个冷链物流公司，活一片经济，富一方群众"的目的，对促进粤东地区的进出口贸易活动，加快地方经济发展，融入海西经济发展格局，推动闽粤经济合作将起到积极作用。

二、潮州市物流业发展存在的主要问题

（一）整体发展水平滞后

目前，潮州市在物流园区建设方面还比较落后，物流活动仍以企业分散的物流为主，专业化、规模化、社会化水平较低；物流服务仍以传统业务和方式为主，系统化、全程化的配送物流还是空白；物流设施的现代化和物流技术的应用水平还不高，物流现代化程度低，发展滞后。

（二）基础设施建设不足

近年来，虽然潮州市的交通建设有所突破，但总体来说交通网络还不完善，道路基础设施建设等投入仍显不足，无法发挥应有的作用，在一定程度上制约着全市物流业的发展。

（三）物流信息化水平较低

潮州市物流信息化、自动化发展水平较低，搬运、点货、包装、分拣、订单及数据处理等诸多物流作业环节上，手工操作方式仍然占据着主导地位；物流信息的采集、处理和通讯的自动化发展也相对滞后；物流管理和决策的智能化发展层次较低，库存管理、自动生成订单、配送线路优化等方面尚处于起步阶段。

（四）物流人才储备不足

潮州市物流业目前还处在起步阶段，高等教育和职业教育尚未跟上，物流专业人才缺乏，整体素质不高，难以支撑全市物流业的发展，无法适应现代物流发展的需要。

（五）政策环境有待完善

物流企业现面临发展融资难、用地难等瓶颈问题，经营发展压力较大，大部分物流企业发展缓慢，难以做大、做强。减轻物流企业税收负担、物流业发展用地支持政策、物流车辆便利通行等政策的推进力度还不够，上述因素困扰着全市物流企业的发展。

三、潮州市促进物流业发展的措施

（一）强化物流发展组织领导

现代物流业属于现代服务业，涉及面广，具有跨行业、跨地区、跨部门的特点，必须充分发挥行业主管部门的作用，加强对现代物流业发展的组织和协调。建议成立由主管市长负责，市经信局、交通局、规划局、国土资源局、农业局、发改局、检验检疫局、海关等部门共同参与组成的"物流工作联席会议制度"，加强相关部门的凝聚力，加强协调，统一全市物流发展思路。

（二）切实推进重大物流工程

依托潮州传统特色优势产业，加快现代物流业专业配套建设，继续实施"做强一个中心、做大一个港口、织好一张网"的战略，努力将潮州打造成粤东的区域综合物流中心。

做强一个中心，重点建设潮安县厦深高速铁路潮汕火车站商贸物流中心，建设集展示交易、物流配送、电子商务等为一体的大型综合性专业市场；做大一个港口，充分挖掘潮州港自然资源及区位优势，以加快融入海峡西岸经济区建设为契机，加大港区物流配套设施建设，重点做好海运与陆运的衔接工程，积极筹建临港保税区，建设以潮州港为核心，连接广阔腹地的海—陆物流综合服务体系；织好一张网，重点完善物流自动化信息网建设，引入或培育专业物流信息服务公司或物流信息服务中心，建立物流管理软件系统、仓储管理系统、国际标准物流设备以及安全管控系统等自动化电子系统网络。

（三）积极引进第三方物流

潮州市目前第三方物流发展层次较低，为推动全市第三方物流加快发展，推进潮州市物流的社会化和专业化，应制定相应的奖励政策和优惠条件，加快引进省内外尤其是深圳、广州、厦门等地知名第三方物流企业进驻，提高物流专业化水平，增加现代物流服务的附加值，迅速提升潮州第三方物流发展水平。

（四）开展物流业发展规划研究

根据潮州市物流发展的实际情况，结合全市物流业发展形势和环境变化，组织编制具有针对性的潮州市中长期物流业发展规划以及物流节点规划，做到重点突出，找准潮州市物流发展在粤东地区的定位，探索适合潮州市物流发展的道路，

引导全市物流的健康发展和有效提升，不盲目求大求全，不追求摊大饼式发展。

2013 年揭阳市物流业发展回顾与展望①

一、2013 年揭阳市物流业发展总体情况

2013 年，揭阳市经济运行稳定，保持了近年来持续快速增长的势头，完成生产总值 1 605.35 亿元，比上年（下同）增长 14.5%；其中，第一产业增加值 154.39 亿元，同比增长 4.1%；第二产业增加值 1 013.78 亿元，同比增长 18.8%；第三产业增加值 437.18 亿元，同比增长 8.4%，在第三产业中，交通运输、仓储和邮政业增长 10.2%。规模以上工业增加值 860.79 亿元，增长 23.8%；固定资产投资 829.39 亿元，增长 27.5%；社会消费品零售总额 657.66 亿元，增长 15.2%。

（一）物流发展规模不断扩大

在持续快速增长的经济发展势头下，2013 年揭阳市物流业发展规模不断扩大。2013 年，揭阳市共有从事物流、仓储的企业 377 家，其中，陆路物流企业 198 家、水路物流企业 45 家、铁路物流企业 10 家；实现物流增加值 15.54 亿元，比上年增长 10.5%；全年公路运输完成货物周转量 48.79 亿吨公里，增长 20.9%；水路运输完成货物周转量 2.39 亿吨公里，增长 21.5%；港口货物吞吐量 2 509.8 万吨，增长 56.8%。在揭阳市海港经济区规划建设的推动下，揭阳市物流业将得到进一步发展。

（二）交通基础设施建设不断推进

当前揭阳市正全面启动"空港、海港"两大经济引擎，交通基础设施建设不断推进。2013 年，公路方面，揭阳市完成国、省道公路建设里程为 53.68 公里，改建农村公路 317 公里，年末全市公路总里程 7 209.77 公里，其中高速公路 201.85 公里，汕湛、潮惠揭阳段以及揭惠三条高速公路全面开工建设；铁路方面，厦深铁路客运专线投入使用，其在揭阳市境内有 63 565 米，于潮州沙溪以北设潮州站接入，经揭东县、普宁市、惠来县后入汕尾市；水路方面，依托 136.9 公里的黄金海岸线和优越深水良港，与

---

① 供稿单位：揭阳市经济和信息化局。

荷兰鹿特丹港务局达成合资共建揭阳枢纽港的合作意向；航空方面，2013年年末揭阳潮汕机场航空航线达41条，其中国际航线7条、国内航线24条。全年机场旅客吞吐量268.6万人次，其中，进港130.8万人次，出港137.8万人次。

（三）电商物流发展迅速

2013年，揭阳市积极培育电商产业，创建国家电子商务示范城市，军埔村被阿里研究中心、中国社会科学院信息化研究中心授予"中国淘宝村"牌匾。目前军埔全村已有350多户、1 500多人投入网上销售活动，开设淘宝网店3 000多家、实体店200多家，月交易量约80万笔，月成交金额近1.5亿元，主要销售服装、自行车、皮具、电器、五金、玩具等产品。在"淘宝村"发展的带动下，全市电商物流得到快速发展，快递业务量和收入增长迅速，顺丰、申通、韵达、圆通等13家物流企业已进驻。2013年，揭阳市电商销售总额增长38%；邮政业务总量增长52.7%。

二、揭阳市促进物流业发展的措施

（一）加强基础设施建设，完善物流运输体系

完善揭阳潮汕机场配套设施，加快揭阳空铁换乘中心和机场、高铁周边路网建设，实现交通立体综合对接。规划申报惠来港区公共航道，加快中石油、中海油、中电投等码头建设，推进与荷兰鹿特丹港务局合作。整合提升榕江港口群，加强榕江航道整治，培育榕江航运物流带。抓好广梅汕铁路改线工程、揭阳港疏港铁路、粤东城际轨道揭阳段规划建设。加快汕湛、潮惠、揭惠等高速公路揭阳段建设，改造国道省道70公里、地方公路500公里。

（二）加强政策研究，建立物流业发展政策体系

系统综合、联动有效的政策和法规是现代物流业发展的制度保障。要加快物流业的发展，政府必须研究制定相关的政策和规章制度，为各类物流企业进入物流市场、公平竞争创造良好的外部条件与宽松的宏观环境。

（三）整合物流资源，搭建公共物流信息平台

开放灵活、标准、规范的物流公共信息平台，是促进现代物流资源整合的有效手段。近年来，揭阳市全社会信息化建设步伐加快，要进一步整

合物流信息资源，建立开放的物流公共信息查询系统、物流电子政务信息系统和物流电子商务信息系统，打造揭阳"物联网"，积极融入全省、全国"物联网"，实现信息资源共享和物流在线跟踪与过程控制，提高政府监管服务水平、货物通关效率和物流效率。要不断提高物流业的信息化水平和技术装备水平，按照物流现代化、信息化、标准化的要求，增强物流服务能力。要鼓励物流企业自主开发现代物流公共信息平台，并通过服务外包等形式，带动全市物流信息化普及运用。

（四）壮大现代物流企业，提高第三方物流比重

培育和发展现代物流企业，选择具有一定基础和发展潜力的物流企业加以扶持和培育，打破条块分割和垄断，鼓励强强联合，使之成为具有国际竞争力的拳头型物流企业。积极发展专业物流，以纺织业、服装及其纤维制品制造业、中药材制造与流通业、塑料及金属制品业等为重点，积极发展专业物流。按照现代物流的理念重组和改造这些行业的专业市场，使之符合现代物流的发展要求。

第三章　粤西部分地区

2013 年湛江市物流业发展回顾与展望[①]

2013 年，全市实现生产总值（GDP）2 060.01 亿元，同比增长 12.0%。经济总量在全省排名从第九位上升到第八位。第一、二、三产业分别实现增加值 421.44 亿元、814.33 亿元和 824.24 亿元，同比分别增长 6.1%、13.4% 和 13.2%，三类产业结构为 20.5∶39.5∶40。全市实现社会消费品零售总额 1 010.7 亿元，首次突破 1 000 亿元大关，增长 15%，高于全国平均增速 1.9 个百分点。

近年来，湛江市依托"深水良港"以及公路、铁路、机场等交通运输基础设施配套齐全的传统优势，以开创湛江大工业时代为契机，加大基础设施投资，加快商贸物流重点项目建设，并取得了一定工作成效。

一、2013 年湛江市物流业发展总体情况

（一）物流业规模不断扩大

2013 年，湛江市全年交通、运输、仓储和邮电通信业增加值为 158.81 亿元，同比增长 7.9%。全年完成货物运输量 15 270.27 万吨，增长 8%，其中，铁路货物运输量 3 180 万吨，下降 2.1%；公路货物运输量 7 799 万吨，增长 20.2%；水路货物运输量 2 791 万吨，同比下降 8.3%；航空货物运输量 0.27 万吨，增长 12.5%；管道运输量 1 500 万吨，同比增长 10.9%。全年港口完成货物吞吐量 18 006 万吨，同比增长 5.3%；集装箱吞吐量 45.2 万标准箱，同比增长 9.7%。

（二）物流企业数量逐步增加

2013 年，在湛江市工商局登记注册的物流关联企业及个体工商户共 3 552 家，较上年增加 293 家，增长 8.99%，其中，仓储业企业 120 家，增

---

① 供稿单位：湛江市经济和信息化局。

加 13 家；交通运输业企业 3 308 家，增加 268 家；快递服务企业 124 家，增加 12 家。专业从事物流业运营的企业 327 家。从物流企业数量看，湛江市物流业取得了一定的发展，物流企业规模在扩张。

（三）注重规划引领行业发展

近年来，湛江市越来越重视物流相关政策与规划对行业发展的引领和指导作用，不断修改和制定物流业相关政策和发展规划，引导行业健康、有序发展。2013 年，湛江市政府批准实施了《湛江市集装箱物流发展规划》，为湛江市集装箱物流业的统一规划发展指明了方向。同时，为更好引领物流行业的有序发展，湛江市各相关部门对《湛江市城市总体规划》、《湛江港总体规划》、《湛江公路运输枢纽总体规划》、《湛江国家公路运输货运枢纽总体规划》进行了修编并已报交通部和省政府审批，正在修编的《湛江市商业网点发展规划》也将物流业列为修编的重点内容。各项物流业相关发展规划的制修订明确了湛江市各个地区物流业发展的定位及目标，也凸显了湛江市规划引领行业发展意识在不断增强。

（四）物流基础设施建设投入加大

2013 年，湛江市围绕打造市区成环、海湾成环、半岛成环和市外通高铁、县县通高速、镇镇通快速、村村通公路的"三环四通"大交通格局，以及构建环雷州半岛港口群，物流基础设施建设全面提速。据不完全统计，2013 年，湛江市交通固定资产投资增幅巨大，总投资约 79.67 亿元，增长 85.1%，其中港口配套建设 23.7 亿元，增长 31.6%；公路桥梁建设 32.9 亿元，增长 200%；铁路建设（茂湛铁路）13.7 亿元，增长 128.3%；客货站场等改造建设 0.37 亿元，增长 208.3%；邮电通讯（包括电信、联通、移动）设施改造 9 亿元，增长 23.3%。目前，湛江市已逐步形成水路、公路、铁路、管道、航空等多种运输方式组成的综合交通运输体系，且物流基础设施建设还在全面提速。

（五）商贸物流重点项目有序推进

据统计，2013 年，湛江市在建的商贸物流项目共 34 个，规划建设用地 28 377.6 亩，计划总投资 541.84 亿元。政府督办的重点商贸物流项目 15 个，计划总投资 421.93 亿元，规划面积 22 852.3 亩，其中在建项目 9 个，总投资 222.7 亿元。主要建设项目有广东北部湾农产品流通综合示范园区、湛江商贸物流城、湛江市农副产品冷链物流中心、湛江食糖物流中心、湛江海田国际车城、湛江市国际建材交易中心、湛江粤西再生资源产业基地、广东一品家具贸易城和徐闻农产品交易市场。目前，各个商贸物流重点建设项目均在有序推进中。

二、湛江市物流业发展存在的主要问题

（一）物流园区建设迫在眉睫

目前，湛江市缺乏专业的物流园区让物流企业集约发展，相对而言稍微专业点的赤坎物流货运中心，可利用面积太小，发展规模明显不足，难以适应现在物流发展的需求，致使湛江市物流业呈分散发展的状态，物流企业分散在赤坎、霞山等多个地区。因此，按照湛江市目前的发展趋势，需要规划建设一个规模大、专业化物流园区，将更多的物流企业引到园区来发展，将物流园区做大做强，整合利用物流资源，形成规模化效益，更好地促进当地工业和商贸经济的发展。

（二）湛江港辐射带动作用不强

湛江港虽然作为湛江市港口龙头骨干物流企业，但目前还是以港口中转物流为主，大宗商品交易、保税物流尚未真正起步，导致很多港口物流功能未能充分发挥出来。再加上湛江港成本和价格偏高，湛江市西南铁矿石等部分企业进出口货物选择转移到周边其他港口。湛江港近几年出现货源不足、港口物流量增加难、竞争力弱化等现象，远未发挥其应有的辐射带动作用。而与此同时广西防城港吞吐量已突破亿吨，湛江港在环北部湾港口群中已失去主导优势。

（三）物流信息化水平有待提高

物流信息化是现代物流的生命线，也是现代物流发展的必然要求和基石，它能够对物流过程中产生的全部或部分信息进行采集、分类、传递、汇总、识别、跟踪、查询等一系列处理活动，以实现对货物流动过程的控制，从而降低成本、提高效益。因此，信息网络化建设对湛江市依托港口优势发展现代物流来说至关重要，但是目前湛江市整体物流信息资源严重不足，信息化程度普遍不高。提升全市物流业信息化水平对湛江市来说任重而道远。

三、湛江市促进物流业发展的措施

（一）加快交通基础设施建设，打造水陆空立体运输体系

加快交通基础设施建设，变发展劣势为区位优势，大力发展水陆空立体运输。第一，动工建设海西快线；完成海东快线桥梁施工和环半岛一级公路徐闻段 25 公里路基、桥涵工程；建成海湾大桥西连接线；推动建设湛徐高速南延长线和吴川大王线公路及蓬吴线二期、三期；启动国道 207 线、325 线路面改造，打造"三环四通"的对内大交通格局。第二，重点推动深湛高铁江茂段建设，加大与西南连接通道建设，加快建设合湛高铁，全面建设东海岛铁路。第三，实施宝满港区 4.4 公里和东海岛港区 1.8 公里岸线开发，兴建东海岛港区通用杂货码头；实施徐闻港客滚码头和湛江港30 万吨级航道扩建；推动县域渔港、港口建设，壮大县域临港产业。第四，按计划推进湛江新机场的迁建工作，争取早日获得国家核准，预计三年建成。

（二）加快物流园区建设，实现现代物流集聚发展

积极推进湛江保税物流中心（B 型）建设，发展保税物流，打造集中转、仓储、配送于一体的现代物流枢纽平台和区域性保税物流集散基地；将湛江港打造成为一个以能源、原材料和集装箱运输为主，具有区域辐射能力的大宗商品交易中心；努力打造钢铁、石化配套产业物流园区，并使之成为湛江市现代物流业的骨干园区；整合赤坎海田 15 个专业批发市场群，成立湛江海田物流产业园，并将其建设成粤西最大的物流集散区域和湛江市大工业建设的后方服务基地；加快推进广东北部湾农产品流通综合示范园区建设，依托"南菜北运"带动流通产业集聚发展。

（三）培育物流龙头企业，推进物流业转型升级

一是重点扶持物流企业的升级改造，推广条形码、二维码等信息技术的应用；二是推动物流企业做强做大，鼓励企业申报国家 A 级物流企业；三是支持运输、仓储、邮政、货代企业向现代物流服务型企业转型；四是依托广东北部湾农产品流通综合示范园区项目、宝满水产批发市场和南方水产批发市场等项目，发展农海产品行业物流；五是积极引进国内外知名第三方物流企业，加快发展第三方物流业。

（四）加强服务引导，鼓励扶持现代物流业发展

认真落实国家和省出台的有关扶持现代物流业发展的各项政策，加强财政扶持，采取补助、贷款贴息等方式，支持和引导重点物流企业、重大物流项目建设物流公共信息平台，推广应用标准化、智能化物流运输系统，加快构筑全市和区域性物流信息平台。

2013 年云浮市物流业发展回顾与展望①

一、2013 年云浮市物流业发展总体情况

（一）物流规模保持较快增长

2013 年，云浮市实现地区生产总值 602.3 亿元，同比增长 13.3%；社会消费品零售总额 204.02 亿元，同比增长 13.1%；进出口总额 15.81 亿美元，同比增长 8.5%；规模以上工业增加值 192.06 亿元，同比增长 26.0%；交通运输、仓储和邮政业实现增加值 14.91 亿元，比上年增长 18.8%。各种运输方式完成货物周转量 73.72 亿吨公里，比上年增长 37.9%，其中公路货物周转量 52.23 亿吨公里，增长 16.3%；水路货物周转量 21.49 亿吨公里，增长 21.1%。云浮市物流业保持了较快增长的发展势头，物流产业规模正在不断扩大。

（二）交通基础设施进一步完善

2013 年，云浮市交通基础设施建设完成投资 65.21 亿元，完成年度计划的 107.3%，创年投资额新高。"一高铁路五高速二国道三大环市路"（南广铁路，广梧高速思劳和高村立交、云罗高速公路、江罗高速公路、阳罗高速公路、汕湛高速公路，国道 324 线河口至腰古改建项目、国道 324 线云城区腰古至云安县石城镇段改线项目、新城区大环路、罗定市环市路、新兴县西二环路）的内外交通网络建设进展顺利，且建设成效显著。其中，2013 年云罗高速全线通车，为广东省新增加一条出省通道，高速公路总里程达到 183 公里；江罗高速，阳罗高速，汕湛高速清远至新兴段、新兴至湛江段等 8 段高速公路全部纳入省市共建计划；东部快线杨古公路、西部快线、沿江公路二期等项目相继动工建设；西江造船厂、三茂铁路支线、G324 线国道改线等项目的前期工作也在加紧进行。随着全市交通基础设施的进一步完善，云浮市将形成以高速公路为骨架，公路、铁路、机场、港口衔接顺畅的综合运输网络，为现代物流业的发展提供基础保障。

---

① 供稿单位：云浮市经济和信息化局。

（三）物流企业呈多样化发展

2013年，云浮市物流企业开始向多样化形式、多种所有制共存的态势发展。公司内部物流部门开始逐渐弱化，将物流业务逐渐外包给专业化的第三方物流企业，物流业与制造业正逐步走向联动发展。随着信息技术和网络技术在物流领域的广泛应用，传统物流企业逐渐改变低效率运营模式，依托原有的设施、客户、业务基础和经营网络开始向现代化物流企业转变，物流企业的专业化程度正在不断提高。

（四）物流园区建设有序推进

近年来，云浮市物流园区建设工作都被纳入云浮市委、市政府工作重点，在市委、市政府的大力支持和推动下，全市物流园区建设速度加快，规划中的云浮新港物流园区、温氏码头物流园区、新国线云浮市滨江新城物流园区、罗定物流园区、郁南县两广农产品物流中心等物流园区逐渐成型。以集装箱装卸运输、大宗散杂货物装卸运输、港口物流配送和仓储为核心业务的云浮新港目前开辟了覆盖全国各大港口、内陆及港澳地区的运输网络，已形成了一个多样化的运输服务体系，年吞吐量最高可达1 000万吨。

此外，按照规划，云浮市将依托云浮新港重点建设物流加工区、保税物流区；依托东润石材城、云浮石材生态物资产业园等项目，建设大型荒料市场、石材物流运输配送市场。目前来看，这些物流园区建设项目均进展顺利。

（五）物流信息平台建设取得成效

随着物流园区的逐渐形成，多样化物流企业的出现，云浮市物流信息化建设快速发展，将不断满足日益增长的物流服务需求。由郁南县信息中心、广州市宇华网络科技有限公司共同研发的郁南县物流公共信息平台于2013年3月免费试运营。该信息平台采用云计算、物联网、移动通信、导航与位置服务等技术领域的最新成果，覆盖云浮市大多数中小型物流企业的智能化物流产业链，同时正在开发配套的配货软件，为进驻平台的中小物流企业提供货运、货源、车辆等信息。平台自试运营以来，吸引了东莞鼎程物流、东莞安泰物流、深圳市如意物流、北京市鑫利物流、诚信通大件物流、北京富兴快达物流、汕头市润东货运站、广州市畅辉物流等物流企业进驻，丰富了平台的物流专线资源。

二、云浮市物流业发展存在的问题

（一）专业化物流企业不足

虽然云浮市物流企业形式逐渐呈现多样化发展的良好态势，但是目前专业化物流企业数量仍显不足，公司型物流企业仅有11家，绝大多数仍然是小而散的物流个体户，缺乏为物流需求方提供个性化、现代化、综合物流服务的能力，远远不能满足日益增加的物流服务需求，急需培养一批带动力强、集聚力高的大型物流企业，以推动云浮市整体物流业的发展。

（二）缺乏行业发展规划引导

长期以来，物流行业一直是多部门管理，缺乏统一规范管理标准。虽然广东省出台了《广东省物流业调整和振兴规划》，多个地市也出台了促进本市物流业加快发展的相关规划文件，以指导未来一个时期内物流业的发展，但是云浮市目前尚未出台针对物流业统筹规划发展的文件，各个地区自成体系、各自为政，忽略本地资源特色，导致物流资源建设重复，物流业发展盲目。

（三）物流专业人才缺乏

人才是各个行业发展的关键要素，尤其对于现代物流这个新兴产业更是如此。云浮地处山区，经济不发达，物流人才的引进工作难度大。从事物流工作的队伍中，真正接受过物流专业教育的人非常少，物流人才的紧缺一直是云浮现代物流业发展的瓶颈。

三、云浮市促进物流业发展的措施

（一）优化立体交通体系

2014年，云浮市计划投入75.33亿元用于交通基础设施建设。重点抓好南广铁路、江罗高速公路、阳罗高速公路、高村立交，云浮新区东部快线、西部快线、云杨公路、沿江公路等在建项目建设，确保南广铁路、云杨公路一期第二和第三标段、高村立交等一批项目年内建成通车。全力加快汕湛高速云浮段、思劳立交、云浮新区互通立交、省道S369线罗定段路面改造工程、省道S279线郁南县都城至宝珠段改造工程、南广铁路云浮东站交通枢纽、云浮新港物流园、西江星晖造船厂码头、云浮郁南南江口码头扩建等一批项目动工建设。大力推动云浮（罗定）航空产业园建设。抓好三茂铁路云浮高峰至云浮新港铁路专线工程、国道 324 线云浮市腰古至茶洞段改线工程的前期工作。做好汕湛高速公路新兴至湛江段、怀罗高速公路、罗信高速公路、西江发电厂煤专用码头等项目储备。谋划西江航道整治、广梧高速公路扩建、三茂铁路（含阳春至罗定支线和罗岑铁路）升级改造、广明高速公路西延长线与江罗高速对接、珠三角至云浮轻轨、新城区游艇码头等一批项目。推进公路、水路、铁路、航空相结合的综合运输体系建设，改善交通运输条件。

（二）制定物流产业发展政策

将物流业作为带动云浮市商贸业、批发零售业、电子商务、专业市场等行业的重要产业加以发展；加快制定推动云浮市物流业快速发展的相关政策和地方法规；建立物流业协调管理机构，统一物流业管理体制；进一步规范市场准入机制，改进市场监管，加强行业管理。

（三）整合现代物流工程

加大商贸物流基础设施的建设，建设一批商贸物流和粮食仓储基础设施，加快专业市场的建设，促进云浮市不锈钢材料、石材荒料、水泥熟料、木材等特色大宗工业原材料形成专业批发市场，并逐步形成布局合理的专业批发市场网络体系。积极引进国内外先进的物流管理理念与技术，重点发展港口运输、中转贸易、仓储保税等物流业。鼓励制造业企业将物流业务外包，减少自营物流成本，第三方物流企业通过信息技术的使用，积极提升物流服务，推动制造业与物流业进一步联动发展。

（四）培育特色专业物流市场

要继续加快铁路、公路、港口码头、物流园区和客运站场建设与整合，推动各类运输资源共享、无缝对接，构建云浮市综合交通运输体系，为云浮市特色专业物流市场服务。不锈钢产品、石材、水产等产业是云浮市的特色产业，构建与专业市场相配套的不锈钢产品物流、石材物流、水产品物流等专业物流市场，是云浮市现代物流建设的一个重点发展方向。

（五）加快物流信息化建设

云浮市物流信息公共服务平台还较少，平台整合能力不能有效发挥。要加快建设云浮市物流业信息管理系统，加快推动信息化进程，借助现代信息系统，实现由被动地获取信息向信息网络主动地跟进整个物流运输过程转变，全面掌握云浮市物流的动态情况，为物流业的发展提供有效的平台服务支持。

第四章 粤北部分地区

2013 年韶关市物流业发展回顾与展望①

一、2013 年韶关市物流业发展总体情况

（一）物流产业总体稳步发展

2013 年，韶关市不断加快粤北区域中心城市建设，大力推动物流业的发展，致力于把韶关建设成为服务广东、辐射湘粤赣、面向全国的综合性、现代化、区域性的物流节点城市。2013 年，韶关市完成地区生产总值 1 010 亿元，同比增长 12.1%；实现社会消费品零售总额 471 亿元，增长 15%；交通运输、仓储和邮政业实现增加值 68.4 亿元，比上年增长 12.9%；公路货运周转量 161 亿吨公里，增长 24.54%；港口货物吞吐量 52.8 万吨，增长 56.2%。整体来说，韶关市物流产业总体实现稳步发展。

（二）交通基础建设不断加强

2013 年，韶关市加快推进北江大桥大修、广乐高速北连接线犁市互通黄岗至十里亭路段改（扩）建等工程的建设，适时启动了老城区东西南北四大出口道路工程、工业路内涝整治、"三旧"改造、商业综合体等项目的建设，不断加快广乐高速、大广高速、韶赣铁路等重大交通基础设施项目的建设进度，促进韶关市物流交通基础发展环境不断改善。

（三）物流企业不断发展壮大

韶关市道路货物运输业正逐步向规模化、集约化发展，物流业已正逐步摆脱传统的货运站经营模式，第三方物流企业不断发展壮大。到 2013 年底，韶关市拥有交通运输、仓储和邮政企业 1 400 多家，其中从事物流业的经营户共 227 家，70% 为运输企业；规模以上道路客货运输经营业企业 39 家，其中危运企业 12 家；货运车辆共 8 820 辆，一类机动车维修业户

---

① 供稿单位：韶关市经济和信息化局。

22 户，二类机动车维修业户 122 户。2013 年，由韶关市重点企业乳峰物流有限公司投资兴建的韶峰物流中心已有 116 家物流货运单位进驻，较 2010 年增长 45％，物流货运市场占有率达到 80％以上。

（四）物流项目进展顺利

2013 年，韶关市继续推进粤湘仓储物流中心、南雄精细化工基地物流园区、广东翁源华彩化工涂料城、雪印农副产品冷链物流中心、韶关光华机电五金城、五洲国际汽配用品商贸城、新村汽贸市场、华南大宗农产品物流交易中心的建设，并且开展了烟草物流、韶钢北江物流基地及货运码头、粤北国际物流中心、粤北钢材期货交割仓库等项目建设的前期工作。

（五）企业现代物流理念增强

随着信息技术和网络技术的广泛运用，地理信息系统（GIS）、全球卫星定位（GPS）、无线通讯（WAP）及互联网技术（WEB）等在企业生产管理中得到应用，实现了实时准确的运输调度、货物跟踪、客户远程登录、自动化提取业务数据和自动完成运费结算的多项功能。传统的运输、仓储企业依托原有的设施、客户、业务基础和经营网络正向现代物流企业转变，部分大型生产企业组建了专门的物流部门。

二、韶关市物流业发展存在的问题

（一）物流业整体发展层次低

韶关市物流企业整体呈现出"小、散、差"的状态，物流企业的服务能力和服务水平还不能满足经济社会发展的要求，物流业整体发展水平还较低。从企业竞争力看，目前，韶关市具有竞争能力的物流企业很少，总体运作水平还比较低，物流信息化水平还不够高，企业的软硬件设施都有待进一步完善。从物流企业服务来看，韶关市综合性物流公司很少，重点培育物流龙头企业仅 4 家，大多数物流企业只能提供简单的运输和仓储服务，使物流无效作业环节增加，造成物流效率低、成本高。目前，尚没有国内省内大型物流企业入驻韶关市，物流龙头企业带动力差，难以形成规模效应。

（二）物流企业效益水平不高

韶关市物流企业的高成本、重税赋限制了企业的经济效益和发展壮大，特别是仓储业适用税率明显偏高。2013 年，物流企业整体利润低，毛利只有 4%～5%，税后纯利只有 1%～2%。其中，韶关市最大的物流公司韶钢松山物流公司，年公路货运量 1 200 万吨，营业额 10 亿元，但企业利润仅 1%。

（三）信息化水平有待提升

韶关市信息基础设施相对落后，信息系统建设缺乏统一标准，目前全市尚未启动物流公共信息服务平台建设工作，各相关环节信息资源未能有效整合，一些重要部门如港口、货运车站、大中型物流企业等独立运营的信息系统尚未实现信息共享，不同地区间物流数据交换困难，无法实现互联互通。物流企业信息化水平较低，在仓储、运输、配送等各个环节仍然以人工运作为主，不能优化调度、有效配置资源，无法提供信息查询、跟踪等服务，计算机、网络通信技术在物流企业中的支撑作用没有得以充分发挥。

三、韶关市促进物流业发展的措施

以"市场运作、政府促进"为原则，以政策引导、资金扶持、典型示范为主要手段，最大限度调动市、县和企业的积极性、主动性、创造性。以重大物流项目为载体，以物流企业发展为着力点，以推广应用先进管理理念和技术为核心，以扩张物流产业总量，有效提升物流产业服务能力为目标，抓住广东省产业结构升级的重大机遇，加快建设粤北区域中心城市，拓展新的经济增长空间，大力推动全市物流业的发展。力争 2014 年全市物流业增加值达到 80 亿元，物流总额达到 3 400 亿元，同时将全社会物流总成本控制在国民生产总值的 17% 以内，即不超过 190 亿元。

（一）强化规划引领

结合韶关市实际情况和城市发展总体规划，高起点规划商贸物流业发展的宏伟蓝图，从临沂和其他商贸发达地区经验来看，商贸业的发展是一个循序渐进的过程，贵在坚持，需要科学引导、统筹规划、分步实施。现阶段，依托韶关市东环线的建设，筹划商贸物流园区规划和建设，引进知名物流企业，扶持发展一批具有一定规模和现代化设施设备及服务能力的物流园区、配送中心和第三方物流企业，构建合理的能辐射一定区域的现代物流体系。

（二）成立专门机构

明确物流业管理机构，有助于规范物流行业发展，提高行业发展整体水平。建议成立由韶关市政府分管领导牵头，交通、经信、发改、统计、国土、邮政、电信、规划、工商、税务、公安、海关、财政、科技等多部门配合的现代物流业发展工作领导小组（办公室），在交通部门设立物流科（挂市政府物流办公室牌子），从资金规模、货运流量、基础设施、社会需求、社会物流总成本、人才储备、公共政策、行业协同等多个方面开展工作。

（三）优化投资环境

积极引导银行业金融机构加大对物流企业的信贷支持力度。鼓励股权投资机构、创业投资机构以及规范的信用担保机构积极面向韶关市物流企业开展业务，多渠道筹措物流业发展资金。设立韶关市级物流业发展专项资金，扶持物流业发展，重点扶持对物流发展全局有重要作用的物流园区、配送中心、物流基础设施、物流公共信息系统的建设，为韶关市物流企业发展打开绿色通道。

（四）强化要素保障

教育、人力资源主管部门等应根据物流产业发展需要，研究并制定加强人才培养培训工作的政策，培养物流业发展急需的专门人才。建立完善人才引进和激励机制，加大物流业高层次创业创新人才引进力度。推动韶关市物流业成立行业协会，充分发挥物流行业协会在物流规划、政策建议、行业自律、统计与信息、技术合作、人才培训、咨询服务和对外交流合作等方面的作用，使之成为政府与企业之间的沟通桥梁，具备整合市内外物流行业信息、资源，协调业内发展的能力，能够承接部分政府部门的服务外包，并协助处理物流企业发展遇到的相关难题。

（五）推进信息化建设

加快推进韶关市交通运输物流公共信息平台建设，完善铁路、公路、水路、邮政等行业信息互联互通。

2013 年梅州市物流业发展回顾与展望[①]

2013 年,梅州市根据省委、省政府工作部署,深入实施"一园两特带动一精"的发展战略,贯彻执行《梅州市发展电子商务和现代物流产业三年行动计划(2013—2015 年)》,以加快发展梅县机场、高速铁路、高速公路及江南新城规划建设为契机,全力推动现代物流产业体系建设。通过加快发展兴宁毅德商贸物流城、海吉星物流项目、农产品配送中心、梅州铁路物流园等一批重点项目,重点推进在物流公共信息平台、企业物流信息系统、智能型仓储库房、铁路货物运输、航空物流、快递物流、冷链物流体系、物流基地(中心)建设等方面开展合作对接,形成有形网和无形网相结合、电子交易和实物配送相结合的融合性发展格局。在物流业快速发展的推动下,2013 年全市完成社会消费品零售总额 450.18 亿元,增长 11.7%。其中,批发零售贸易业完成 417.27 亿元,增长 12.1%;住宿和餐饮业完成 32.91 亿元,增长 5.4%,物流业在全市经济增长中发挥了重要作用。

一、2013 年梅州市物流业发展总体情况

(一)物流业规模持续扩大

2013 年,梅州市交通运输、仓储和邮政业实现增加值 32.63 亿元,增长 7.9%;各种交通运输方式完成货物周转量 142.17 亿吨公里,增长 15.5%,其中公路完成货物周转量 133.26 亿吨公里,增长 15.9%;完成邮电业务总量 25.98 亿元,增长 10%,其中邮政业务总量 2.59 亿元,增长 19.4%。在物流基础设施建设不断完善,物流重点建设项目不断推进下,梅州市物流业规模持续扩大。

(二)物流服务水平逐步提高

2013 年,随着梅州市流通业的不断发展,以及物流业发展环境的改善,梅州市鹏安货运有限公司、梅州市金三和物流配载有限公司、梅州顺达物流配送服务有限公司、梅州市宏源物流有限公司、广梅汕铁路(梅

[①] 供稿单位:梅州市经济和信息化局。

州）储运冷藏发展有限公司、梅县荣嘉国际远洋货运有限公司、兴宁市神光物流配载有限公司、广州市添辉物流有限公司兴宁分公司等物流企业呈现出快速发展的势头。主要表现在：一是企业规模不断扩大，服务范围不断扩展，业务可达全国各地，收货点（办事处）遍布省内大部分城市；二是服务内容不断增加，服务质量不断提高，不少物流企业根据实际需要开展上门收货、送货到点、代购货物和代收货款等服务，保证货物运输准时、准点，同时承担货物缺失、损坏的赔偿责任；三是物流形式实现多样化，交通条件的改善，使梅州市的公路物流更加流畅，还先后催生了铁路物流配载企业、承接国际货物的海洋和航空运输的物流企业。

（三）商贸物流项目积极推进

2013 年，梅州市深入贯彻执行《梅州市发展电子商务和现代物流产业三年行动计划（2013—2015 年)》，积极谋划建设一批商贸物流重点项目，通过招商引资，加快实施项目的建设工作。主要包括：一是由香港毅德集团投资有限公司投资建设的兴宁市毅德商贸物流城，项目计划投资 60 亿元，占地面积约 2 000 亩，建筑面积 200 万平方米以上，由主体功能区（综合商品交易区；物流配送中心；物流信息平台；仓储园区）、辅助功能区和生活服务区三大功能区组成。项目分两期进行建设，计划 2015 年 7 月15 日前完成一期建设。二是由深圳市农产品股份有限公司、深圳市农产品基金管理有限公司投资兴建的梅州海吉星农产品商贸物流园，项目位于梅州市梅江区城北镇平远路口，计划投资 13 亿元，总占地约 510 亩，将建设立足梅州，服务珠三角、潮汕地区，辐射闽粤赣三省的农产品批发、中转、集散、电子商务、食品检测的枢纽中心。目前，该项目正在征地中。

（四）区域物流发展取得进展

梅州各县（市、区）根据当地特点、区位优势、经济资源，充分发挥规划的引领作用，抓紧推进物流园区规划工作，突出功能定位和区域布局，积极谋划和培育新兴项目，通过项目带动区域物流业的整体发展。

第一，梅江区。拟由东莞市世通国际快件监管中心有限公司和梅县荣嘉国际远洋货运有限公司共同投资兴建梅州荣嘉国际综合商贸现代物流园，该项目拟落户江南新城站前路东南侧，总投资 11 亿元，占地 125 亩，总建筑面积 25 万平方米，拟建国际快件保税物流商贸中心和综合商贸保税现代物流园公共平台。

第二，梅县区。拟在扶大镇三丰村及三葵村沿天汕高速公路东面，规划物流用地 814 亩。目前，物流园区建设工作正处于规划阶段。

第三，平远县。拟规划建设 6 个物流园区项目，一是在城南超竹村原莲花石场规划用地约 600 亩建设集农副产品仓储、运输、配送、展示等为一体的农产品物流园区；二是在生态工业园内规划 11.54 万平方米用地，建设服务生态工业园区乃至平远县域的大型物流集散地和商贸中心；三是在城南新区西南片规划约 3 万平方米用地，建设城南工业园物流服务区；四是梅州市怡昌物流有限公司计划投资 1.2 亿元，在城南建设粤闽赣特色工业产品展示、物流配送中心项目；五是广东泰鸿科技有限公司拟投资 1.5 亿元，建设用地 100 亩的电子商务产业园；六是结合鹰梅铁路规划，拟在石正镇规划一处标准的现代物流园区。

第四，丰顺县。加快推进规划建设"埔寨高科技与空港物流产业园"。目前，项目已初步完成选址和规划工作，明确了发展目标、基本定位和主要功能等。产业园用地 25 788.59 亩，总投资约需 30 亿元。

第五，梅州高新区。规划建设梅州高新区物流园。高起点规划、高标准建设与国际物流园区功能相对接，与园区主导产业相配套的工业物流园或基地。拟规划 433 亩用地，通过招商引资建成年货物吞吐量达 60 万吨以上的生产服务性物流园区。

第六，蕉华工业园区。通过招商引资引进顺安达物流公司，该公司计划投资 8 000 万元兴建含仓储、配送、保险一条龙服务的物流项目和电子商务项目。到目前为止，该项目已基本完成仓库、办公楼土建主体工程，预计在 2014 年可进入试运行阶段。

二、梅州市物流业发展存在的问题

（一）物流园区建设起步晚

梅州市物流园区建设近几年才慢慢发展起来，现有物流园区的改造升级以及新物流园区项目的建设仍需在政府、企业的不断推进中才能初见成效。目前，梅州市物流园区规模还比较小，物流园区功能和定位仍有待完善，需充分考虑各地产业特色，实现园区错位发展。

（二）物流综合实力有待提升

梅州物流业正处于从传统物流业向现代物流业转型过程的起步阶段，由于物流业准入门槛低，缺乏规范系统的管理，行业发展不自律，造成物流企业"小、散、乱",产业集中度不高的问题。大部分物流企业人才缺乏、配套设施不完善、综合功能低下、现代化水平较低,多数从事物流服务的企业只能简单地提供运输、仓储服务,可以引领行业发展的大型综合物流企业还寥寥无几,物流企业综合实力还有待提升。

(三)产业联动有待加强

物流业是产业联动、协同、融合的行业。由于梅州市的现代物流业才刚刚起步,物流配套设施还不完善,供应链管理理念尚未形成,物流信息化水平有待提高,使得梅州市物流业与工业制造业联动发展不够紧密,上下游产业的融合发展效果不明显,物流业在产业联动和协同中还远未发挥其应有的作用。

(四)土地资源使用紧张

虽然梅州市制定了《发展电子商务和现代物流产业三年行动计划(2013—2015年)》,确定了物流业发展的目标、重点和任务,各县区也根据自身特点及基础,规划建设一批物流业发展重点项目,但是由于用地指标不足,影响了项目建设进度和项目落地。

三、梅州市促进物流业发展的措施

(一)突破一批交通重点项目建设

完成梅大高速(大麻至三河段)及其东延线建设;全力推进汕湛高速五华段、济广高速平兴段、兴华高速(含畲华支线)建设;力争动工建设梅汕高铁和东环高速公路;扎实做好鹰梅铁路、浦梅铁路、粤东城际轻轨丰顺延长线和大潮(含梅漳支线)、梅平、大丰华高速公路前期工作;完成205国道梅州段改造提升工程;争取动工建设9个国省道改造项目;加快推进梅州市中心枢纽汽车站建设;完成梅县机场航站楼改造,增开航线加密航班,大力推进梅县机场迁建前期工作;完成韩江航道整治工程。

(二)培育本地物流企业做大做强

针对梅州市物流企业"低、小、散"的现状,培育本地龙头企业,推进物流企业加大资金投入和提高人员管理水平,增强竞争力。促进本地快递物流业整合发展,以中国邮政等大型企业为主导,进一步整合规范快递行业,鼓励基础好的快递企业通过收购、合并等方式做大做强。通过电子商务园区积极招商引资，重点引进全国物流知名企业，学习国内外先进物流管理模式与物流技术，形成品牌效应，推动市内物流行业发展。

（三）推进专业化现代物流体系建设

依托梅州市特色农产品、工业品、原辅材料以及铁路、公路和空港等资源优势，加快建设集运输、储存、加工、包装、装卸、配送和信息处理于一体的物流产业体系。建设特色农产品物流体系，为特色农产品发展电子商务提供相应的专业物流服务。培育发展本地冷链物流，促进特色农产品冷藏、加工、运输和配送等物流设施的发展。加快建设农副产品、特色外贸、优势制造产品等商品交易中心，依托商品交易中心发展专业物流服务。充分发挥特色产业集群优势，加大专业物流（快递网点）和供应链物流建设力度，鼓励有条件的大中型企业从企业物流发展为专业物流，实现优势产业与物流业的联动发展。完善现代物流配送体系，依托中国邮政强大的全国配送网络，加快推进网货快递配送物流建设。加快乡村货运业务建设，推动80%以上乡村配送业务与计算机实现联网，保证运输效率。

（四）加快发展多种运输方式

大力培育航空物流业，以梅县机场扩建为契机，加紧规划建设机场远程货站，推动电子商务企业利用航空物流便捷优势，做大做强本地航空物流业。促进铁路物流运输快速发展，推动铁路货运信息网络与全省信息网络的对接，形成粤东北地区先进的铁路物流信息系统。鼓励本地物流（快递）企业运用铁路物流，形成集聚效应，降低运输成本。

（五）建立现代物流公共信息服务平台

以 GPS、GIS、GPRS 等信息技术为核心，推动梅州市电子商务企业、物流（快递）企业、产业园区和有关部门共同构建现代物流公共信息服务平台，利用现代物流公共信息平台有效整合物流供需资源，建成全省领先的现代物流公共信息服务平台。依托信息服务平台，提升物流信息化水平，建设一批智能仓储库房，引进一批先进物流设备，普及实时跟踪配送技术，将仓储及配送网点服务资源有机整合，提高物流管理水平。以现代物流公共信息平台为主导，借助物联网与云计算技术手段，研发并推广一批平台型企业物流信息系统，实现用户对物品数据与物流资源数据信息的实时查阅检索。向梅州及其他城市物流企业、电商企业、农产品企业、制造企业等提供公共数据传输服务与数据应用服务，降低企业物流成本，提高物流业经营效率，促进管理规范、制度完善的物流企业做大做强，支撑产业的整体优化发展。

2013 年河源市物流业发展回顾与展望[①]

一、2013 年河源市物流业发展总体情况

（一）物流业规模逐渐扩大

2013 年，河源市实现地区生产总值（GDP）680.33 亿元，比上年增长 12.0%；实现社会消费品零售总额 236.61 亿元，比上年增长 13.0%；交通运输、仓储和邮政业实现增加值 15.36 亿元，比上年增长 9.5%；邮政业务总量 2.05 亿元，增长 26.8%；完成货物运输量 3 995 万吨，增长 21.2%；货物运输周转量 60.47 亿吨公里，增长 20.0%，物流业呈平稳较快发展态势。

（二）交通运输网络不断完善

2013 年，河源市交通运输网络结构和等级均明显提升，全年通车里程为 1.53 万公里，公路密度为 97.1 公里／百平方公里，105、205 国道和粤赣、长深高速等公路贯穿全市；铁路营业里程 310 公里，是省内铁路覆盖率最高的地级市；内河通航里程 515 公里，有 117 个码头泊位，可通行 300 吨级船舶。2013 年，河源市交通运输建设计划投资 45.5 亿元，其中高速公路投资 36 亿元，交通等部门结合"三赛"任务，掀起"交通大会战"高速路建设热潮，河紫高速、东环高速、大广高速等 3 条高速公路建设有序推进；汕昆、粤湘两条高速公路被列为省重点项目，两项工程河源境内的前期准备工作加快推进。总体看来，河源市 2013 年交通运输网络不断完善，为物流业的加快发展提供了基础保障。

（三）物流园区建设不断加快

2013 年，河源市高度重视物流园区建设，其中，连平县产业物流园、高新区综合物流园、龙川编组站物流园等项目建设进度不断加快。连平县产业物流园项目总体进展顺利，总占地 3.9 平方公里，已经建成 0.6 平方

---

① 供稿单位：河源市经济和信息化局。

公里，落户项目 14 个，其中，已投产项目 6 个，在建项目 3 个，近期开工建设项目 2 个。高新区综合物流园项目分期建设按计划进行，占地面积 20 万平方米，一期出入境车检场已建成并投入使用，二期已进入征地阶段，2014 年建成保税仓。龙川编组站物流园计划总占地面积 60 万平方米，目前正在开展可行性研究。此外，河源市源城、东源、和平、连平、龙川、紫金等县城物流配送中心正在规划中。

（四）物流市场主体快速发展

随着河源市经济社会快速发展和信息化水平加快提升，全市物流企业经营规模不断扩大，服务功能进一步完善。近几年，进驻河源市的物流企业数量不断增多，物流市场主体快速发展，据不完全统计，截至 2013 年河源市共有仓储物流企业（含兼营）310 多家，注册资本达 11 亿元，其中专业物流（含货运公司）企业 110 多家。邮政、顺丰、申通、中通、韵达、德邦等 18 家快递企业相继落户河源，专业化、社会化的第三方物流企业不断发展。

（五）物流业发展环境不断完善

河源市委、市政府高度重视物流业在全市经济发展中的战略作用，主要领导多次强调要大力发展现代物流业，并要求相关部门组织力量编制河源市物流业发展规划。2013 年，河源市在《河源市城市总体规划》、《河源市公路运输枢纽总体规划》、《河源市商业网点发展规划》的基础上，编制了《河源市物流业发展规划（2014—2020 年)》，对全市物流园区、重点物流行业进行科学布局，明确总体要求、发展目标、战略定位、空间布局、重点工程和保障措施，为河源市物流业发展营造了良好环境。

二、河源市物流业发展存在的主要问题

（一）物流基础设施投入不足

物流基础设施建设是发展粤北大物流大通道的保障，面对日益增长的物流服务需求，河源市物流基础设施投入有待进一步增加。2013 年，河源市交通运输建设计划投资 45.5 亿元，相比韶关市公路、水路交通基础设施建设共投资 71.3 亿元，河源市物流基础设施投入略显不足。

（二）物流企业集聚程度较低

长期以来因为缺乏统一规划、布局，河源市现有物流园区不多，且建

设相对滞后，园区物流配套性设施不足，难以吸引物流企业统一集聚到物流园区进行发展，物流企业一直存在的"小而散"的问题得不到解决，在一定程度上也导致物流运输效率偏低。2014年以前，河源市未编制《河源市物流业发展规划》，对物流业的功能认识不足、定位不清晰，铁路、国家一类口岸等优势物流资源尚未有效融合和利用，物流企业一直缺乏政府统一的引导和管理，集聚程度较低。

（三）物流成本相对较高

河源市第三方物流发展缓慢，专业物流企业相对不足，尚未形成物流产业供应链，不能有效承接商贸市场、生产企业、农产品市场、批发零售市场产生的巨大物流需求，导致整体物流成本偏高。由于缺乏专业物流服务企业，很多商贸企业、制造业企业的物流业务均由企业内部物流部门解决，物流业务外包比例较低，附属于企业内部的物流部门规模小、效率低，产生的物流成本高。

（四）物流信息化水平

物流信息化服务平台由于投入成本高，需要政府规划引导、企业积极参与，目前河源市尚缺乏能够汇集各个物流企业数据的统一物流公共信息服务平台。另外，河源市物流企业的信息化水平比较低，信息技术应用不够广泛，各种运输仓储设施的使用缺乏标准，阻碍了先进物流技术及设施的应用。

（五）物流专业人才不足

随着物流园区建设步伐的加快，以及现代物流技术的更新换代，物流业的发展越来越需要具有物流专业知识的管理人才。然而，由于河源市仅有河源职业技术学院一所高等院校，中等专科及技工学校也较少，开设物流专业的院校不足，物流专业人才匮乏。同时，相比于珠三角城市，河源市物流业整体水平发展滞后，河源市对外来物流专业人才的吸引力不足。

三、河源市促进物流业发展的措施

（一）加快构建综合运输体系

坚持统筹规划、突出重点、适度超前的原则，优化交通布局，整合物流资源，提高物流装备水平，改进运输方式，为物流业发展奠定坚实基础。以加快高速公路建设、优化干线公路布局、提升农村公路质量为重点，形成便捷、高效、四通八达的公路网络。加快东江航道（河源段）整治，加强港口岸线、码头的建设管理，完善公路货运服务、铁路货场和港口的功能，打通连接主要物流节点的通道，使各种运输方式相衔接，形成"公铁水"联运发展格局，构建以高效集疏运体系为基础，以信息化为导向，各种运输方式相衔接的多式联运物流网络。重点加快粤、苏、皖、赣四省物流大通道河源节点建设和龙川火车站升级改造。

（二）合理规划建设物流园区

按照"政府推动、市场主导、企业化运作"的模式，科学论证、合理布局，高起点、高标准规划建设与河源经济社会发展水平相适应的集多种功能于一体的物流园区。做好园区与高速公路、铁路、港口的交通衔接，大力发展货物联运。完善园区物流基础设施功能，推动公共外库、配送中心等功能性设施建设，加快物流企业向园区聚集。创新园区管理模式，建立统一、协调、高效的物流园区综合管理体系。

（三）积极扩大物流市场需求

大力发展第三方物流，提高河源市物流业的社会化和专业化水平。依靠河源重点产业园区和重点产业集群，引导制造企业分离物流业务，引导物流企业主动为制造企业提供原材料采购、运输、仓储和配送等一体化物流服务，有效解决物流供需结构性矛盾。引导商贸企业与物流企业联动发展，鼓励大型商贸市场与物流业融合，支持大型连锁企业发展统一配送，实现由销售物流向供应链一体化延伸，形成大市场、大流通的发展格局。

（四）发展壮大物流市场主体

提升本土物流企业综合实力，培育和引进大型物流企业。鼓励河源市域内物流企业在技术、设备、管理、运营、信息化和物流网络等方面加快发展，不断提升物流服务水平。鼓励从事传统物流业务的企业以参股控股、兼并联合、合资合作等形式重组改造，通过扩大经营、延伸服务等方式向专业化现代物流企业转型，放宽物流企业经营范围，引导和鼓励物流企业向综合化、一体化方向发展。鼓励物流企业参与国家 A 级物流企业评估，提升企业品牌价值。鼓励河源市物流企业走出去，积极引导国内外知名大型物流企业落户河源，建设采购中心与分拨配送中心。

（五）推动物流企业发展区域合作

依托正在建设的粤、苏、皖、赣四省物流大通道，着力推进河源区域重要物流节点建设。加强与珠三角、粤北赣南地区物流基础设施和信息网络功能对接，推动区域物流联动发展。借助粤赣特别合作区和深圳对口帮扶河源市的契机，加强河源市与周边地区的物流业合作，在珠三角沿海城市港口建立专用码头，利用河源市国家一类口岸功能，通过"公铁水"三路联动，打开河源市"借陆出海"、"借水出洋"的通道，将河源市打造成粤北赣南区域物流中心。

（六）夯实物流专业人才基础

完善多层次、多元化的物流人才培养体系，为引进物流人才提供绿色通道。一方面利用河源市本地教育资源及省内知名高等院校、科研机构，通过长期与短期在校培养、在职培训、产学研合作、校企合作、企业合作等方式，有针对性地培养不同岗位的专业化物流人才，促进物流人才成长；另一方面，坚持"高定位、高起点"原则，积极引进国内外优秀物流专业人才，尤其是大力引进懂物流管理和物流技术的复合型物流专业人才。

第三部分 理论探讨篇

第一章　我国跨境电子商务的发展形态、面临挑战与对策建议[①]

摘要：近年来，我国传统外贸发展速度放缓，跨境电子商务却保持了快速增长的态势，成为我国外贸的重要增长点。为促进我国跨境电子商务的快速、健康发展，建议重点开展下述一些方面的工作，加快推进经济体制改革，加大政策创新力度；优化通关、支付、物流、结汇等服务支撑体系；建立和完善跨境电子商务市场监管体系；加强跨境电子商务国际合作；引导和支持跨境电商平台的发展。

关键词：跨境电子商务　电商平台　市场监管

一、跨境电子商务发展成为我国外贸的重要增长点

跨境电子商务是指不同关境的交易主体，通过电子商务平台达成交易、进行支付结算，并通过跨境物流送达商品、完成交易的一种国际贸易活动。跨境电子商务是一种新型的贸易方式，它依靠互联网和国际物流，直接对接终端，满足客户需求，具有门槛低、环节少、成本低、周期短等方面的优势，已在全球范围内蓬勃发展。发展跨境电子商务，不仅降低了国内中小企业进入跨境贸易的门槛，而且能够帮助我国企业降低跨境贸易成本，提升"中国制造"和"中国服务"的国际竞争力。

（一）我国跨境电子商务的发展形态

按照进出境货物流向，跨境电子商务可分为跨境电子商务出口和跨境电子商务进口。其中，跨境电子商务出口模式主要有外贸企业间的电子商务交易（B2B）、外贸企业对个人零售电子商务（B2C）与外贸个人对个人网络零售业务（C2C），并以外贸 B2B 和 B2C 为主；进口模式以外贸 B2C以及海外代购模式为主。按照运营模式，我国跨境电子商务可分为跨境B2B 贸易服务和跨境网络零售两大类。

---

①　作者：来有为　国务院发展研究中心办公厅；王开前　商务部中国国际电子商务中心。

（二）我国跨境电子商务的总体发展状况

近年来，我国传统外贸发展速度放缓，跨境电子商务却保持了快速增长的态势。商务部数据显示，2011年我国跨境电子商务交易额为1.6万亿元，同比增长33%；2012年，我国跨境电子商务交易额达到2万亿元，同比增长25%，同期我国外贸增速仅为6.2%。中国境内通过各类平台开展跨境电子商务业务的外贸企业已超过20万家，电商平台企业超过5 000家。在近年来新注册的电子商务经营主体中，中小企业和个体商户占九成以上。跨境电子商务具有巨大的发展潜力，将成为我国外贸的重要增长点。据商务部测算，2013年我国跨境电子商务交易规模约3.1万亿元，2016年将增长至6.5万亿元，年均增速接近30%。从市场格局来看，外贸B2B在我国跨境电子商务中占主导地位。外贸B2B企业主要依托阿里巴巴、环球资源、中国制造网、敦煌网等电商平台进行信息展示，电商平台帮助企业进行在线匹配和撮合。大多数B2B贸易订单的金额较大，进出口贸易的部分环节在线上完成，目前尚未实现完全的在线交易。虽然在线全流程的跨境贸易是未来的发展趋势，但今后几年，外贸B2B仍将以信息撮合和信息化服务为主。

我国跨境网络零售近年来增势迅猛。跨境网络零售模式可细分为两类，一类是电商企业建立独立的外贸B2C网站，如兰亭集势、易宝（DX）、唯品会等；另一类是电商企业入驻第三方外贸交易服务平台，在阿里速卖通、敦煌网、亿贝（eBay）、亚马逊（Amazon）等平台上销售商品。外贸C2C则主要是个人在eBay等平台上开设网店。2012年，我国跨境网上交易额达到150亿美元，并保持了年均30%左右的增速。不过，跨境网络零售在我国出口总额中占比不高，2012年只占7‰。中国企业出口商品主要是服装、饰品、小家电、数码产品等日用消费品，规模较大且增速较快。跨境网络零售以个人为服务对象，呈现出小金额、多批次、高频率的交易特征。

（三）中国跨境电子商务出口的目标市场与商品构成

根据PayPal（全球最大的在线支付提供商）2013年发布的《全球跨境电子商务报告》，美国、德国、英国消费者喜欢在网上购买来自中国的产品（图3-1显示了各国网站的热度，图3-2显示了有意愿在中国网站在线采购的消费者占比）。2011—2013年，阿里巴巴国际站的美国买家数量从200万增长到700万，英国买家的数量从36万增长至160万。PayPal估计 2013 年有 3 410 万美国消费者跨境网购中国商品，价值达到 497 亿人民币。

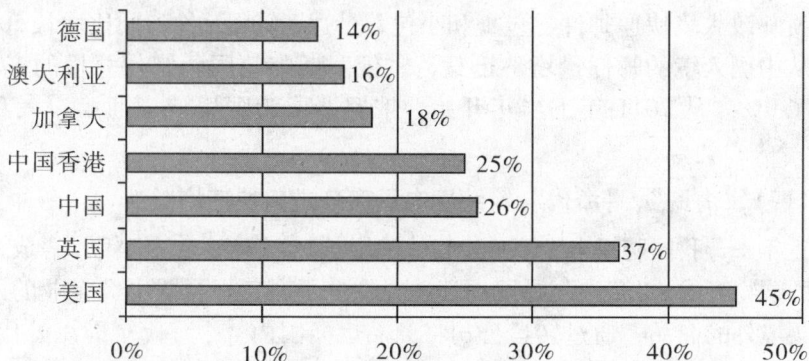

图 3－1　各国网站热度

注：根据 PayPal《全球跨境电子商务报告》整理。

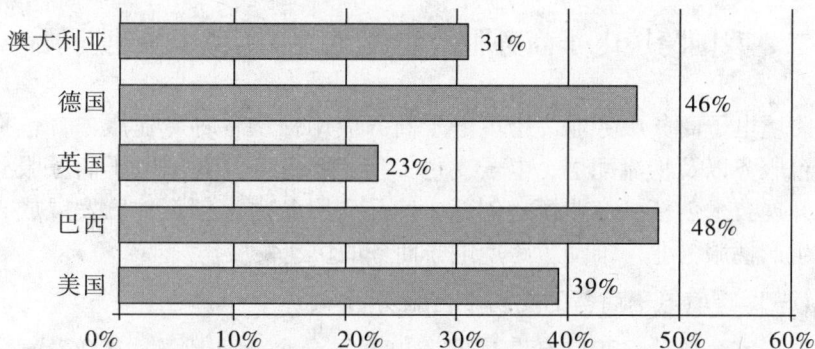

图 3－2　有意愿在中国网站在线采购的消费者占比

注：根据 PayPal《全球跨境电子商务报告》整理。

从分国别的消费需求来看，欧洲、北美及日本是我国跨境电子商务的主要市场。从 2011 年下半年开始，俄罗斯、巴西、印度、印度尼西亚、马来西亚等对我国的电子商务采购需求快速增长。据亿邦动力分析，从 2011

年到 2012 年，中国对俄跨境电子商务贸易量增长了 8 倍。俄罗斯联邦邮政局和联邦海关公布的数据显示，2012 年俄罗斯消费者购买国外网站商品支出约 800 亿卢布（约合 158 亿元人民币），平均每单支出 2 700 卢布。同年，俄罗斯邮政入境快递邮件、包裹和小包数量达 3 000 万件，同比增长 50%，其中从中国入境的邮件量增势迅猛，占俄罗斯邮政国际邮件总量的 17%，增长了 9%。从 2011 年下半年开始，俄罗斯成为阿里速卖通第一大目标市场。

（四）"海淘"、"海代"等跨境电子商务进口快速增长

近年来，我国跨境电子商务进口快速增长，"海淘"、"海代"等成为较流行的购物方式。"海淘"是国内消费者在电子商务平台或电商企业的网站上购买境外的商品，通过转运公司将商品运回国内。"海代"即海外代购，是国内消费者通过海外人士在境外购物。根据中国电子商务研究中心的统计数据，2011 年我国海外代购市场交易规模为 265 亿元，2012 年增至 483 亿元，2013 年为 744 亿元，2014 年的交易规模有望超过千亿元。调研数据显示，化妆品、护肤品、奢侈品、新潮服装、电子消费品、食品及保健品是跨境电子商务进口的主流商品，跨境电子商务进口的规模还较小。

二、我国跨境电子商务服务业在创新中实现了快速发展

跨境电子商务服务业为跨境电子商务应用提供各种专业服务，包括交易平台服务以及物流配送、电子支付、信用服务等。我国电子商务服务业积极开展技术创新、商业模式创新、产品和服务内容创新，已发展成为新兴的生产性服务业，推动了跨境电子商务的快速发展。

（一）跨境电子商务的交易平台服务

据不完全统计，2013 年年底我国电商平台企业已超过 5 000 家，境内通过各类平台开展跨境电子商务的外贸企业已超过 20 万家。阿里巴巴（包括阿里巴巴国际站、阿里速卖通）、敦煌网、环球资源、中国制造网、环球市场集团、浙江网盛生意宝等电商平台企业占据了我国跨境电子商务较大的市场份额。

在外贸 B2B 领域，阿里巴巴、敦煌网、环球资源、中国制造网、环球市场集团等电商平台企业在海外市场已树立品牌。近年来，全球采购需求向小批量、多频次方向发展。为了适应全球贸易发展趋势，阿里巴巴推出了"采

购直达"跨境电子商务平台。在"采购直达"平台上，海外买家通过网络发布自己详细的采购需求，阿里巴巴整合中国各产业集群地的优质供应商与海外买家进行匹配，在限定时间内，供应商可以根据自己产品的特点主动报价并在线进行订单的洽谈和沟通。2012 年，"采购直达"平台上的供应商共获得超过 45 亿美元的订单；2013 年上半年，平台平均每天收到一万笔订单需求，总金额超过 3 000 万美元。阿里巴巴的统计数据显示，接近 90% 的订单被中国企业获得。截至 2013 年年底，阿里巴巴跨境电子商务平台已经累积了超过 1 000 万的全球买家的采购数据。敦煌网创建于 2004 年，是国内首个为中小企业提供 B2B 网上交易平台的网站，也是我国跨境电子商务开创者之一。敦煌网将自身定位为"B2B 在线交易及供应链服务平台"。敦煌网以交易服务为核心，提供整合信息服务、支付服务、物流推荐、竞价排名、免费翻译等全程交易服务，并在交易完成之后向买方收取一定比例的佣金。敦煌网"为成功付费"的模式打破了传统电子商务"会员收费"的经营模式。2013 年，敦煌网推出了外贸开放平台，借此发展外贸 B2B 的"中大额"交易，吸引中大型制造企业开展线上交易。

在跨境网络零售出口方面，由几大电商平台主导的行业格局已初步形成，但 B2C 市场内行业商机依然较多。通过细分市场、创新交易模式，兰亭集势等电商企业异军突起。兰亭集势总部设在北京，2013 年年底在北京、上海、深圳等地共有 600 多名员工，经营范围涵盖了服装、电子产品、玩具、饰品、家居用品、体育用品等 14 个大类，共 6 万多种商品，在北京、上海、广东、浙江、江苏、山东、福建等省市有大量供货商。许多知名品牌，包括纽曼、爱国者、方正科技、亚都、神舟电脑等加入兰亭集势销售平台，成为公司的合作伙伴或者供货商。兰亭集势充分发挥互联网技术特长，开展精准营销，集合国内的供货商向国际市场提供"长尾式采购"，累计发货目的地国家多达 170 个，营业收入快速增长，2012 年第四季度首次实现盈利。

表 3 - 1　2009—2013 年兰亭集势营业收入增长情况

	2009 年	2010 年	2011 年	2012 年	2013 年
营业收入（万美元）	2 605	5 869	11 623	20 001	29 240
毛利率（%）	31.48	29.16	33.35	41.77	43.5

数据来源：兰亭集势 2013 年第四季度及全年财报。

（万美元）

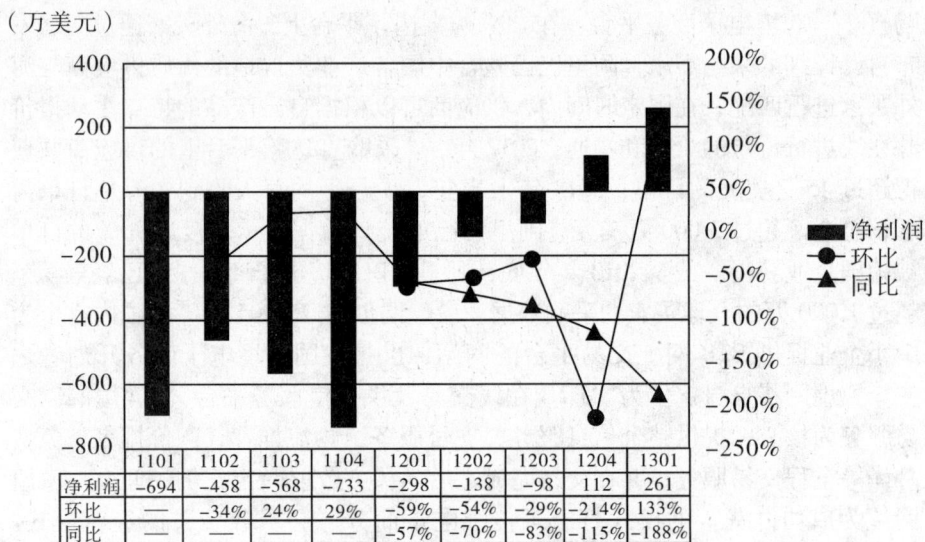

	1101	1102	1103	1104	1201	1202	1203	1204	1301
净利润	−694	−458	−568	−733	−298	−138	−98	112	261
环比	—	−34%	24%	29%	−59%	−54%	−29%	−214%	133%
同比	—	—	—	—	−57%	−70%	−83%	−115%	−188%

图 3 - 3　兰亭集势净利润变化情况

　　近年来，跨境电子商务进口的服务链条基本成型，拉近了我国消费者与海外品牌之间的距离。国内跨境电子商务进口 B2B 平台的代表性企业有进口中国网、谷迈进口网等；B2C 平台的代表性企业有走秀网、唯品会等。国内知名海外代购主要有淘宝全球购，它是淘宝代购全球商品的导购平台。

（二）跨境电子商务的物流快递服务

　　在跨境电子商务的带动下，近年来我国跨境包裹数量持续快速增长。据海关统计，2012 年，我国海关监管的进出口快件、邮件总量为 3.5 亿件，同比增长 23.4%；2013 年，我国进出口快件、邮件总量增至近 5 亿件，同比增长 42.7%。跨境快件中 70%～80% 通过电子商务的方式实现。联邦快递（FedEx）、联合包裹（UPS）、敦豪速递（DHL）、天地快运（TNT）等国际物流快递公司是跨境包裹的主要承运商。除快递公司外，还有马士基等国际海运公司可供选择。中国邮政积极开展跨境物流快递业务，为 eBay 中国大陆卖家量身定制了全新国际邮递产品——国际 e 邮宝。国际 e 邮宝经济实惠，支持按总重计费，50 克首重，续重按照每克计算，免收挂号费。2013 年，国际 e 邮宝的服务已覆盖国内 40 多个城市，日均处理包裹达 10 万件。顺丰速运已经上线"海购丰运"，进入海淘转运市场。自 2013 年 6 月起，顺丰速运对中国大陆出口至美国、日本、马来西亚、韩国、新加坡的正式报关快件免收代理报关费。2013 年，包括顺丰速运在内的 4 家快递公司向国家邮政局提交了经营国际快递业务牌照申请。

拥有运力优势的东方航空公司，则通过东航物流自主开发了电子商务平台"东航产地直达"，采取 B2B2C 的模式，进行国外生鲜类食品、蔬果类食品、新鲜奶制品类的采购和国内销售。第四方资源整合服务商如递四方整合国内外资源，提供包含购物车建站、货源分销、渠道管理软件、在线推广、在线收付、全球物流和仓储的一站式服务。此外，一些电商平台也推出整合物流服务，如敦煌网上线"在线发货"e - ulink 专线物流服务，为外贸商家提供快递服务，覆盖全球 107 个国家及地区，其覆盖的国家和地区分为 9 个区域，每个区域按照不同的标准对货物收取物流运输费用；PayPal 在邮政、速递、海外仓储方面与多家国际知名服务商合作，推出 14 条海外专线，针对欧洲五国（英、德、荷、法、意）、加拿大、澳大利亚、日本、巴西、罗尔斯、西班牙、韩国、中东等主要国家和地区，为中国用户提供跨境物流服务。

总体而言，尽管中国邮政、顺丰速运等国内企业都有跨境物流快递的服务项目，但在国际覆盖范围、物流配送效率、物流信息采集等方面与国际物流快递公司相比还存在较大差距，难以有效满足电商企业的需求。物流快递仍是我国发展跨境电子商务需面对的主要瓶颈。

（三）跨境电子商务的支付服务

目前，在跨境电子商务领域，银行转账、信用卡、第三方支付等多种支付方式并存。跨境电子商务 B2B 目前主要以传统线下模式完成交易，支付方式主要是信用证、银行转账如西联汇款。跨境电子商务 B2C 主要使用线上支付方式完成交易，第三方支付工具得到了广泛应用。

美国的第三方支付系统 PayPal 是全球使用最广泛的跨境交易在线支付工具，2013 年拥有超过 1.32 亿活跃用户，支持 25 种货币付款交易。PayPal 为我国跨境外贸电商提供外币在线支付服务已有多年，被认为是国内外贸从业者的必备支付工具。我国一批优秀的第三方支付本土企业近年来逐步发展壮大，第三方支付前三强支付宝、财付通和银联电子支付占据了国内市场份额的 78.5%。这些第三方支付企业已陆续进军跨境支付领域。2013 年，支付宝、财付通、银联电子支付、汇付天下、通融通等 17 家国内第三方支付企业获得了跨境支付业务试点资格，它们可以通过银行为小额电子商务交易双方提供跨境互联网支付所涉及的外汇资金集中收付及相关结售汇服务。阿里巴巴全球速卖通除使用 VISA、万事达国际卡通过支付宝进行担保交易外，还与俄罗斯 Qiwi wallet、香港"缴费灵"达成合作，促进境外消费者本地化便捷支付。2012 年 6 月，阿里巴巴与俄罗斯电子支付公司 Qiwi wallet 签署战略合作协议，俄罗斯买家可以先对自己的 Qiwi wallet 账户进行充值，再到阿里巴巴旗下的速卖通平台购买商品，支付成功之后卖家便可发货。财付通与美国运通及境外电子支付提供商 Cyber-source、Asiapay 达成战略合作，布局全球支付市场。

三、我国发展跨境电子商务面对多方面挑战

2013 年 8 月，国务院办公厅转发由商务部会同发展改革委、人民银行、海关总署等 9 个部门共同研究制定的《关于实施支持跨境电子商务零售出口有关政策的意见》，上海、重庆、杭州、宁波、郑州、广州、深圳等跨境电子商务试点城市积极有效推进有关试点示范工作，一些长期困扰我国跨境电子商务发展的瓶颈得到了初步解决。不过，我国跨境电子商务服务业仍然发展滞后，尚未形成完整的供应链体系，配套的法律法规、信用体系等也不健全，无法满足快速发展的跨境电子商务需求。当前我国发展跨境电子商务仍面临一些挑战。

（一）通关服务亟须改进

跨境 B2B 贸易多采用传统的通关方式申报通关，由于检验检疫和通关手续烦琐，跨境电子商务的时效性得不到保障。跨境网络零售的交易品种多、交易频次高，大量采用航空小包、邮寄、快递等方式。为规范通过邮寄方式进行的代购活动，2012 年海关总署规定所有境外快递企业使用 EMS 清关派送的包裹，不得按照进境邮递物品办理清关手续。这意味着这类包裹必须按照贸易货物通关，然而传统的贸易通关方式并不适应跨境网络零售的特点。我国大多数小企业没有进出口经营权，跨境网络零售又没有报关单，结汇、退税等都难以操作。此外，随着跨境电子商务交易量的增加，返修商品、退回商品将会增多，这些商品目前被视为进口商品，需缴纳进口关税，这也是今后需要解决的问题。

（二）市场监管体系有待建立和完善

对于跨境电子商务服务业，目前我国只有《互联网信息服务管理办

法》、《电子签名法》等几部相关法律法规，对于跨境电子商务涉及的交易、税收以及消费者权益保障等方面都没有专门的规范和标准。我国电商企业通过电子商务平台进行虚假宣传、销售假冒伪劣商品、侵犯知识产权、非法交易及欺诈行为时有发生，海外消费者投诉众多，影响了我国外贸电商的集体形象。据全球最大的电子商务平台 eBay 统计，中国大陆地区卖家在 eBay 完成的跨国交易中，平均每 100 个交易会接到 5.8 个投诉，远高于全球平均水平（2.5 个）。国外一些电子商务平台甚至针对中国卖家制定了歧视性的规定，如更高的佣金、更严厉的处罚措施等。此外，国内外的商品和商标体系不互认、标准体系不同步等问题也制约着跨境电子商务的发展。

（三）结汇方式需调整优化

电商开展跨境电子商务主要采取下述三种结汇方式：一是开设多个个人账户。一些外贸电商的月营业额达到数十万美元，而根据我国现行的外汇管理制度，个人账户每年每人最多只能兑换 5 万美元。一些外贸电商以亲戚朋友或员工的名义开设多个个人账户，变相提高外汇结算总额度。二是通过地下外汇中介处理外汇问题。三是利用国内个别地区不限制结汇额度的特殊外汇政策结汇。据业内人士估计，跨境电子商务企业中有40% ~ 70%的资金以正规的渠道在境内结算，剩余部分则自行消化。其中既有外汇管制的原因，也有企业通过灰色方式偷避税的原因。目前，外贸电商在跨境电子商务结汇方面仍存在许多不规范和不便利之处，亟须采取优化和便利化措施。

四、加大政策创新力度，促进我国跨境电子商务发展

为促进我国跨境电子商务的快速、健康发展，建议重点开展下述一些方面的工作，加快推进经济体制改革，加大政策创新力度，为跨境电子商务创造良好的发展环境。

（一）优化通关、支付、物流、结汇等服务支撑体系

一是由海关总署牵头建立对跨境电商企业的认定机制，确定交易主体的真实性并建立交易主体与报关服务的关联体系。电商货物进出口都纳入货物类监管，参考对个人物品的监管方式，逐步完善直购进口、网购保税等新型通关监管模式，电商货物清单核放，快速通关，事后由电商企业汇

总申报。网上交易记录、物流记录、支付记录等都可作为跨境贸易电子商务出口货物认证依据。加快电子口岸结汇、退税系统与跨境电商平台、物流、支付等企业系统联网对接，实现口岸监管的前推后移、分类通关以及全程无纸化通关管理。

二是完善跨境电子支付体系。支持跨境电子支付服务企业发展，允许试点支付企业办理境外收付汇和结售汇业务。外汇管理局在接收在线交易订单、支付记录与实际通关信息并验证电商货物交易真实性后，可不将该笔交易的外汇金额记入个人客户结售汇总额，并允许支付企业集中办理付汇相关手续。

三是在保税区、通关、检验检疫、工商等与跨境物流配送相关环节，制定调整优化措施，进一步完善有关管理规范，推进贸易便利化，促进国内物流快递企业的国际化发展。鼓励大型国际快递企业与国内电子商务企业、物流配送企业尝试多元化配送模式。出台跨境物流配送企业服务质量标准，促进跨境物流配送企业提质增效。

（二）建立和完善跨境电子商务市场监管体系

研究制定跨境电子商务市场监管法规，建立健全跨部门的日常协作配合机制，加快电子商务监管信息系统与平台建设，逐步完善跨境电子商务诚信体系，加强对我国跨境电商平台及电商企业的规范与监管，打击跨境电子商务中的假冒伪劣以及违反知识产权行为。建立跨境贸易电子商务邮件快件检验检疫的监管模式，同时研究跨境电子商务产品质量的安全监管和溯源机制。加快制定网络经营者电子标识和网络交易商品、交易行为的标准规范，建立对外贸易电子商务可信交易环境。引导个人海外代购转向专业网站经营，规范海外代购的流程和渠道。根据跨境电子商务的发展特征，创新市场监管方式，不断提高监管的信息化水平，增强问题发现能力和应急处置能力，为跨境电子商务的发展营造良好的市场环境。

（三）加强跨境电子商务国际合作

我国跨境电子商务庞大的目标客户群都在海外，电商企业在跨境交易过程中也遇到了一些实际问题，如俄罗斯海关清关时间过长，经常出现货物丢失等情况。建议我国商务等部门积极与相关国家推进跨境电子商务规则、条约的研究和制定，包括跨境电子商务通关服务相关的配套管理制度和标准规范、邮件快件检验检疫的监管模式、产品质量的安全监管和溯源机制、邮件快件的管理制度等，建立跨境电子商务国际合作机制，为国内企业开展跨境电子商务创造必要条件。在区域全面经济伙伴关系（RCEP）等双边、多边自贸区谈判中，要充分考虑我国跨境电子商务发展问题。积极利用 WTO 等相关国际组织的标准和协商体系，帮助国内企业处理跨境电子商务贸易纠纷。与此同时，要加强与主要贸易伙伴及相关国际组织的电子商务国际交流与合作，推进跨境电子商务应用项目的示范实施。

（四）引导和支持跨境电商平台的发展

制定具体的扶持政策，支持我国大中型电子商务平台开展跨境电子商务，充分发挥电子商务平台在整合国内企业资源、对接国际市场等方面的积极作用。引导和支持跨境电商平台向国际一流服务商看齐，开展规范化经营，提升服务品质，探索跨境电子商务切实可行的交易模式。促进跨境 B2B 平台从"黄页式"的信息平台升级为交易平台，提供包括海外推广、交易支持、在线物流、在线支付、售后服务、信用体系和纠纷处理等跨境电子商务全流程整合服务。

参考文献：

［1］荆林波，梁春晓．中国电子商务服务业发展报告 No.2．北京：社会科学文献出版社，2013．

［2］隆国强等．大调整时代的世界经济．北京：中国发展出版社，2013．

［3］秦树文．网上支付与结算．北京：清华大学出版社，2012．

［4］商务部．中国电子商务报告（2012）．北京：清华大学出版社，2013．

［5］杨玲，吴根宝．生产性服务贸易出口的结构模式与中国策略．改革，2012（9）：95～104．

［6］曾楚宏，王斌．产业链整合、机制调整与信息化驱动．改革，2010（10）：62～67．

［7］李春伟，帅百华．中国电子商务企业发展报告（2013）．北京：中国发展出版社，2013．

第二章　基于 SWOT 分析的跨境电子商务第三方物流研究[①]

摘要：网络技术的不断进步与发展，使得跨境电子商务成为国际贸易领域的新形式，要实现跨境电子商务业务的商品流通，一个高效、畅通的物流系统尤为重要，电子商务的效率实际上很大部分是要由物流过程的效率性来实现的。运用 SWOT 分析方法，可以从优势、劣势、机会和挑战四个方面剖析跨境电子商务第三方物流的现状和问题，从而提出有针对性的发展对策。

关键词：SWOT　跨境电子商务　第三方物流

一、跨境电子商务的概念及物流模式

（一）跨境电子商务概述

跨境电子商务是电子商务应用过程中一种较为高级的形式，是指不同国别或地区间的交易双方通过互联网及其相关信息平台实现交易。国际贸易进出口环节一般要涉及国际货款结算、进出口通关、国际运输、保险等，同时还有安全性及风险控制等方面的考虑，这使得跨境电子商务和境内电子商务有所不同。跨境电子商务的时间、空间距离跨度更大，范围更广，如何采用合理、高效的物流模式进行贸易，成为企业能否成功经营的一大关键因素。

（二）跨境 B2B 电子商务的物流模式

跨境电子商务亦有 B2B、B2C 等不同商业模式，针对跨境 B2B 电子商务，主要有以下三种物流模式：

1. 完全自营物流运营模式

完全自营物流运营模式是指电子商务企业为了满足自身物流业务的需要，自己建立物流系统，自主组织和管理具体的物流业务的一种物流运作与管理方式。在这种模式下，物流系统会占用企业较多资金，易造成资金

① 作者：曹淑艳　对外经济贸易大学信息学院　教授　副院长；安然　对外经济贸易大学公共管理学院　研究生；李昊彤　信息学院　研究生。

链的断裂；物流设施的规模较难控制，建设初期企业的交易量需覆盖物流设施，保证其利用率，而如果企业规模扩大，又需要大量资金投入扩建物流设施，存在较高投资风险。

2. 海外仓储模式

海外仓储服务，即由网络外贸交易平台、物流服务商独立或共同为卖家在销售目标地提供的货品仓储、分拣、包装、派送的一站式控制与管理服务。对于跨境电子商务而言，境外商品的运输速度和运输质量往往无法得到保证，而海外仓储模式的速度优势是其他物流模式所难以企及的。但建设成本过高，而且只有当产品价格稳定、销量大、每单运输频率较高时，才能保证商家利润。

3. 第三方物流模式

第三方物流则是指由物流劳务的供方和需方之外的第三方去完成物流服务的物流运作方式。第三方就是指提供物流交易双方的部分或全部物流功能的外部服务提供者。在某种意义上，可以说它是专业物流的一种形式。第三方物流实现了物流的专业化、社会化，其重要性得到了世界范围内越来越多企业的认可。

二、跨境电子商务第三方物流的优势分析

国内外电子商务的实践表明，与电子商务建立联系并为电子商务服务的物流绝大部分是第三方物流（如美国的 eBay 和中国的淘宝）。据美国田纳西州大学的研究，美国大多数企业使用第三方物流服务后可以获得的好处包括：作业成本降低62%、服务水平提高62%、核心业务集中56%、雇员减少50%。具体来说，第三方物流主要有以下几个方面的优势：

（一）有效降低物流成本

跨境电子商务的交易范围涵盖全球，要求企业具备很强的货物集散能力，但作为一个新兴企业是很难做到的。第三方物流具有经营跨境电子商务企业所不具备的规模经营优势和专业优势，能为电子商务企业提供运输、仓储和配送等服务，从而可以使电子商务企业的物流成本得到大幅度降低。例如在敦煌网，买家可以根据卖家提供的信息来生成订单，可以选择直接批量采购，或选择先小量购买样品，再大量采购。这种线上小额批发，敦煌网一般是与 DHL、联邦快递等国际物流巨头保持密切合作，以网

络庞大的业务量为基础，可使中小企业的同等物流成本至少下降50%。

（二）保障企业致力于主营业务

跨境电子商务企业将物流业务以合同方式委托给第三方物流企业，可以减少库存占用资金以及固定资金的投入，合理利用有限资源，集中财力、人力、物力发展本企业的主营业务，增强自身核心竞争力，从而更快地构建覆盖全球的商业营销体系，取得在全球同行业业务中的竞争优势。

（三）节约社会资源

跨境电子商务业务运输距离远、货物运量大，如果各个电子商务企业自成一家物流体系会造成重复建设，而将所有物流需求集中于专业化的第三方物流企业可以有效整合社会物流资源，更为便捷地在全球市场中实现资源的跨国传递和信息共享。与此同时，这种集中化的物流还能够减少海、陆、空三种运输方式所带来的环境污染，有助于提高单次运输的边际效益和规模效益，实现跨境电子商务的可持续发展。

三、跨境电子商务第三方物流的劣势分析

作为一种较新兴的物流模式，第三方物流发展尚不成熟，在实际商务应用中也暴露出了自身的问题。

（一）物流风险的可控性差

许多电子商务企业在经营方式上采取的是粗放型经营，对物流控制力较低，对第三方物流企业的依赖性过强，易使企业缺少对物流业务控制的主动权，在覆盖领域和服务质量上受制于第三方物流企业。同时，物流服务具有一定的风险性和不确定性。若发生宏观经济风险，第三方物流公司可能因经营管理不善面临倒闭或大额负债等问题，这些风险是电子商务企业所无法预料和控制的，但会给企业带来较大的沟通成本和信用成本等。

（二）缺乏顾客信息的直接反馈

粗放式经营下的第三方物流会导致电子商务企业缺乏对物流信息的反馈。如在运送过程中产品的保管问题、物流人员的服务态度等信息，电子商务企业无法第一时间获取。对于往来密切的老客户或有特定需求的客户，企业不能有效提供个性化服务。这种状况不利于企业稳定自身的客户群体，进而对自身的销售额和利润率造成不良影响。

四、跨境电子商务第三方物流的运营机会

作为全球制造业基地的中国，华东、华南地区已经和全球市场形成了一条高效率的生产和供应链条，虽然越南、印度等其他地区可能在服装等市场上与中国分羹，但毕竟有限，全球消费者和采购商依赖中国这个生产基地的格局是长期不变的。基于互联网技术的线上采购将会成为全球主流的采购模式，跨境电子商务前景广阔，充分利用这一平台对我国外贸企业的发展有着非比寻常的意义，改进物流环节至关重要。

（一）国内外物流需求日益扩大

互联网的快速发展促使电子商务市场逐渐扩大，近年来中国电子商务市场份额上升速度超乎了所有人的想象。伴随着电子商务的不断发展，国内外对于第三方物流的需求也越来越大，换而言之，第三方物流有着十分庞大的客户群体，如果运用得当，第三方物流服务行业将有着十分光明的市场前景。除此之外，相对于西方国家来说，第三方物流在中国就像一个还没有被开发的处女地，大力发展第三方物流必将对整个电子商务市场在中国的发展起着惊人的作用。

（二）电子商务行业服务水平整体提高

相较于前几年电子商务刚进入国内市场，如今的电子商务市场已经比较成型。一套成型的电子商务体系，当然少不了一套出色的物流配送方案。几年前，很少有人会看好第三方物流服务行业在跨境电子商务方面的发展。然而，现如今，已经越来越多的商家、媒体开始关注第三方物流企业的发展势头。这无形当中也给第三方物流服务行业营造了一个良好的发展环境。

（三）受到制造商与供应商的青睐

第三方物流能够把业务核心化和专业化。现如今，规模经济是国内乃至国际上大多数第三方物流企业的效益来源，为了扩大整个经济的规模，各大第三方物流服务企业相互竞争，使第三方物流服务整体表现出相当高的专业化水平。物流专业人员承担基本物流服务的能力远远大于非专业人员，专业化程度以及业务能力的提高，使整个公司业务更加核心化。因此第三方物流服务对于制造商和供应商都产生了很强的吸引力。

（四）政府大力支持

随着电子商务的飞速发展，政府也出台了一系列扶持政策。如今已经有不少人意识到电子商务交易环节当中至关重要的物流环节的重要性，政府有关部门也在着重培养第三方物流服务行业的发展。在过去的几年内，我国政府出台了一系列关于电子商务物流发展的相关政策。如今第三方物流行业在国内还处于刚起步阶段，国家仍保持着支持的态度，物流公司更应该抓住机会，大力发展第三方物流产业。

五、跨境电子商务第三方物流的挑战分析

中国仓储协会的调查报告显示：我国只有约39%的物流企业拥有物流信息系统，一揽子综合服务能力差，因而使得外贸行业缺乏应用电子商务的动力。因此，第三方物流无疑成为跨境电子商务的优选。但在现阶段，第三方物流模式也面临着巨大的挑战。

（一）基础设施建设具有局限性

目前我国大多数的第三方物流企业是民营企业，受资金、人力等局限，其硬件设施离现代物流还有一段距离，面对更为复杂的跨境电子商务业务，能够覆盖全球、提供高质量物流配送服务的企业供不应求。物流配送体系有待完善，货物包装和搬运、仓储设施、现代交通运输设施等物流基础设施落后，成为制约企业开展跨境电子商务的一大难题。

（二）信息化水平有待提高

跨境电子商务要求相对均衡的运行环境，要求企业有足够的后台支持系统来响应对方的即时服务请求。目前，市场达不到应有的经济网络规模，网络基础薄弱。现代物流配送基础设施和配送管理手段更是落后，道路的建设、配送中心的规划与管理、配送运输工具的更新等问题亟须解决，这些都严重阻碍了电子商务和现代物流的协同发展。我国目前的企业物流信息化程度低，科技含量不高，计算机网络水平低，导致成本居高不下，降低了信息传递的效率，给运输业的快速发展带来了一定的困难。

（三）缺乏物流管理专业人员

跨境电子商务的物流管理对员工的技术要求较高，需要一定的信息意识和信息技术支撑。而目前企业普遍缺乏精通信息技术的物流从业人才。

美、日、英等国也因为人才需要，每年要到中国招募软件系统工程师、系统分析员和程序设计师。目前我国对信息技术与商务管理复合型人才需要总量尚未见到具体统计数字，但从电子商务发展前景和发展速度看，将需要大量的掌握现代信息技术的现代商贸理论与实务的复合型人才。由此可见，缺乏高素质的复合型人才，员工素质较低，已成为跨境电子商务物流发展的另一瓶颈。

六、结论与建议

基于以上分析，在跨境电子商务领域里，大力发展第三方物流配送服务必将取得不小的成功。可是，在我们发现优势的同时，也不能忽略国内第三方物流服务还有诸多的不足之处。我们只有把握住机会，克服不足，才能应对内部与外部的威胁，才能让第三方物流在跨境电子商务市场取得成功。为了提高和发展跨境电子商务第三方物流，提出以下建议：

（一）整合产业链，分离货运资金

针对第三方物流将造成企业对物流风险控制性差这一劣势，企业可将第三方物流企业和跨境电子商务企业相分离，作为两个不同的个体分别对顾客进行服务。除此之外，跨境电子商务企业也可以与第三方物流公司签订长期稳定的合作关系，建立共同配送模式，从整体上提高供方取得价格优惠的能力，实现规模经济的目标；同时注意供应链的各个环节的紧密联系，对顾客的个性化需求设立专门的反馈渠道，从而保证电子商务业务的服务质量。

（二）开放顾客评价机制，加大顾客意见搜集力度

在整个物流过程中，为了能够更好地获得顾客反馈信息，物流企业可以作为独立的经济个体出售自己的服务，直接接受顾客的付款，并且得到顾客的评价。同时，物流过程中可能发生的物流人员态度不佳、物品损坏、运输延迟等问题均由物流公司直接承担，这样能够使电子商务企业将人力物力集中于自己的主营业务方面。第三方物流公司直接接受顾客的评价有利于顾客对第三方物流公司服务质量的监督，实现市场的公平竞争和优胜劣汰。电子商务企业和顾客都将倾向于选择服务质量好的第三方物流企业，这样就会促使第三方物流公司不断改善服务质量，在保管物品和运输货物的过程中，自觉增加责任心，提高顾客的满意度，反过来也会促进

跨境电子商务业务的发展。

（三）提高第三方物流公司的水平

第三方物流企业必须不断提高自身核心竞争力，才能满足日益发展的跨境电子商务业务的高标准需求。主要包括物流技术体系的构建、针对跨境电子商务的技术创新、企业文化的建设、高效信息体系的培育、组织管理体系的完善等。此外，物流企业还要注重其物流设施的配备和相关生产标准，努力与国际标准接轨，早日实现标准化操作，提高业务效率。

（四）加强高素质人才的培养

国际物流业需要的是复合型人才，解决我国国际物流人才短缺的有效途径是采取多元化物流人才培养模式。可以借鉴国外的经验，在物流行业中推行物流师、采购师证书教育与从业人员上岗资格证制度，逐步建立我国物流行业从业人员职业教育、培训和从业资格认证制度及相应的认证体系。这样一来，便很好地解决了专业人才匮乏的问题。

参考文献：

[1] 九三学社北京市委员会．关注跨境电子商务发展．北京观察，2012（11）：28.

[2] 常剑锋．电子商务企业物流运营模式选择研究．北京交通大学硕士学位论文，2011.

[3] 陈晓健．关于我国外贸运输业向第三方物流转型的思考．国际贸易问题，2002（3）：58.

[4] 秦浩然．我国基于电子商务的物流管理的现状及发展趋势．消费导刊，2008（14）：104.

[5] 李思丝．电子商务环境下第三方物流运营模式的研究．复旦大学硕士学位论文，2011.

[6] 张天阔．敦煌网：锁住买家的采购链．21世纪经济报道，2009 - 01 - 12.

[7] 王树彤．外贸电子商务可为出口型企业杀出一条血路．IT时代周刊，2011（13）：75.

[8] 李冠艺．传统外贸电子商务转型升级之路．进出口经理人，2011（11）：54.

[9] 徐金丽．外贸B2C电子商务环境下的物流配送模式比较．黑龙江

对外经贸，2011（8）：84.

[10] 焦春风．我国外贸电子商务 SWOT 分析．江苏商论，2006（12）：52.

[11] 周佩璐．电子商务在现代物流发展中存在问题及对策．中国产业，2010（9）：60.

[12] 陈丽芳．电子商务对国际贸易的影响及对策．商场现代化，2007（36）：376.

第三章　深圳前海跨境电子商务运营模式研究[①]

摘要：根据深圳跨境电子商务迅猛发展，深圳电子商务综合服务平台缺失等现实情况，借助深圳在创建跨境电子商务发展模式方面的优势，提出应将通关、付汇结汇、退税政策方面进行系统集成，发挥供应链管理在商流、物流、信息流及资金流"四流合一"和前海湾保税港区进口缓税、出口退税政策优势，打造深圳前海跨境电子商务运营创新模式，以跨境电子商务综合服务体系为框架，以海关监管体系为配合，打造建设"深圳前海跨境电子商务服务平台（eHub）"，为跨境电子商务客户提供一体化服务，并对跨境电子商务发展模式需要的配套政策与保障机制进行了阐述。

关键词：跨境电子商务　供应链管理　服务平台　创新模式　前海

一、引　言

近年来，我国外贸出口放缓的同时，跨境电子商务却保持着快速增长态势。跨境电子商务为出口型中小企业提供了有效的海外销售渠道。在国际金融危机影响日益深化的形势下，越来越多的制造企业与进出口贸易企业都希望通过跨境电子商务来节约成本、转型升级和提升竞争力。

二、深圳跨境电子商务发展现状与问题

（一）深圳跨境电子商务发展现状

截至 2012 年 12 月，我国网络购物用户规模达 2.42 亿人，网络购物使用率提升至 42.9%[②]。与 2011 年相比，网购用户增长 4 807 万人，增长率为 24.8%。中国目前是亚太地区仅次于日本的第二大 B2C 电子商务市场，全球第四大市场，有望在 2013 年超越日本，取代英国全球第二的位置。

---

① 作者：沐潮　物流工程博士　深圳职业技术学院管理学院　副教授。
② 中国互联网信息中心．第 31 次中国互联网络发展状况统计报告．http://www.cnnic.net.cn/hlwfzyj/hlwxzbg/hlwtjbg/201301/t20130115_38508.htm，2013 - 01 - 15.

Goldman Sachs 数据显示，2010 年全球电子商务规模为 5 725 亿美元，平均增速为 19.4%。截至 2011 年 6 月，海外代购市场交易规模达到 206 亿元，而到 2012 年，海外代购的交易规模将达 480 亿元①。与此同时，进口方面，跨境电子商务中大量的国外高端消费品通过灰色渠道由香港进入中国，国外品牌商和电商找不到一条阳光化的路径进行正常的海关申报，导致国家在税收方面也有一定的损失。

深圳市跨境电子商务发展迅猛，2011 年深圳前海跨境电子商务出口额达到 60 亿美元，占据全国跨境电子商务出口总额的五成以上，深圳地区独立的 B2C 和大卖家超过了 5 000 家，活跃卖家数为全国的 40%，主要从事跨境电子商务的企业和交易平台如敦煌网、大龙网、eBay、亚马逊等在深圳都设有分公司。

（二）深圳跨境电子商务发展遭遇的问题

深圳前海跨境电子商务发展到现在，遭遇到的最大瓶颈来自于各职能部门现行的政策和法规。跨境电子商务是一种全新的商业模式，而现行的各项政策和法规并不能系统地支撑该模式，而跨境电子商务涉及多头监管部门，政策高度协同相当困难。

当前跨境电子商务蓬勃发展，而相关配套的物流、通关、退税、结汇、认证等流程方面存在制约，深圳前海跨境电子商务企业面临一系列的挑战：客户需求越来越复杂，降低反应时间和提高灵活性的压力越来越大，而进入市场的时间越来越短，在全球范围内，不断变化的商务合作伙伴和商务模式，导致供应链向全球和动态网络演变。总结起来，困扰深圳跨境电商企业的主要有申报、退税、结汇三大问题，具体表现如下：

（1）通关周期长、费用高。跨境电子商务业务具有小批量、多批次等特点，如果以普通贸易形式进行申报，将会给企业带来巨额的通关费用，并且通关周期较长。

（2）企业无法付汇、结汇。由于通关困难，很多出口电商企业将电子商务货物委托给邮政或快递公司，以邮件或快件方式通关。由于该通关方式的申报主体是快递企业，并且邮件和快件均非货物贸易，电商企业无法进行结汇，这部分进出口贸易业务无法反映在政府经济数据系统中，由于

---

① 中国电子商务研究中心.2011 年（上）中国电子商务市场数据监测报告.http://www.100ec.cn/zt/upload_ data/down/shjjk.pdf，2012 – 03 – 15.

政策限制，这些企业还有可能面临法律风险。

（3）企业无法获得出口退税。以邮件或快件方式通关，企业无法享受到出口退税等一系列优惠政策，跨境电子商务的发展受到制约。

（4）存在灰色清关行为。大量的产品以快递及邮包的方式进入中国，在进口海关申报时，货品价值低报、瞒报的情况已成为业内常态，国家在税收方面损失巨大。为解决以上问题，国家指定了五个跨境电子商务的试点城市，希望能够通过这五个试点城市进行政策突破，找出一条适合跨境电子商务发展的阳光化经营模式。但是，深圳未入选试点城市之列。深圳前海跨境电子商务综合服务平台缺失、跨境电子商务出口环境不成熟、缺乏产业优惠政策等问题，将导致珠三角广大的电商、生产制造商、物流业者都面临巨大的竞争压力。

三、深圳创建跨境电子商务模式的优势

（一）区位与物流优势

深圳具备毗邻香港的经济地理优势，香港是亚太区的国际空海运与快递中心，而深圳的陆路口岸也具有其他城市无法比拟的地域优势，可为跨境电商企业客户提供多种便利的、有竞争力的物流服务。

（二）传统商业优势

在香港，全球绝大多数国际品牌企业都设有运营机构，设立商品库存，控制着国际名牌在大陆内地的销售。

（三）产业领先优势

深圳是跨境电子商务出口商家聚集地，从事跨境电子商务业务的公司占全国总数的五成以上，而珠三角区强大的制造业与物流业也提供了坚实的产业支持。

（四）前海湾保税港区的政策优势

前海湾保税港区的最大特点就是区港一体化，既享有保税港区的特殊功能，又享有前海合作区的特殊优惠政策，国家赋予前海合作区的金融、财税、法制等政策都可以在保税港区享受，前海具有独特的政策优势。前海湾保税港区是目前国内功能最齐全、政策最优惠、运作成本最低，最接近国际自由港、自由贸易园区功能定位的港区。

（五）前海湾保税港区的海关作业配套优势

前海湾保税港区具备优良的现代物流资源。通过多年的磨合，港区和海关之间形成了高效的沟通机制，而且蛇口海关对在前海湾保税港区开展跨境电子商务试点工作非常支持。深圳海关联网监管理念全国领先，为监管部门提供了有效的监管手段和依据。

四、跨境电子商务发展模式设计

目前，国家对于跨境电子商务这类新型贸易方式没有针对性的监管政策和措施，而现有电子商务运行中所涉及的通关模式、商检模式、结汇模式均不适合该类业务的操作，这严重制约了跨境电子商务的发展。

依据深圳创建跨境电子商务模式的优势，只有在相关的通关、付汇结汇、退税政策方面进行系统集成，整合运作，寻求突破创新，才有可能使得深圳前海跨境电子商务健康顺利发展。通过先行先试，依托电子口岸建设，实现跨境电子商务企业与口岸管理相关部门的业务协同与数据共享，解决跨境电子商务发展的瓶颈问题，优化通关监管模式，提高通关管理和服务水平。

当前跨境贸易迅猛发展，而现行以快件或邮件方式通关的跨境电子商务存在快速通关难、规范结汇难、规范退税难等问题，传统零售企业存在高库存水平、缺货风险、长周期等问题，应充分发挥供应链管理在商流、物流、信息流及资金流"四流合一"和前海湾保税港区进口缓税、出口退税的政策优势，为跨境电子商务客户提供一体化服务，打造深圳前海跨境电子商务运营模式，该创新模式以跨境电子商务综合服务体系为框架，以海关监管体系为配合，打造"深圳前海跨境电子商务服务平台（eHub）"。

（一）深圳前海跨境电子商务服务平台

eHub 是为国内外跨境电子商务客户提供便捷高效的贸易代理、仓储、订单履约、增值服务、出口退税、进口缓税、配送邮寄、融资结算等服务的一站式跨境电子商务服务平台。eHub 运用先进的信息技术，通过商务流程和信息的整合，构建一个供应链实时协同、高效执行、可视化的全程电子商务服务平台，为中小企业提供进出口代理、通关、退税、仓储、增值服务、订单履约、邮寄配送、融资结算等服务的一体化解决方案，提高了中小企业开展跨境贸易的便利化水平。深圳乃至全球进出口产品，尤其是国内外居民全球网购商品，都可以通过该服务平台直接销售派送到海内外的终端消费者。具体运作方式如图3－4所示。

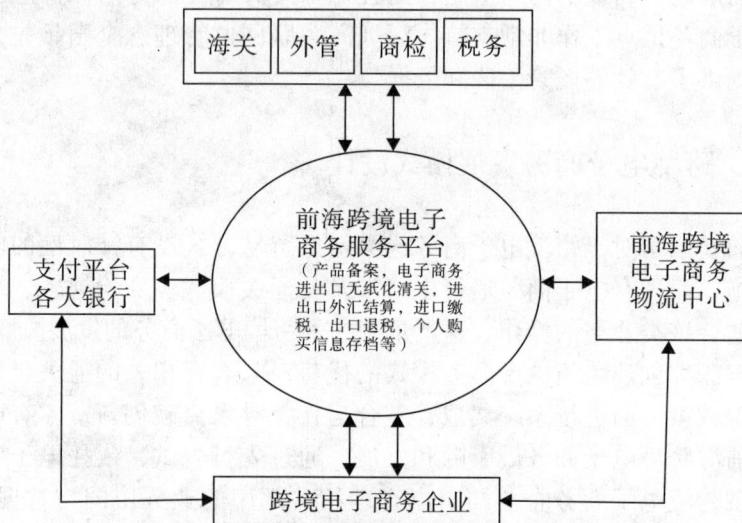

图3－4　深圳前海跨境电子商务服务平台（eHub）

（二）海关监管体系

针对跨境电子商务的特点，形成并推出一套高效的海关监管体系，关键是根据跨境电子商务企业运营特点，在互相协作的基础上，设计出一套适用的跨境电子商务通关解决方案，并使其具备动态柔性的系统特征，随实际运行情况动态调整优化。

（三）跨境电子商务综合服务体系

跨境电子商务综合服务体系将跨境电子商务所涉及的物流、信息流、资金流进行集中整合，全方位解决跨境电子商务从订单生产直至国际结算的全供应链问题，涵盖商品展示、交易、通关解决方案、国际结算、金融服务等，为跨境电子商务的发展创立良好的商业生态环境。

（四）深圳前海跨境电子商务运营模式

（1）深圳前海跨境电子商务运营模式的内容。在改造升级传统物流园区功能与运营模式的基础上，在前海湾保税港区建立跨境电子商务物流中心，积极与各职能部门沟通，形成并推出一套创新高效的海关监管体系，彻底解决跨境电子商务的通关问题。

充分利用前海湾保税港区的政策优势及物流配套资源，建立前海跨境电商物流中心，以前海跨境电子商务物流中心为载体，在海关、商检、外管等部门的指导下，充分利用前海在国家政策方面的先行先试优势，建设前海跨境电子商务服务体系以及相应的服务平台，为跨境电子商务发展营造一个高效健康的商业生态环境，同时，为各个监管部门提供相应的经营信息以便其进行有效监管，最终将前海打造成全国跨境电子商务的行业标杆，并使其成为该行业的结算中心、贸易中心、信息中心及展示中心。打造全套的出口退税服务体系、高效的仓储履约服务、性价比高的物流配送服务、完善的增值服务体系、全程的电商解决方案，从而解决客户在出口退税、合法结汇、物流资源短缺、电商经验缺乏等方面的问题。

eHub 还适用于进口电商，符合海关、外管等监管单位的监管需求与工作流程，将进口包裹透明化、轨迹化，无论是汇款结算或是报关缴税，都将做到有据可查。

对客户端而言，进口的政策明朗化、稳定化也将吸引更多的海外品牌以及电商平台通过前海拓展中国广大的市场。具体模式如图 3 - 5 所示。

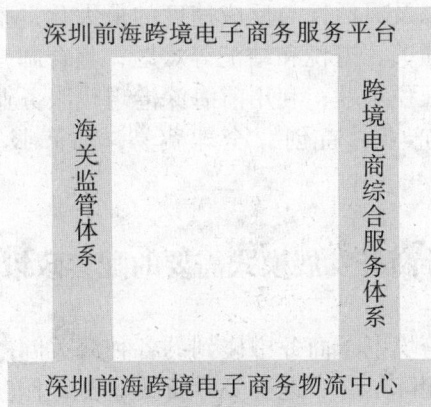

深圳前海跨境电子商务服务平台

海关监管体系

跨境电商综合服务体系

深圳前海跨境电子商务物流中心

图 3 - 5　深圳前海跨境电子商务运营模式

（2）深圳前海跨境电子商务运营模式采用的技术。前海跨境电子商务服务平台充分应用了国际先进的技术，如供应链管理系统与相关技术、可视化物流系统、智能仓储系统、透明化运输系统、RFID、实时信息传递技术和网上跟踪、序列号跟踪、网上订单管理、手持终端技术等。采用合理的工艺技术与先进的行业技术指标，形成全供应链追踪的完整物流技术体系①。

（3）深圳前海跨境电子商务运营模式的支持要素。跨境电子商务的发展模式涉及面多、规模大、管理与协调技术复杂，要在信息系统能力和管理能力两个方面建立独特的竞争优势并降低风险。要与包括海关、外管及国检部门在内的相关管理部门保持密切沟通，不断优化进出口的通关及结汇流程，为跨境电子商务在前海的发展创造一个高效、健康的生态环境。

（4）深圳前海跨境电子商务运营模式的优势。在相关政府职能部门的指导下，充分利用前海的政策优势，制订一个崭新的符合跨境电子商务特点的通关解决方案。解决跨境电子商务遇到的种种问题，使之阳光化、规范化、健康化发展。建设一个崭新的跨境电子商务线上申报系统，实现无纸化报关，从而降低申报成本，提高申报效率。积极配合相关政府部门，打造一个集通关、商检、外汇资金结算以及出口退税于一体的前海跨境电子商务综合平台，确立前海在跨境电子商务领域里的标杆地位。

深圳前海跨境电子商务运营模式可以实现不同企业、部门间的信息流、商流和资金流的无缝、顺畅的流动，优化、整合供应网络的商务流程；实现成本最低以及灵活性与反应速度的最大化；整合保税港区政策优势，解决小额贸易通关、退税和结汇等难题；整合邮政企业资源，解决全球邮件包裹通关、征税难题；利用前海深港现代服务业合作区的地理区位及政策优势，集聚产业，首创"全球贸易，前海服务"的现代服务业模式。

五、跨境电子商务发展模式需要的配套政策与保障机制

为了解决目前跨境电子商务中碰到的各种海关问题，跨境电子商务发展模式需要海关、国际结算、退税等方面做好政策上的配套与保障：

（1）合并申报，降低通关成本。出境环节方面，出境备案清单若商品编码前 6、8 位相同则进行合并，以便降低单证总量，减少通关费用。

（2）分送集报，提高通关效率。考虑将分送集报模式延伸到出入口区。

---

① 刘泓君. 争锋中国制造. 环球企业家，2013（10）.

（3）引入进口行邮税征收模式。争取将网购的包裹认定为私人用品（而非贸易商品），海关只需征收行邮税。进口包裹被认定为私人用品，就可以避开国检的相关规定，实现与上海相同的关于进口包裹征收行邮税的待遇，并将之落实在前海跨境电子商务物流中心。

（4）出境投递环节考虑中国邮政。由于中国邮政的性价比高，其占有50%的国际包裹快递市场，出境环节考虑将区内货物递交中国邮政，并能正常核销账册。

（5）探讨货物与行邮的组合应用。鉴于行邮的灵活性以及河南保税物流中心的综合应用模式，可在前海湾保税港区探讨货物与行邮的组合应用，以便满足跨境电商市场需求。

（6）探讨灵活的货物退运、维修等售后监管方案。由于部分进出境产品存在损坏、更换、退货等需求，需要海关制订灵活的退运、维修等配套方案。

（7）国际结算政策。跨境电商企业只需提供通关凭证和交易记录（代替合同）即可办理结汇。

（8）退税政策。以跨境电商企业为报关主体，电商企业凭报关单结汇与申请退税。

六、展 望

跨境电子商务发展模式以建立前海跨境电子商务物流中心，创新设计与运行跨境电子商务综合服务体系为框架，以海关监管体系为配合，打造建设"深圳前海跨境电子商务服务平台（eHub）"，吸引著名的支付公司、金融服务公司、供应链管理公司集聚，并将资金结算、商品展示与交易、人才与商机引入前海。

跨境电子商务发展模式运行若要成功，长期来看还是必须通过持续改善发展环境、促进电子商务投资、引进电子商务人才、大力推进企业的跨境电子商务等一系列措施，促进跨境电子商务的健康快速发展。

第四章　电子商务产业园发展的现状、问题与对策研究[①]

摘要： 电子商务产业园作为现代服务业的一种崭新的业态，正在成为引领经济转型和产业升级的重要驱动力。当前我国电子商务产业园建设已进入快速发展期，运营成效正日益显现，存在的问题也日渐清晰，需要从优化环境、完善体制机制、加强与本地产业对接、优先发展电子商务服务业、优化公共服务平台、推进跨境电商发展等方面采取相应的对策。

关键词： 电子商务　产业园　电子商务服务　经济转型　产业升级

当今世界，国与国之间、地区与地区之间的竞争很大程度上体现在现代服务业发展水平上的竞争。伴随着电子商务在国民经济与社会发展领域的广泛渗透，电子商务服务业已成为现代服务业发展的一面旗帜，对未来经济和社会发展的走向正在发挥越来越重要的作用。为了争夺电子商务发展的制高点，全国各地有很多地方都在大力推进电子商务产业园的建设，希望借此带动地方经济转型和产业升级，培育出以电子商务服务为主要标志的战略性新兴产业。在全国电子商务产业园建设高歌猛进的当下，也暴露出不少问题，有的甚至与电子商务产业园发展的初衷背道而驰，如果不加以科学的引导和有效的监管，就会演变成以"电子商务产业园"为幌子的圈地行动。本文拟对我国当今大力发展的电子商务产业园进行分析，旨在为我国电子商务产业园健康、有序、快速地发展提供理论依据和决策支持。

一、我国电子商务产业园发展状况

电子商务产业园是随着我国电子商务产业的快速发展而逐步形成的，目前正处在一个快速成长期。作为促进区域电子商务产业发展、引领产业结构调整和转型升级的重要空间聚集形式，电子商务产业园担负着聚集电

---

① 作者：姚国章　南京邮电大学管理学院教授，主要从事电子商务与电子政务等问题的研究；陈菲　江苏江阴人，南京邮电大学管理学院硕士研究生，主要从事电子商务与产业经济研究；赵刚　安徽安庆人，南京邮电大学管理学院硕士研究生，主要从事电子商务与互联网金融研究。

子商务创新资源、培育电子商务服务业以及促进经济繁荣和社会进步等多方面的职能。因此，加快电子商务产业园的建设和发展，成为全国诸多地方政府共同的选择。当前，我国电子商务产业园总体呈现以下三个方面的特点。

（一）电子商务产业园建设正在全国全面铺开

我国电子商务产业园建设的总体时间还不长，主要出现在 2008 年的世界金融危机之后，目前正在进入快速发展期。根据不完全的统计，我国当前各种类型的电子商务产业园总数已超过 100 家，其中深圳市已建成或正在规划的电子商务产业园已超过 10 家，上海也规划到"十二五"期末，将创建 10 个左右的电子商务聚集区。可以预计在今后的三至五年将会迎来我国电子商务产业园建设的高峰期。预计到 2020 年，我国各类电子商务产业园总数将会超过 500 家。

目前地方政府热衷于电子商务产业园建设的原因各不相同，主要有以下三个方面：一是希望通过电子商务产业园建设带动当地经济转型并形成新的产业增长点；二是希望通过发展电子商务产业园突破国家对土地开发的限制，并享受电子商务产业的相关政策；三是希望通过建设电子商务产业园变相带动房地产及其相关产业的发展。不管出于何种目的，积极推进电子商务产业园的建设和运行，对地方经济发展而言必然利大于弊，即使出发点有所偏颇，但只要往正确的方向发展，也能取得好的成效。

（二）我国电子商务产业园建设正呈现多元化趋势

毫无疑问，电子商务产业园建设需要大量资金的投入。从目前国内电子商务产业园的建设模式来看，逐步形成了以企业投资为主、政府投资为辅的投资模式。如昆山市正在建设的神码国际电子商务产业园总投资超过 25 亿元人民币，资金全部由企业自有资金和通过融资方式解决；深圳福田国际电子商务产业园部分由旧工业厂房改造而成，总投资 8.5 亿元人民币，由产业园运营方福中达公司解决。这一项目运营后取得了理想的成效，于 2012 年 4 月被国家商务部认定为"国家电子商务示范基地"，目前已聚集了 240 多家互联网、电子商务企业，包括互联网基础服务、互联网应用服务、网络新技术研发、电子商务等多种业态，产业链完整。

除了由电子商务产业园运营企业全额投资外，不少电子商务产业园由企业和具有政府背景的投资方公共投资，如江苏常熟纺织服装电子商务产业园由半官方背景的服装城管委会联合相关企业共同投资建设。目前，全部由政府投资的电商产业园还比较少，可见这种模式并不是理想选择。

（三）电子商务产业园特色和影响力正在逐步形成

电子商务产业园的成长历程在我国虽还只有短短的数年，但不少产业园已呈现出明显的特色，对区域经济和社会的影响力已经开始显现。如上海嘉定电子商务产业园，凭借优越的地理位置和产业发展基础，短时间内集聚了京东商城、凡客诚品、百度在线、国美商城、苏宁易购、阿里巴巴、齐家网、驴妈妈、珍品网、库巴网、也买酒等一批国内电商行业的龙头企业，成为一座名副其实的"电商之城"，2013 年实现销售超 300 亿元，税收 5.5 亿元。与此同时，嘉定的传统企业也开始向电商转型。当地全国最大的汽车配件集散地之一——东方汽配城，于 2012 年推出电子商务平台"车易安"，为汽车生产商、流通商、汽车修理厂搭建起可以直通的网上交易平台，同时提供集成融资性支付、现代物流等配套增值服务，实现汽车配件及用品的网上交易。这一项目的实施为汽配城的转型升级提供了强有力的支撑。

位于杭州江干区的东方电子商务产业园（杭州网商园），由于地处主城，总面积不足 130 亩，由杭州江干经济科技园管委会与淘宝软件有限公司合作共建，入园企业 2/3 是电子商务企业，1/3 是电子商务服务企业，短短几年培育出亿超眼镜、尤麦服饰等多家销售额超亿元或者细分类中的冠军电商，为电商企业的孵化和成长作出了重要贡献。

二、我国电子商务产业园发展存在的主要问题

电子商务产业园作为现代服务业的一种新型业态，在促进经济转型和产业升级中发挥着越来越重要的作用。从当前发展状况来看，主要存在以下三个方面的问题。

（一）以电子商务产业园为核心的电子商务生态体系尚未形成

建设电子商务产业园的首要目的是要集聚电子商务产业的相关资源，整合发挥各方优势，形成电子商务产业生态体系。从当前电子商务产业园的发展状况来看，有不少地方并没有形成电子商务产业链上下游融会贯通的体系，未能实现产业的有效聚集。譬如支撑电子商务产业发展的物流配套设施的建设，不少园区由于受场地等条件的限制而未能得到合理布局；再比如，由于电子商务专业服务的缺失，使得相关的电商企业无法获得必

要的服务支持，导致业务运营困难。

（二）与当地区域特色及经济转型发展需求不够吻合

从目前国内运营状况较好的电子商务产业园的实际来看，其中一个重要的特点是电子商务产业园与当地的区域优势高度关联，并能切合当地产业结构和经济特点，最大限度地满足当地经济转型升级的现实需要。与之相反，一些尚处于摸索阶段的产业园，并未找准自己的特色和优势，跟地方的经济转型需要处于一种若即若离的状态。

（三）电子商务产业园管理体制和运营机制尚未完善

电子商务产业园牵涉政府、企业和社会各个方面，在实际运营中，不少产业园尚未建立起科学的管理体制和高效的运营机制。以盈利模式为例，不少园区尚停留在"做房东收租子"阶段，对产业园所需要提供的政策以及相关的服务缺乏基本的认识；再以运营模式为例，目前存在自主运营、委托运营和合作运营三种方式，究竟选择哪种方式需要结合实际情况进行选择。此外，电子商务产业园的运营关系到政府众多的业务部门和具体政策，如果产业园的管理体制和运营机制不到位，就很难得到入园企业的认同，产业园的运营成效也就无法得到保证。

三、推动我国电子商务产业园发展的对策建议

当前大力推进电子商务产业园的建设和发展，作为一项颇具中国特色的促进经济转型和产业升级的有效举措，正被越来越多的政府部门所重视。从现阶段来看，推进我国电子商务产业园发展主要应考虑以下方面的对策。

（一）完善基础设施，优化电子商务生态环境

电子商务产业园作为一种新的经济运行形态，其对基础设施有着独特的要求，主要表现在以下几点：一是为电子商务企业提供稳定、高速、灵活、低廉的互联网接入条件，满足互联网企业运行的基本接入需求；二是建设高标准的 IDC 机房和云计算中心，为电子商务运营企业提供大数据应用与管理方面的服务支持；三是高效可靠的金融服务支持，为电子商务运行企业提供方便快捷、安全可靠和覆盖面广泛的电子金融服务；四是高水平的物流服务支持，为电子商务运用企业提供低成本、高效率、广覆盖的物流服务支持。因此，只有在基础设施建设上确保投入，才能为入园企业

开展电子商务业务提供保障。

与此同时，从电子商务发展全产业链的实际需求出发，建立起上下游融合顺畅的高效供应链，为园区开展电商的企业提供优越的生态环境，也是电子商务产业园做大做强的重要保证。

（二）建立健全体制机制，逐步完善运营体系

科学的管理体制和高效的运营机制是支撑产业园健康快速发展的重要保障，必须学习和借鉴国内外先进的发展模式，结合实际的需要进行设计和优化。

在管理体制完善方面，要坚持"政府支持、市场主导、企业主体、创新驱动"的发展原则，充分发挥产业园投资方、运营方以及其他参与主体的积极性、主动性与创造性，不断优化管理能力和水平。在运营机制方面，要重点突出激励机制和约束机制的优化。产业园的运营适合采用现代企业制度的组织架构，一方面，园区董事会通过授权给经理层以充分的经营权，发挥其经营才能；另一方面，董事会、监事会对经理层的控制权的形式进行直接监督约束。此外，在薪酬设计方面要注重长期和短期的结合，注重多元化激励，确保薪酬合理，激励到位。

（三）从本地实际出发，使产业园成为经济转型升级的新引擎

从当地实际出发，发挥本地产业优势，积极利用电子商务产业园推动当地的产业转型升级，并积极培育支撑本地电子商务发展需要的电子商务服务产业，是一条较为可行的成功经验。比如江苏电子商务产业园的舜天园在服务舜天集团自身的电子商务需求以外，积极引进雨润云中央、南京广电淘东西等当地有影响和特色的企业在园区发展；河南电子商务产业园以服务于本地实体企业转型升级为重要任务，努力发展成为中部最大的电子商务产业园；佛山电子商务产业园以当地制造资源优势为基础，致力于打造有佛山特色能实现电商与当地实体经济高度融合的重要载体；沈阳浑南新区电子商务产业园带动了兴隆大家庭、新闻出版集团、北方图书城、雄州食品等传统企业入园，实现电子商务的发展转型。这些较为成功的产业园，无一例外地发挥着当地经济转型升级新引擎的作用。在电子商务产业园之间招商引资的竞争日趋激烈的今天，那些立足本地实际，有强大产业根基作支撑的电子商务产业园显得越来越有生命力。

（四）做大做强电子商务，打造产业园电子商务产业集聚地

在我国电子商务快速崛起的同时，与此相关的电子商务服务业也取得

了井喷式的发展。电子商务服务业有广义和狭义之分，广义指在电子商务活动中，为交易主体（企业、个人等）提供服务的各行业构成的总体；狭义指包括基于信息技术的电子商务服务。由于广义的服务涉及面过广，所以一般以狭义的电子商务服务进行统计。据阿里研究提供的数据，2012年，中国电子商务服务业营收规模为 2 463 亿元，相比 2011 年同比增长72%。其中，电子商务交易服务业收入为 688 亿元，较上年同比增长56%；电子商务支撑服务业收入为 1 174 亿元，同比增长113%；电子商务衍生服务业收入为 601 亿元，同比增长150%。由此可见，电子商务服务业作为现代服务业的一朵奇葩，正在绽放独特的魅力。

电子商务产业园作为电子商务服务业的主要承载地，在电子商务服务业方面有着先天的优势。杭州东方电子商务产业园之所以能取得快速的发展，与其高度重视电商服务业的发展有重大关联，入园企业中三分之一的服务业企业占比形成了一定规模和实力的电子商务服务业产业集群。因此，我国电子商务产业园的运作要把培育电子商务服务产业集群作为一项重大的战略予以部署，使产业园成为电子商务服务业这一战略型新兴产业的聚集地。

（五）优化公共服务平台建设，强化公共服务保障

公共服务平台缺失或效能低下，是我国各类产业园发展所面临的一大瓶颈，电子商务产业园的发展面临着同样的挑战。为此，不少电商产业园已开展相应的探索。比如，河南省电子商务产业园重点打造企业孵化平台、企业培育平台、技术支撑平台、人才服务平台、法律保障平台和科技金融平台；又如汕头高新区电子商务产业园致力于建设产业培育平台、科技金融平台、法律保障平台和人才服务平台等。各地电子商务产业园所建设的公共服务平台虽然侧重点各有不同，但目标和方向基本一致，即为入园企业开展各类电子商务业务提供全方位的保障和服务。公共服务平台的建设是一个长期的过程，公共服务能力的提升也不可能一蹴而就，需要在实践中不断探索，一步一个脚印地去完善。

（六）创新发展模式，抓住跨境电商等发展机会

与传统外贸长期遭遇寒冬的情形完全不同的是，我国的跨境电商正迎来快速成长期。艾瑞咨询的数据显示，2011 年至 2013 年，我国跨境电商的交易额分别为 1.6 万亿、2 万亿和 3.1 万亿，平均年增幅近 30%。毫无疑问，并不是所有的电子商务产业园都需要去发展跨境电商，但跨境电商

在当前确实存在着较大的机会，某种意义上可以说是抢占国际市场的一个重要制高点。

目前，国内跨境贸易电子商务存在难以快速通关、规范结汇及退税等问题，对促进跨境电子商务的发展存在着很大的障碍。杭州作为全国跨境贸易电子商务的试点城市，率先在国内建成了跨境贸易电子商务产业园，实现了在园区内出口货物"分批出运、定期申报"的运作模式，园区有效解决了出口企业退税难、结汇难的问题，受到了出口企业的支持和欢迎。杭州的做法可以供人们学习和借鉴，对其他园区而言，可根据实际条件和可能进一步探索开设跨境贸易电子商务业务的必要性和可行性。

四、结　语

电子商务产业园作为现代服务业的一种崭新的业态，正在引领经济社会的发展变革。电子商务产业园的建设和运营是一个复杂的体系，需要科学部署、审慎决策、务实推进。从本质上来看，电子商务产业园可以看作是经济增长的"倍增器"、发展方式的"转换器"和产业升级的"助推器"，在促进地方经济发展和社会进步繁荣中将担当起重要而又不可或缺的作用。当然，电子商务产业园的建设切忌一哄而上、盲目发展，更不应该沦为贴着"电子商务"标签的商业地产项目。电子商务产业园的发展前途光明、前景广阔，只有通过大胆的探索和务实的行动，才能赢得美好的未来。

参考文献：

[1] 廖卫红. 我国电子商务产业集群发展模式创新研究. 电子商务，2014（8）.

[2] 王江骥. 我国电子商务产业发展研究. 现代经济信息，2014（6）.

第四部分 典型案例篇

案例一　黄埔区——国家电子商务示范基地

　　黄埔区作为广州"东进"战略的重要区域、广州东部城市副中心，基础设施完善，产业环境成熟，交通网络发达，区位优势明显。2012年，在广州市委、市政府的正确领导下，黄埔区立足战略性转型升级的高度，以"突破、创新、传承、改造"为工作主轴，全面推进新型城市化发展。近年来，在国家、省、市等上级部门的大力支持下，黄埔区大力推进智慧城市、电子商务、电子政务、电子社区"四箭齐发"，建设国家电子商务示范基地、广州智慧产业集聚区、社会服务管理改革创新引领区和"智慧广州"示范区"四个高地"。2012年5月，黄埔区云埔电子商务园区入选全国首批34个"国家电子商务示范基地"之一，成为广东省（单列市深圳除外）唯一的国家级电子商务示范基地。核心园区状元谷被列为广东省重点现代服务业集聚区、广东省和广州市共建战略性新兴产业基地。

一、黄埔区电商发展现状及特征

　　"十二五"时期，广州以国际商贸中心和世界文化名城作为新的战略重点，推进传统"千年商都"向现代"网络商都"转型，辐射能级从"服务全国"向"服务世界"提升，电子商务作为战略性新兴产业，成为广州现代服务业发展的重要引擎。黄埔区作为广州六个中心城区之一，借"国家电子商务示范基地"的东风，大力推动电子商务的发展，区内聚集了亚马逊、腾讯、中经汇通、易票联、鱼珠木材网、钢铁王国、广州化工交易中心网、酷狗乐畅、中国网库、拉卡拉、广州捷游、自行车中国网等众多电子商务企业，呈现出龙头引领，亮点突出，门类齐全，产业链条较为完整等方面的发展特色。

图 4-1　黄埔区主要电子商务企业

（一）知名电商企业引领网络零售发展

亚马逊中国华南运营中心、欧迪办公等世界著名网络零售企业的进驻，以及七喜电脑等国内知名企业相继发展网络商城业务，促进了黄埔区电子商务的蓬勃发展。其中，亚马逊华南运营中心是美国亚马逊公司重点打造的中国三大核心运营中心之一，该项目总投资 10 亿元，建筑面积约 17 万平方米，预计项目建成运营后，年营业额将超 20 亿元，成为黄埔区电子商务企业领头羊。同时，作为状元谷电商产业园的开发运营商，南方物流集团也启动了"筑巢引凤"的战略，成功引进了苏宁云商、酒仙网、聚美优品等 B2C 企业，为黄埔区网络零售的发展提供了新的动力源泉。

（二）移动电子商务成为发展新亮点

黄埔区一向重视移动电子商务的发展。2008 年 11 月，黄埔区被正式批准成为广州市移动电子商务试点示范区。近年，移动电子商务逐渐成为黄埔区推进电子商务建设的新亮点。其中，被认定为2013—2014年度国家级电子商务示范企业的中经汇通的电子商务模式具有较大发展潜力。中经汇通的核心是运用现代信息技术和现代金融服务手段支撑线下商户，线上线下服务消费客户，实现传统商务的电商化，构筑了一个庞大的B2C商务平台，建立了闭环的O2O体系。另外，腾讯公司在黄埔区建立了华南电子商务总部，这是除深圳总部外在广东省投资设立的第一个区域电商总部，项目总投资20亿元，预计建成后年营业收入超100亿元。

（三）国际贸易和跨境电子商务成为新增长点

黄埔是中国南部的主要口岸所在地，区内卓志物流、黄埔港务分公司、广东中外运黄埔仓码有限公司等企业借助港口优势，在国际贸易应用和跨境电子商务方面发展迅速，供应链一体化管理得到有效推进。其中，卓志物流通过电子商务手段，实现港口—报关—运输—仓储等物流服务的一体化订单处理、进度跟踪和信息交互。易票联建设的"人民币跨境贸易电子结算平台"通过整合金融机构资源，为外贸企业提供网上贸易及人民币跨境实时结算，为跨境人民币结算试点示范推广提供有力的技术支撑。亚马逊开展"全球购"业务，为国内消费者代购亚马逊（美国）直营产品，将国内网购业务延伸到国际贸易领域。

（四）大宗商品电子商务处于领先地位

目前，黄埔区内的鱼珠国际木材市场、广东鱼珠物流基地、广州黄埔化工中心、黄埔国际机械城等企业积极构建大宗生产资料电子商务交易平台，木材、钢材、化工等专业市场及物流产业项目呈现出从传统的现货交易向电子交易平台转变的新趋势，逐步实现了集行业电子交易、仓储、物流、资讯、金融等于一体的产业链服务，确立了华南龙头、国内行业领先的地位。其中，鱼珠木材网由广东鱼珠国际木材市场于2006年创建，连接了全世界100多个国家和地区的木材商家，现已发展成为全国木材行业最大的资讯和交易平台，该公司发布的"鱼珠·中国木材价格指数"为全国十二大价格指数之一，成为全国木材行业价格的风向标。

（五）传统企业应用电子商务成果逐步凸显

面对潜力巨大的电子商务市场，黄埔区内传统企业主动"上网触电"，取得了显著的成效。例如，广石化采用电子商务系统作为物资供应中心与供应商进行业务交易的平台，基本涵盖了物资采购的所有业务；广汽本田采用电子采购系统及销售协同办公系统，范围涉及采购、生产、销售、人财物及管理等众多领域，为促进企业业务发展、提升经营效率、引领业务创新提供有力支撑。此外，区内七喜电脑、鹿山新材料、大凌实业、百成科技等制造业企业主动参与"广货网上行"、"广货通天下"等活动，积极开展网络直销、搜索推广、团购等多种电子商务产业模式，推动企业转型升级。

（六）电商服务业发展队伍不断壮大

近年，黄埔区电商服务业发展迅速，涵盖了物流、代运营、支付、电子印章和信息安全服务、摄影、咨询培训等。众多电商服务业当中，在支付领域黄埔区处于领先地位。中经汇通、易票联、广州卡拉卡、广物支付、银盛e票通等都先后进驻黄埔。其中，易票联是国内领先的第三方零售支付服务提供商，是广东省首家获中国人民银行批准的跨境结算业务许可和全国第一家加入国际万事达清算组织会员的企业。此外，黄埔区还引进了酷狗乐畅、捷游、自行车中国网等专业平台。

二、黄埔区电商产业园发展情况

黄埔区电子商务发展载体空间按"一基地三园区"的原则来布局。一个基地即"国家电子商务示范基地"，三个园区即"状元谷电子商务产业园区"、"广州云埔电子商务示范园区"及"南岗电子商务发展园区"。结合各个园区的产业基础和地理区位，各园区在电子商务产业链上有明确的分工，形成定位清晰、功能互补、梯度开发的产业布局。

（一）状元谷电子商务产业园区

状元谷电子商务产业园区于2012年初开始筹建，是国家电子商务示范基地的核心园区，得到了市委市政府的高度重视和大力支持，被广州市政府列为"广州市三个重大突破"之战略性主导产业项目、2013年广州市重点建设项目、2013年广州市十大产业项目、广州市重点物流项目。广州状元谷电子商务产业园规划占地总面积522亩，一期占地约198亩正在建设中，目前已基本成型；二期324亩，目前已经开始施工。园区规划总建筑面积达80万平方米，包括60万平方米的电商运营中心、10万平方米的商务办公及教育培训中心、5万平方米的电商孵化中心和5万平方米的生活服务中心。

状元谷电子商务产业园区以"办公＋服务"和"仓储＋物流"模式作为园区空间发展结构，主要定位为华南国际电商信息港、对外贸易交流重要电商平台、广州国家智慧型电子商务示范园区、东部片区的先进制造业产品网上交易中心及自主品牌电子商务培育平台。计划用两到五年的时间打造一个集商流、物流、资金流、信息流"四流合一"的完整产业链，成为在珠三角地区有较大影响力的国际电子商务园区；营造设施完善、服务水平一流的产业环境，吸引一批产业带动性强、发展前景好的企业在园区落户，形成良好的带动效应和示范效应。至 2015 年年底园区开发面积 522 亩，完成建筑面积 80 万平方米；引进企业 200 家，其中，引入知名品牌 50 个；吸收从业人员 10 000 人；园区实现业务总收入 200 亿元/年。

目前，状元谷电子商务产业园区已入驻世界顶级电商企业——亚马逊中国华南运营中心，此外，腾讯华南电子商务总部、苏宁易购、易票联等众多具有较大规模和影响力的电商企业也相继落户区内。其中，亚马逊中国华南运营中心 A 区运营中心（约 8.6 万平方米）已于 2012 年 10 月交付给亚马逊使用。目前，广州亚马逊日订单已超过 10 万单，在中国地区排名第二。

此外，状元谷园区还成功引进了广东省电子商务商会、广东省现代物流研究院电子商务研究中心、暨南大学现代流通研究中心研究基地、广州市电子商务协会等服务机构和项目。

（二）云埔电子商务示范园区

云埔电子商务示范园区由东诚片和南岗片两个片区组成。东诚片位于开创大道东边，北邻萝岗区，东邻增城市，南接广园快速路；南岗片位于广深公路以南，北邻开发区东区，西临南岗社区，东接增城小岗村，南近东江南岗码头。园区规划总面积 460 公顷，已完成开发建设面积 380 公顷，土地开发累计投资 111.56 亿元，其中，政府资金投入 13.96 亿元，企业投资 97.6 亿元。目前，园区内已聚集共 70 多家企业，包括亚马逊、欧迪办公、中经汇通、百成科技（电子印章）、南方物流（广州）物流中心等品牌电子商务及技术研发、物流配送服务企业。

另外，由于园区临港经济、物流产业较为发达，园区内不少生产制造型传统企业充分利用这一优势，应用电子商务交易平台，积极转型升级，实现多元化发展，如七喜控股、务冠电子等。通过积极推动园区内企业，利用黄埔区已有的电子商务资源，实现园区内企业由传统的现货交易向电子商务与期货现货相结合方式转变，依托园区内现有的亚马逊、中经汇通、南方物流等行业龙头企业，形成涵盖电子交易、仓储、物流、资讯、金融的完整产业链，打造集研发、采购、营销、结算为一体的电子商务示范基地。

为进一步提高园区建设用地的兼容性、容积率和建筑密度，扩大配套用地比例，拓展园区发展电子商务的产业空间，下一步云埔电子商务园区将加快转型升级，努力打造电子商务服务孵化园区，为中小企业提供金融服务、数据链服务、行业平台服务、技术咨询等服务。

（三）南岗电子商务发展园区

南岗电子商务发展园区位于珠江和东江交汇处南岗头，被纳入黄埔区正在编制的黄埔滨江新城城市设计范围内。南岗电子商务园区占地面积较大、离中心区较远、有较长的东江岸线，重点建设现代物流园区，力所能及地发展电子商务总部经济，是黄埔区着力打造的国家电子商务示范基地的储备开发园区之一。

目前，南岗园区尚为旧厂用地，其中华立颜料厂占地约40公顷，陶粒厂占地27公顷，广州溶剂厂占地17公顷，连同相邻的宝供物流等项目用地，总用地面积约100公顷。为充分发挥高端电子商务示范园区的引领带动作用，下一步需要借助黄埔滨江新城城市设计及控规修编的机遇，适当调增滨江新城现代服务业用地，将南岗头除南碱厂以外地区调整为商务办公和物流用地，作为与居住用地规划相辅的主导产业发展电子商务的载体。

三、黄埔区电商公共服务平台发展情况

黄埔区电子商务公共服务平台目前计划构建实体运营平台和信息支撑平台两大平台。其中实体运营平台计划以状元谷B库南段首层、二层（约2 000平方米）为载体（已建成），并委托南方物流调研、整合和优化实体平台各功能区的实际建设和运营需求，协商并选择各行业的龙头企业或具有相关资质的协会、高校等服务机构入驻提供相关公共服务。该平台规划建设金融服务区、物流服务区、政务服务区等功能区，承载金融、物流、政务、展示、商务、培训、会议等功能，及时帮助企业解决融资、技术、市场、信息、培训等共性发展问题，实现区内电商产业发展政策集成、资

源集聚、信息集合。

信息支撑平台规划建设"三大平台一个门户"：即基础服务平台、核心服务平台和运营支撑平台，电子商务示范基地公共服务平台门户。通过依托三大平台为企业提供统一高效、资源共享的全产业链一站式电子商务应用服务。

四、黄埔区电商示范基地的建设模式和主要做法

（一）建设模式

1. 国内外电商龙头企业带动模式

与其他区域不同，黄埔区在电子商务示范基地建设方面采用了国内外电商龙头企业带动模式，主要通过"择强选优"引进一批电子商务龙头企业及优秀企业进驻，依托国内外电商龙头企业的领军发展和辐射带动作用，吸引上下游电子商务企业进驻，通过战略布局和集聚效应，把电子商务示范基地打造成为广州电商集聚区、广东战略性新兴产业基地、华南大宗商品电子交易中心、国际电商发展平台。

2. 基于现代物流的牵引发展模式

电子商务的快速发展依赖于高效的物流体系。黄埔区作为广州都会区的重要组成部分，是东部重要的交通枢纽，港口、铁路、高速、BRT、地铁等设施完备。便利的交通条件吸引了南方物流、卓志物流、宝供物流、中外运、太古冷链、怀远物流等一批大型现代物流企业聚集区内。同时，黄埔区还拥有各类大型专业仓库，涵盖出口监管仓库、保税仓库、专业库、普通仓库、冷库、恒湿恒温库、封闭式仓库等，据不完全统计，现有仓储总面积约163万平方米，其中超1万平方米的仓库逾31栋。依托黄埔区内比较完整的物流产业链，借助港口、仓储、物流、交通等方面的优势，黄埔区采用了以现代物流为依托的供应链中心牵引发展模式，吸引了亚马逊、苏宁云商、酒仙网、聚美优品、易积电器等网络零售企业进驻。

3. 园区开发企业与社区共建模式

在土地资源稀缺的情况下，黄埔电子商务示范基地核心园区状元谷的开发建设采取了园区开发企业与社区共建模式。项目主要由民营企业广东南方物流集团与文冲社区经联社合资成立广东南物商贸城有限公司负责具体实施，其中南方物流占75%，社区占25%。在园区运作方面，南方物流

公司主要负责园区的开发建设，根据政府的产业规划和顾客需求自主投资、运营、核算。而社区主要提供场地，并从政策扶持及道路、绿化等周边环境建设等方面予以支持，营造良好的营商环境，充分调动了企业投资建设的积极性，促成了园区快速建成投产，形成了政府与企业双赢的局面。

（二）主要做法

1. 科学定位，明确示范基地发展战略

（1）科学定位。

黄埔区电子商务坚持新型城市化发展理念，以建设国家电子商务示范基地为契机，以加快电子商务发展作为制造业和服务业转型升级的重要切入点，以培育龙头企业和平台为重中之重，以完善发展环境、健全支撑体系、拓宽融资渠道、实施人才战略、加强宣传推广为抓手，深化电子商务应用，推动电子商务与传统产业的深度结合，加快产业转型升级，促进区域经济结构调整，积极构建成为具有国际影响力的华南地区大宗商品的电子交易中心、广州东部电子商务集聚区和珠三角知名的电子商务中心。

（2）明确发展战略。

第一，打造国内外电子商务主体企业集聚基地。大力引进国内外知名B2B、B2C电子商务企业进驻，建设有别于中心城区的中小型电子商务主体企业孵化中心，"虚实"结合，扩大示范基地的辐射力和影响力。

第二，打造大宗生产资料电子商务交易集聚基地。重点发挥木材、钢材、化工、机械、大豆、鱼粉、石油、煤炭等大宗商品和能源在黄埔区生产量巨大、交易量活跃等方面的优势，建设现代化市场平台、大型流通组织和大型物流基地，打造行业"广州价格"指数。

第三，打造制造业电子商务应用与提升的综合实践示范基地。构建采、产、供协同电子商务信息平台，大力发展以石化、汽车、电子、食品等为代表的支柱制造业电子商务应用，利用综合性网站开展B2B、B2C等电子商务交易服务，利用垂直搜索类网站进行网络推广营销，利用网上平台拓展线上销售渠道，引导企业打造单品门户类电子商务网站，实现制造企业与客户的直接沟通、上下游产业链信息流通。

第四，打造国内外贸易电子商务一体化管理示范基地。推进港口物流、港口仓储的一体化电子商务管理，鼓励具备国际资源整合能力的企业加快国内外贸易供应链一体化综合服务平台建设，努力成为全国乃至全球相当领域供应链的整合者。

2. 合理布局，实施十大电商重点工程

（1）合理规划布局。

为高起点、高标准建设国家电子商务示范基地，黄埔区委托了德国 ISA 意厦国际设计集团编制发展规划，通过整合全区资源，提出"一基地多园区"的产业空间发展布局，形成了定位清晰、功能互补、梯度开发的产业布局。所谓"一基地多园区"就是以国家电子商务示范基地为平台，以状元谷和云埔电子商务园区为核心园区，以大沙电子商务大厦、黄埔贸易广场、南岗园区为中小微电商孵化区，通过建设黄埔电子商务公共服务平台，把鱼珠木材网、钢铁王国等大型电商交易平台的资源以虚拟整合方式加入示范基地，形成资源共享、虚实结合、共同发展的大格局。

（2）实施十大电商重点工程。

一是重点电子商务实体企业建设工程。通过新增引进和推动现有企业开展电子商务应用等方式，重点打造 3~5 个经济效益高、辐射能力强、引领作用大的电子商务龙头实体企业。

二是电子商务公共服务平台工程。规划建设"三大平台、一个门户"：即基础服务平台、核心服务平台和运营支撑平台，电子商务示范基地公共服务平台门户，实现一站式个性化服务。

三是企业运用电子商务示范工程。重点协助区内大型实体企业建立单品电子商务交易平台，推动传统实体企业利用电子商务实现产业升级转型，进一步增强传统企业的市场竞争力。

四是中小企业电子商务企业孵化基地工程。吸引国内外知名电子商务企业进驻示范基地，形成电子商务"培育孵化—成熟发展—优化提升"的产业发展链条，实现关键技术、关键产品的产业化和本地化。

五是港口物流电子商务一体化管理示范工程。加快发展临港物流业电子商务应用，紧密围绕港口经济电子商务化，利用电子商务为港口经营、仓储、运输、报关、商检、进出口贸易等港口服务产业链增值，实现物流资源整合。

六是政府电子采购试点工程。加快建设全区统一、集中采购、分级管理的政府电子采购平台和资金支付平台，实现政府采购部门、采购代理机构、供应商、银行、财政、税务、工商、监管机构之间的信息共享和业务协同。

七是移动电子商务推广应用工程。围绕政府公共服务、生产性服务、生活性服务等领域，选择与人民群众生活密切相关、业务协调难度较高、资金清结算环节较多的公共事业、商场、社区等业务领域，开展"行业移动电子商务试点示范工程"。

八是电子商务服务商配套建设工程。立足市场需求，积极营造环境，推动物流、金融、保险、会计、法律等专业服务业与电子商务的融合发展。

九是电子商务企业人才培育工程。加大电子商务技术人才、复合型人才引进力度，对高层次人才入驻示范基地创新创业，提供优惠政策和优质服务。多渠道、多层次开展电子商务教育和在职培训，重点培养既懂商务又熟悉信息技术的网络经济人才。

十是电子商务产业诚信规范实施工程。推动开展政府指导、行业组织、企业和消费者参与的电子商务自律规范制定工作，大力推进企业和行业自律，降低网络交易风险，保障交易安全和防范网络欺诈，打击利用电子商务从事各种违规违法犯罪活动。

3. 优化营商环境，加强服务体系建设

黄埔区委区政府高度重视国家电子商务示范基地发展，举全区之力推进各项建设工作。区委书记、区长亲自抓电子商务工作，制定了《黄埔区建设国家电子商务示范基地工作实施方案》，提出 10 项主要任务和 33 项具体工作。坚持以"真诚、高效、解决问题"为原则做好电商企业的服务工作，并创新探索通过建设黄埔电子商务公共服务平台，构建由政策规章、标准规范、公平竞争、诚信守法、安全保障等为支撑体系的电商经营环境，帮助企业解决融资、技术、市场、信息、培训、人才、物流、政务服务等共性问题，促进电子商务快速、规范、健康发展。

一是制定电子商务产业发展扶持办法。为做好国家电子商务示范基地的建设工作，加快电子商务企业集聚，推动电子商务产业快速发展，黄埔区先后出台了《广州市黄埔区电子商务产业发展扶持办法》、《黄埔区建设国家电子商务示范基地专家顾问聘用管理暂行办法》等一系列扶持政策，从办公载体、场地租金、企业落户、财政专项、园区建设、平台建设、人才引进等多方面为电商企业提供补助和便利服务。

二是建设电子商务公共服务平台。首先，依托示范基地的龙头电子商务企业、电子商务园区和相关电子商务服务资源，着力打造公共电子商务服务平台，整合电子商务涉及的"物流"、"信息流"、"资金流"以及"商流"等各方信息，实现电子商务企业和平台、电子商务服务提供商以及政府间相关信息共享，为示范基地内企业提供包括电子支付、安全认证、信用服务、物流信息、企业办公及管理系统等综合性、全方位、专业化的电子商务公共服务。其次，依黄埔区品类齐全的专业市场，鼓励和支持专业市场建立行业电子商务平台，提供资讯发布、交易撮合、订单交易、现货交易以及仓储、物流、金融等贸易信息服务，推动传统市场从"三现（现场、现金、现货）"向"三流（信息流、资金流、物流）"的现代模式转变，实现平台与实体市场的无缝对接，切实推动电子商务在特色产业的推广应用，争取形成示范效应，为推动"国家电子商务示范基地"工作作贡献。

4. 加强招商引资，培育电商发展梯队

一是瞄准实体企业，拓宽发展空间。借鉴美国电商发展规律，优势传统实体产业转型升级为电商领军企业，这将是中国未来电商产业发展主导趋势之一。在当前龙头电商布局初定，黄埔区资源现实约束的情况下，明确了未来招商活动的方向，把更多关注投向百货、家电等实体巨头，尤其是与黄埔区制造业基础相对接的华为、中兴、美的、海尔、格力、联想、格兰仕等本土实体品牌商，从中寻求黄埔区电商产业招商的突围之道。

二是集聚中小电商，孵化明日之星。广东作为制造业大省，许多曾是OEM 的企业都已成功转型为小有名气的品牌，如膜法世家、佐卡伊、卡芙琳、茵曼、柚子舍、林氏物业等，他们类型多样、反应灵敏、特征鲜明，符合当前电商消费者对服务个性化的需求，具有巨大的发展潜力，这些都是黄埔区重点招商对象。黄埔区将充分利用好黄埔区"国字号"电子商务产业基地的影响力和政策优势，在不断完善电子商务生态圈的基础上，提高服务意识和孵化水平，引进更多中小电商集聚，逐步形成产业燎原之势。

三是加大推介力度，吸纳优质项目。拓宽信息渠道和网络，密切加强与中国电子商务协会、广东省网商协会、广东省南方电子商务创新服务中心、广东省电子商务协会等行业协会、美商会等中介组织的联系，积极开拓易观、亿邦、艾瑞、派代等第三方机构联络渠道，组织开展或参与形式多样的招商引资推介、电商交流论坛等活动，拓宽项目信息渠道和网络，及时锁定优质项目；全力跟进广物华南大宗物资交易中心、国美在线、拉卡拉、广新信息、中外运电商物流中心、环球市场等优质电商项目，不断增强黄埔区电子商务示范基地的知名度和影响力。

5. 加强交流推广，提升基地的影响力

在电子商务的交流推广方面，黄埔区采用了"走出去、引进来"的策略。

首先，在走出去方面。黄埔区积极走出去进行推广交流，如：2012年6月，陈小钢书记、张火青区长带队赴上海嘉定区考察了电子商务产业发展；2013年3月，黄埔区参与了由广东省网商协会主办的"广货通天下——2013年电子商务产业合作峰会"，在峰会设置了专题展位，约40多家企业表示有意向前往黄埔区实地考察和对接；2013年5月，张火青区长出席了2013中国（北京）电子商务大会并作代表发言，给全国的同行介绍了黄埔区建设国家电子商务示范基地的经验，提高了黄埔区在电商领域的知名度和影响力。

其次，在引进来方面。自2012年5月，黄埔区获批"国家电子商务示范基地"以来，得到国家、省市领导的关心。2012年9月，广州市陈建华市长率领广州市相关部门负责人来状元谷园区视察，对园区建设给予了高度评价，并提出殷切希望；2013年5月，商务部电子商务和信息化司李晋奇司长前来调研电子商务工作时，对黄埔区建设国家电子商务示范基地工作表示了充分肯定，称赞状元谷在全国34个国家电子商务示范基地中具有领先示范作用。此外，特别是亚马逊华南运营中心开业以来，状元谷园区吸引了省内外众多的政府、行业协会、企业家前来参观考察，加深了业界对亚马逊以及黄埔状元谷电子商务产业园的认识，促进了黄埔区电子商务的交流与推广。

6. 成立专家团队，为基地发展保驾护航

为使黄埔区电子商务发展有所突破，特聘请电子商务行业相关专家学者担任工作顾问，为黄埔区国家电子商务示范基地建设提供技术指导、咨询，负责项目规划、建设方案、技术标准等审核，确保基地建设流程合理、功能完备、技术先进和系统安全。

为规范电子商务专家顾问（以下简称"专家"）的聘请、使用与管理，黄埔区还制定了《黄埔区电子商务专家顾问聘用管理暂行办法》，聘请8位电商专家担任顾问。通过充分发挥专家的专业特长，为黄埔区建设国家电子商务示范基地和发展电子商务产业工作提供建议、专业咨询、理论指导和技术支持，促进黄埔区电子商务产业健康有序的发展。

此外，全区各部门掀起了电子商务学习热潮。区委举办了区委中心组（扩大）电子商务产业发展专题学习会，陈小钢、张火青等区主要领导带领全区领导干部带头学习电商知识；区政协组织全体委员举办电子商务专题讲座；区委组织部、区经贸局、区科信局面向街道、社区和企业等基层单位，联合举办"电子商务创新发展与应用"专题讲座；区委宣传部、区委党校、区统计局等各有关部门也围绕电子商务，开展形式多样的专题学习和宣传活动，进一步提高黄埔区机关干部和企业人员发展电子商务的参与意识和工作水平。

五、黄埔区发展电商的经验启示

（一）规划先行，科学布局

黄埔国家电子商务示范基地的发展经验表明，政府的正确领导和科学规划是示范基地发展的重要因素。同时，黄埔区出台的一系列针对性强、拉动作用大的扶持政策也有力地推动了集聚区的发展。因此，要结合黄埔区的产业发展现状，根据电子商务产业特色和发展趋势，制定集聚区发展目标和发展规划，科学定位，合理布局，发挥优势，研究解决发展中的关键问题。

另外，还应遵循"市场主体，政府引导"的原则，建立针对电子商务产业发展的扶持机制，如设立奖励基金和专项发展资金等，积极申请国家、省、市各级的专项扶持资金，加大政府对示范基地电子商务的扶持力度，帮助其做大做强。通过建立全方位保障措施，有效地激发企业发展的动力和潜能。

（二）政企合作，共同招商

不同于以往的"政府搭台，企业唱戏"模式，黄埔国家电子商务示范基地首创"共同搭台，一起唱戏"的政企合作、共同招商新模式。通过加强政企双方的交流合作，实现双方优势互补，充分整合利用资源，按照项目一站式办理要求，清理行政审批事项，减少审批环节，实行项目审批集中服务、联审联批、限时办结。

通过"走出去，请进来"的方式，大力开展招商选资，按照企业服务功能，分类进行招商，推动电商产业聚集发展。同时，为了提高对入驻企业的服务，黄埔区政府不仅将从政策法规、贷款融资等方面给予支持，还将为示范基地入驻人员提供卫生医疗、子女入学等方面的服务。

（三）合理分工，发挥企业主体作用

随着信息技术和社会经济的加速发展，电子商务对企业管理各方面的影响越来越大。政府在制定总体的规划和战略，不断完善电子商务配套体系的基础上，应重视发挥企业主体作用。黄埔区委区政府首先深入研究区内电子商务的发展现状，瞄准龙头企业，提出了黄埔区电子商务发展的重点任务，为示范基地内电子商务的蓬勃发展指明了道路。但是，电子商务产业的发展，终究要依托企业发展，黄埔区依托龙头企业带动的做法有一定借鉴意义。

（四）完善服务体系，增强发展保障

电子商务的配套体系为电子商务的发展提供保障，完善的配套体系能够推动和加速电子商务的发展。目前，电子商务支撑体系的发展滞后，信息化水平还不能适应电子商务发展的需要，严重制约了电子商务的发展；物流配送、网上支付及信用认证是电子商务发展的瓶颈，也在很大程度上阻碍了电子商务的发展。

黄埔区通过建立示范基地电子商务公共服务平台，实现了资源和信息的无缝对接，提升了企业的价格话语权。黄埔区的经验表明，发展电子商务要不断完善电子商务公共设施，加强电子商务配套服务体系的建设，积极搭建公共电子商务平台，整合服务资源，为电子商务的发展提供商务洽谈、人才培训、投融资、管理咨询、推广宣传等服务。

案例二　出口易——跨境电商物流供应链创新模式^①

一、公司介绍

广州市贝法易商贸有限公司（以下简称"出口易"）始创于 2003 年，是专业提供跨境电子商务供应链服务的企业，是跨境电子商务领域最专业、服务最完善的企业。公司主要提供跨境电商物流服务、海外仓储服务、海外市场营销拓展、产品渠道分销、跨境电子商务建站及推广、软件技术服务。目前，公司已在美国、英国、德国、澳大利亚、西班牙、加拿大、俄罗斯等国家和地区建立了仓储物流处理中心及海外业务拓展团队，国内已在广州、深圳、上海、香港、杭州、义乌、佛山、东莞等城市拥有分支机构，服务网络基本覆盖国内外活跃的跨境电子商务地区。

出口易是 eBay 首推的物流合作伙伴，也是 PayPal、亚马逊、阿里巴巴、敦煌网、谷歌等的战略合作伙伴，合作范围包括全球范围内的跨境电子商务物流仓储业务、中国制造厂家电子商务分销及供应链服务、电子商务供应链金融服务等。出口易典型客户还包括兰亭集势、DX、大龙网等。

出口易 2010 年获得 KPCB（凯鹏华盈）第一轮投资；2011 年入选清科创投最具投资价值企业 50 强；2012 年荣获 21 世纪中国最佳商业模式奖；2013 年获得国家高新技术企业认定；2014 年获得赛富基金及 KPCB（凯鹏华盈）第二轮投资及获批广州市首批跨境贸易电子商务试点企业。

二、出口易跨境电商物流供应链综合服务平台

出口易跨境电商物流供应链综合服务平台 www. chukou1. com（备案号为：粤 ICP 备 09067080 号），是建立在跨境全程信息化技术支持基础上，为客户提供网上下单、结算、订单管理、实时查询跟踪和退换货管理等综

---

① 供稿单位：广州市贝法易商贸有限公司。

合服务的。自 2008 年投入建设以来，已经在英、美、德、澳等国家和地区设立自营物流处理中心。2014 年新增加拿大、西班牙及俄罗斯等海外仓，为跨境贸易 B2C 电商提供全程物流配送优化解决方案，包括以海外仓储为核心的邮政小包、出口易专线、国际快递等全球"门到门"物流配送服务。出口易跨境电商全球物流配送商业模式如图 4 - 2 所示：

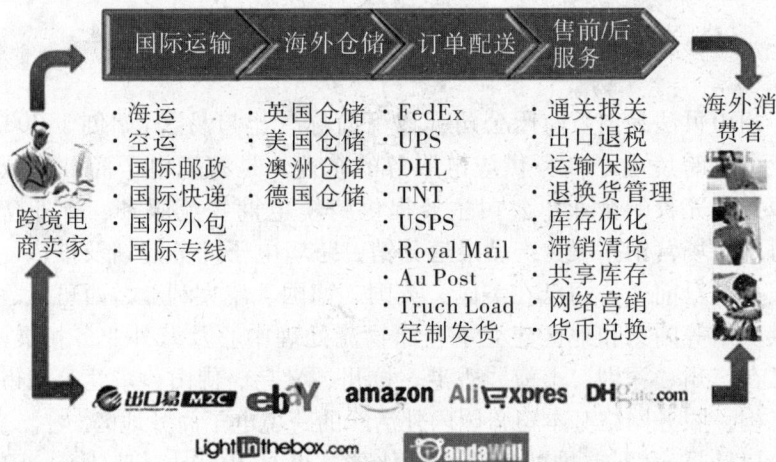

图 4 - 2 　出口易跨境电商全球物流配送商业模式

目前，出口易跨境电商物流供应链综合服务平台已完成全面系统升级，新系统上线后，可以独立执行库存操作，与其他系统的单据和凭证等结合使用，可提供更为完整全面的企业业务流程和财务管理信息及外部系统，从而实现无缝对接。

（一）平台的海外仓模式

出口易以海外仓储为核心，为跨境电商提供全程门对门物流配送优化解决方案，提供小包、专线、国际物流、海外仓储、订单管理和售前售后服务的全程物流服务，配送范围可覆盖北美、欧洲及澳洲等主要跨境电商市场80% 以上的区域，不受任何重量、体积限制，不受旺季航路不畅的影响。不仅能够帮助中国跨境电商卖家实现海外本土化销售，降低物流运营成本，还能进行实时的库存管理与检测，缩短到货时间，提高海外消费者的满意度。

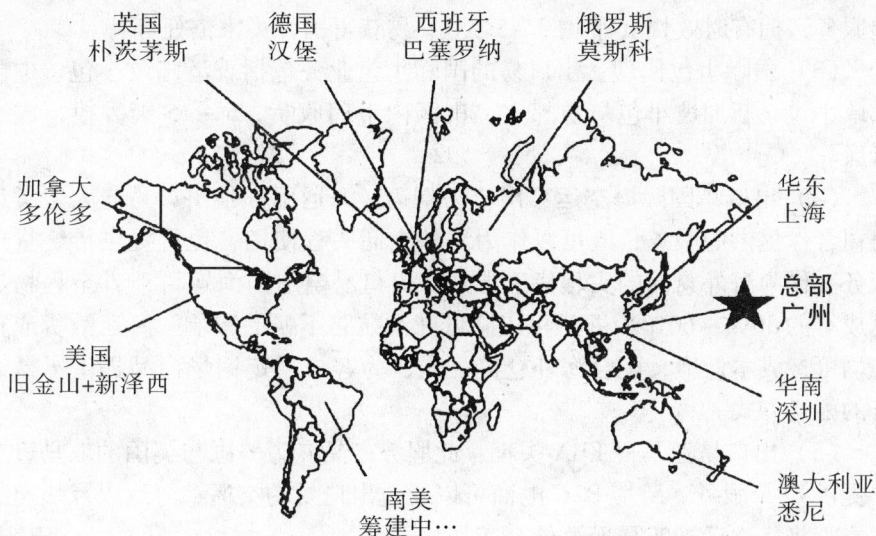

英国
朴茨茅斯

德国
汉堡

西班牙
巴塞罗纳

俄罗斯
莫斯科

加拿大
多伦多

华东
上海

★ 总部
广州

美国
旧金山+新泽西

华南
深圳

南美
筹建中…

澳大利亚
悉尼

图4－3　出口易跨境电商全球物流配送服务网点

根据出口易首创的跨境全程物流配送海外仓解决方案，电商卖家可根据商品的特性（如重量、包装尺寸、时效要求、周转速度等），度身定制不同的物流配送方案，降低物流运营成本、扩大适销商品品类、优化跨境电商卖家体验。同时，出口易提供一对一的客服专员服务，为跨境电商卖家提供从包装材料、运送方式、配送、库存管理到销售助理等各个方面周到细致的服务。

（二）平台的服务产品

除海外仓创新模式，出口易还创新了很多"门到门"的物流服务产品，根据客户销售商品品类的不断扩张引发的新需求，有针对性地开发出新的各种出口易物流专线服务产品供客户使用，帮助客户优化物流成本，提高销售利润，主要创新服务产品如下：

（1）出口易专线：出口易与各目的国国际邮政联盟成员合作，开发了英国专线、美国专线、德国专线、意大利专线、澳洲专线、俄罗斯专线、法国专线、欧陆通等十余个细分产品，平均投递时效为4～7个工作日，总重核重计费，PayPal 订单直接导入，贴海外邮政标签，可包装为国外本地发货，并提供上网查询记录。

（2）国际快递代理：出口易提供 DHL、UPS、FedEx、EMS 等国际快递服务，拥有时效快（平均3～5天）、易获得国外买家信任等特点。

（3）国际小包代理：出口易的国际小包业务包括香港邮政小包、中国邮政小包、新加坡小包与易邮宝，市区内上门收货，5～15天妥投，成本低廉。

（4）出口易国际海空运：出口易空运、海运服务是出口易与大型货运公司合作提供的服务，既可以作为海外仓储头程使用，也可提供传统货运服务。作为海外仓储的头程货运方式，出口易空运与海运可节省全程物流总成本的30%～60%，并且可以降低旺季航路不畅的影响。海运散货或整柜均可，成本低廉，配合海外仓储配送，为客户稳定销量商品提供了最经济的配送方式。

（5）出口易亚马逊FBA头程：此服务产品专为美国与英国的亚马逊客户提供FBA服务。跨境B2C电商可以通过出口易的空运、海运以及快递的方式，将货物运抵亚马逊海外仓库。

（6）出口易物流定制方案：出口易可以根据不同跨境B2C电商需求制定特定的全程物流配送解决方案，帮助跨境B2C电商选择成本与效率的最佳方案组合。在此方案中，还可为跨境B2C电商提供出口退税、运输保险、共享库存、退换货管理、网络营销等增值服务。

（三）平台的创新点

1. 典型的第四方物流供应链整合服务平台

出口易整合了国内外海空运、邮政快递等第三方物流企业资源，境内包括顺丰、德邦、邮政等国家5A级物流企业，境外包括英、美、德、澳等国家的国家邮政，跨境服务则包括DHL、UPS、FedEx、EMS等知名物流企业，然后根据跨境B2C电商的需求设计出独特的物流服务产品，已覆盖电商发达的国家或地区80%以上服务区域，超过两百多个国家。除海外仓创新模式，出口易的服务产品还包括了国际专线、国际快递、国际小包、国际海空运、亚马逊FBA头程等。到2013年年底，已经有近2万个B2C电商客户在出口易注册下单使用出口易的服务。

2. 首创的出口易海外仓商业模式

该模式是根据跨境电商需要（主要是大中型客户）提前把商品货物通过海运方式发送到出口易海外指定的仓库，电商卖家每天在电商平台上与买家成交后，订单信息在出口易信息平台下单，出口易海外仓员工根据收到的订单配送地址信息，在海外仓处理中心进行当地国的配送，完成妥投。根据 eBay 平台的数据显示，这一模式给电商卖家带来的价值是：降低物流运营成本约 25%，提高电商网上浏览量约 30% 以及本地配送优化了消费者体验。

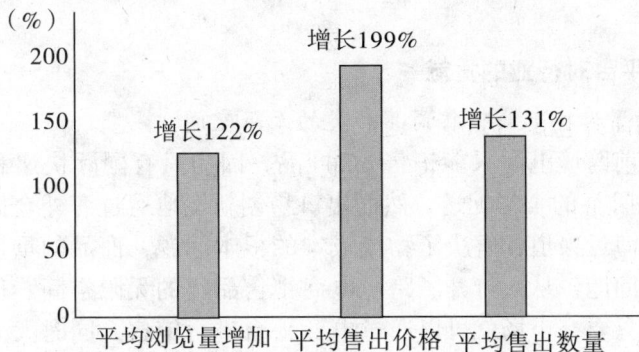

图 4-4　出口易跨境电商平台给跨境电商带来的价值

数据来源：eBay 平台数据。

（四）平台的竞争力

（1）发达的物流网络。出口易拥有超过 8 年的跨境物流运营经验，截至 2014 年上半年，它已经在英、美、澳、加、俄等国家建立了 9 个自营仓储处理中心，服务区域已经覆盖电商发达的国家地区的 80%，超过两百多个国家和地区。

（2）丰富的卖家资源。出口易平台目前拥有超过 2 万家跨境电商卖家，该数据还在每天创新高。利用出口易已经积累了超过 2 万家电商外贸卖家的资源，以及良好的跨国电商物流配送全球网络基础，提供售前售后、退换货管理的整个供应链资源的全程服务，这将促进其他商业模式的产生，比如出口易 M2C 全球供销综合服务平台。

（3）专业的技术团队。出口易拥有一支专业的技术团队，能够做到跨境电商平台全部自主开发，实现对每一件货物实时跟踪，由业务操作人员确保每一个步骤的完成，形成全球网络信息化管理，并与各大交易平台实现 API 无缝对接。目前作为跨境试点企业，出口易正在与海关实行数据对接，未来还将与其他政府机构对接，实现跨境电商各个环节的连接，规范行业发展。

（4）首创的海外仓商业模式。这一模式解决了商品的重量和大小限制的问题，打开了跨境电商销售品类的无限空间，任何重量和大小的商品只要有市场就可以通过跨境电商平台进行销售，极大地促进了国际电子商务的发展。

（五）平台对行业的贡献

1. 打开了跨境电商销售商品品类的无限空间

在这之前跨境电商只能销售 3C 产品，因为只有国际快递和邮政可以完成"门到门"的全球配送，然而出口易创新性地通过海外仓储及配送模式，打通了海运渠道，解决了物流成本的根本问题，商品的重量和大小限制再也不是问题，从而打开了跨境电商销售品类的无限空间。任何重量和大小的商品只要有市场就可以通过电商平台进行销售，同时大大降低了物流成本，由于最后一公里配送从海外仓发出变成了目的国本地配送，这大大提升了消费者体验，提升了电商流量和交易量，极大地促进了国际电子商务的发展，解决了阻碍国际 B2C 电子商务的瓶颈问题。

2. 解决了旺季高峰物流瓶颈问题

2011 年圣诞旺季，所有国际快递、空运、邮政全线堵塞，导致很多小卖家不能按时交货，结果吃了差评，许多小卖家因此被封号，也正是这样的经历成就了出口易海外仓服务的快速发展。跨境电商使用海外仓储服务，提前把商品发送到出口易指定海外仓，网上正常销售成交后在出口易平台下单，出口易海外仓根据订单信息立即完成妥投，不用再担心旺季"堵塞"不能按时交货吃差评，为跨境电商解决了后顾之忧，也给众多跨境电子商务卖家提供了新的空间，对促进国际电子商务发展起着不可估量的作用。

3. 帮助跨境电商企业成长

电商卖家销售的商品品类不断发生变化，出口易及时根据电商卖家的新需求定制优化物流服务产品，以满足客户需求为己任，通过出口易成熟的供应链网络和优质的服务，帮助跨境电商卖家提高了 32% 的销售量，同时降低了约 25% 的物流运营成本，跨境电商的平台浏览量和销售量均得到了成倍的增长。

三、出口易未来发展规划

跨境 B2C 电子商务近几年迅猛发展，出口易作为该领域的龙头企业，2013 年获得国家高新技术企业认定，2014 年被广州市政府认定为跨境电商试点企业，目前正在配合广州市外经贸局与多个政府相关部门探讨规范跨境电商出口各个环节的流程，所提意见通过了海关"9610"测试；正在与税务部门探讨"不征不退"等方式；跟银行合作尝试阳光结汇方案。

该公司已制定了以跨境电子商务综合服务为主营业务方向的发展战略，未来 1~3 年内，该公司将以珠三角为基地，业务范围覆盖长三角，并向川渝等地延伸；以英美澳欧等国际主要市场为方向，进一步开拓巴西、南美等新兴国家与地区的市场，辐射世界各地。

案例三 卓志物流——专业的跨境电商外贸综合供应链服务提供商[①]

一、简 介

广州市卓志物流服务有限公司（以下简称"卓志"）成立于1997年，隶属于广东卓志供应链服务集团有限公司，是由港口物流成长起来的民营外贸综合服务企业，主营业务为为中小企业提供贸易代理、融资、通关、退税、物流、保险等一站式外贸供应链服务。公司已在服装、化工、粮油、水果、烟花等多个行业及多个供应链领域取得了优势地位。卓志旗下拥有一个全资国家二类开放口岸及多个专项场站，集团企业获得国家5A级综合服务型物流企业、广州市跨境电子商务试点企业、全国优秀报关、海关A类管理企业等多项荣誉。

公司具备雄厚的信息化设计和研发能力，近年来在信息平台建设和电子商务发展方面取得了一系列成效。2010年公司研发的"综合物流信息平台"获广州市电子商务发展"十一五"规划重点建设项目；2012年公司为广东出入境检验检疫局建设完成市场采购出口商品公共服务平台；2013年公司成为广东检验检疫局跨境电子商务公共服务平台的建设运营方；2013年8月，公司与广州市对外贸易经济合作局签署了关于推进广州跨境贸易电子商务服务试点城市申报及建设工作的《合作备忘录》；同年9月，由公司主笔起草的《广州市跨境电子商务服务试点工作方案》获海关总署批准；同时，公司与广东检验检疫局签订了"跨境电子商务公共服务平台与质量安全监管模式的研究及运用"项目，目前项目已通过评审，进入推广阶段，初期已在广州南沙、黄埔等地区正式开展相关业务，同步顺德乐从业务亦在进行中。

---

① 撰稿人：李金玲 卓志供应链集团董秘兼市场总监、高级物流师、高级电子商务师。

二、卓志跨境电商公共服务平台

（一）平台介绍

物流是内贸电商发展的瓶颈，而"外贸供应链服务"就是制约我国外贸电商发展的主要瓶颈，即如何解决跨境电商企业发展面临的"通关、通检、结汇、退税"的问题。在业务实践过程中，公司发现绝大多数的电商企业都精于交易管理，但对通关通检服务缺乏基本的概念。在此背景下，2013 年广东卓志供应链服务集团有限公司强势推出 E111 "贸通天下"跨境电子商务公共服务平台。

该平台致力于为从事跨境电子商务进出口业务的电商企业提供一站式的供应链服务。卓志借助国家推行跨境电商服务试点城市的政策机遇，将融合跨境电商新政推出的"贸通天下"平台实现了与电商企业、物流企业以及海关、检验检疫等监管部门通关申报全信息化对接，主要为 B2B 一般出口、B2C 邮件快件出口、B2B2C 保税出口、B2B2C 保税进口四类业务提供快速通关便利。出口方面，该平台通过"清单核放、汇总申报"的方式，解决了电商企业原有以邮件快件出境无法办理退税的问题；进口方面，借助保税区等特殊监管园区的政策优势，采取"整批入区、B2C 邮快件缴纳行邮税出区"的方式，降低了电商企业进口货品的价格，比境内终端售价优惠 30% 以上。对于跨境电商企业来说，只需在"贸通天下"服务平台上进行简单的企业备案和商品备案，即可完成复杂的报关、物流、信保、融资、收汇、退税等操作。对于消费者来说，只需在家点点鼠标，通过跨境电子商务网站下单，就可以由国外直接发货，省去了烦琐的购买过程，从而带来了购物成本的降低。此外，由于有海关、国检等监管部门的监管作为保障，商品质量也得到保证。

2013 年，卓志"贸通天下"跨境电子商务公共服务平台流量规模达130 亿美元，平台上有用户 12 000 余家，实现供应链营业收入 42 亿元，位居 2013 年广州民营外贸进出口企业排名第一位。2014 年，集团计划实现总体营业收入 140 亿元。目前，平台已与阿里菜鸟、唯品会、敦煌网、京东商城、1 号店、广电商、广贸天下、绿瘦等国内知名跨境电商企业建立了战略合作伙伴关系。

（二）平台服务功能

跨境电子商务涉及海关、检验检疫、国税、外管、工商等多个不同的监管部门。传统的各部门单独执法的模式已无法满足跨境电子商务在线交易和无纸化办公的特点，在成本和效率上更加无法满足跨境电商业务发展的需要，因此急需在政府部门的统筹下，构建一个各部门协同执法且联合办公服务的公共服务平台，利用信息化手段，实现事前备案、过程监管和事后追溯相结合的管理要求。

"贸通天下"跨境电子商务服务网站具有公共信息服务及数据交换子系统，主要实现企业用户的数据采集、通关单证申报和查询统计等功能，通过连接海关业务辅助监管子系统和检验检疫业务服务监管子系统，实现企业备案管理、商品备案管理和风险管理。

代办企业备案
- 电商企业需提供跨境电商企业备案所需的材料
- 卓志代理电商企业申报电商企业备案
- 跨境电商企业可登陆贸通天下网查询企业备案结果

代办商品备案
- 电商企业需提供跨境电商商品备案所需的材料
- 卓志代理电商企业向海关、国检等部门申报备案
- 跨境电商企业可登陆贸通天下网查询商品备案结果

业务委托
- 电商企业与卓志签订委托协议
- 双方信息系统对接调试

完税及结汇
- 协助电商企业办理完税及结汇

B2C出口
- 卓志代理电商企业申请清单核放汇总申报
- 电商企业凭报关单及相关文件申请出口退（免）税

B2B2C进口
- 整批入区、B2C邮件缴纳行邮税出区
- 普通货品价格对比境内终端售价优惠30%以上
- 通过各监管部门的执法联动，充分保障产品品质和安全

图 4-5　"贸通天下"服务功能

（三）平台业务优势

1. 通关效率高

（1）简化流程：企业不用再为备案、清关、发货等问题烦恼。卓志供应链"贸通天下"服务平台提供清晰的流程指引，企业轻松点击鼠标，即可实时管控。

（2）清关提速：企业信息、商品信息直接对接海关国检等系统后台，清关流程全信息化对接，效率更高。

（3）发货提速：在全信息化流程的基础上，保税仓接收到清关信息后，由专职团队进行出仓发货，瞬时高效。

2. 贸易成本低

（1）全程代理：卓志供应链提供有市场竞争力的运费、服务费、清关费、派送费、税费，在各个环节上帮助电商企业节省费用。

（2）政策优惠：相比一般贸易的方式，跨境电商进出口业务能够省去进出口关税以及增值税等费用，客户只需缴纳行邮税。通过此种方式最高可帮助企业节省高达30%的费用。

3. 结汇/退税快

进出口业务完成以后，在最短时间内为企业办理汇总报关单，帮助企业更快进行结汇/退税工作。

（四）平台社会效益

1. 有助于开拓国际贸易市场

"贸通天下"跨境电子商务服务平台的推广使用，可以增加国际贸易信息的透明度，减少信息不对称造成的贸易风险。通过整合国际贸易供应链，可以降低企业的贸易成本、提升国际贸易的效率，同时还可降低国际贸易的门槛，使得贸易主体更加多样，进一步拓展了贸易形式和内容。

2. 有助于产业模式创新

平台既能为中小企业进入国际市场提供便利（成本、时间、手续、融资），延续中国制造的传统优势，开拓国际市场，又能带动运输、保险、结算、融资、信用服务等其他服务业务的发展，吸引人才创业，扩大就业，更能为广州跨境电子商务的发展和创新提供支持，加快现代服务业升级转型。

三、卓志跨境电子商务的发展规划

（一）发展规划

"十一五"以来，我国电子商务行业发展迅猛，产业规模迅速扩大，其中跨境电子商务成为新的发展热点，国家先后出台了一系列政策支持跨境电商发展。卓志致力于将"贸通天下"网站打造成国际电商货运版的模范，通过在线的一站式外贸供应链服务解决广大跨境电商交易企业物流成本高、通关难、退税难、结汇难的问题。首先，公司将不断优化线上产品的结构，持续完善网站功能并促进移动端服务功能的延展。其次，将不断加强在国际空运、海外物流网络、海外仓和保税仓等方面实体资源的投入，通过不断笃实线下服务能力及不断优化的供应商资源，提升整体用户的线上服务体验，提高用户对网站的黏性和满意度。最重要的是卓志将不断加强与各大跨境电商交易平台的联盟与合作，不断壮大跨境电商供应链服务联盟的阵营，力争在五年内达到行业领先水平。

（二）发展措施

1. 人才战略

人才是企业发展的核心问题，尤其是深谙现代物流与供应链技术，并能融合电子商务技术的供应链电商人才。多年来，卓志非常注重此类人才的培养和引进。目前企业已具备外贸管理人才、物流供应链管理人才、电子商务人才、银行融资人才，这些人才的储备为企业下一步的发展积淀了智力基础。

2. 创新战略

创新是企业不断成长的动力，随着科技发展的日新月异，创新能力已经成为企业成长的重要指标，卓志将创新文化作为企业的核心文化在全公司进行推广，并成立研发部、企划部等主要创新部门。同时在公司设立专项创新基金，将其投入到企业内外部的创新工作中来，使企业保持创新发展的活力。

3. 整合战略

互联网的核心理念是开放与共赢，在企业运营中卓志致力于通过整合、联盟、众包等方式，将上下游和内外部各种资源进行有机整合，形成具有自我进化能力的跨境电商生态圈，不断推动企业可持续发展。

卓志希望通过"贸通天下"公共服务平台的跨境电子商务进出口申报服务，让国际贸易客商和跨境电商企业无须为清关、物流而烦忧。卓志愿以外贸综合服务模式，助力于中国制造业产业集群转型升级，用中国服务为中国跨境电商产业插上腾飞的翅膀！

案例四　广东邮政 EMS——"跨境易"
助电商企业跨境易[①]

互联网的兴起迎来了电子商务的蓬勃发展，电子商务交易跨越了时空的界限，将世界各地的商品通过网络连接起来，消费者可通过跨境电商网站直接购买到物美价廉的商品。跨境电商贸易降低了货源的搜寻成本，缩短了成交双方的交易链条，彻底颠覆了传统贸易模式。传统线下大宗进出口贸易发展减缓，跨境小额零售业务增长迅速。

2012 年中国跨境电商进出口交易额为 2.3 万亿元，2012 年中国电子商务市场交易规模达 8.1 万亿元，跨境电商占到了整个电子商务市场的28.4%，2013 年全国国际电子商务规模已占整个行业 30.8%，占比呈现逐年增加的趋势。

2013 年 8 月国务院办公厅下发了 89 号文，转发了商务部等部门关于对跨境电子商务零售出口的支持政策，要求自 2013 年 10 月 1 日起在全国有条件的地区实施。2013 年 9 月 24 日，中华人民共和国海关总署以《海关总署关于广州市跨境贸易电子商务服务试点工作方案的复函》（署科函〔2013〕279 号）正式将广州市纳入跨境贸易电子商务试点城市，广州市跨境电商试点业务由此全面拉开帷幕。广州市外经贸局牵头成立了跨境电子商务项目组，广东省邮政速递物流有限公司全程参与了广州市政府跨境电商试点方案的编写工作。

一、广东省邮政速递物流有限公司简介

广东省邮政速递物流有限公司（广东邮政 EMS）是中国邮政速递物流股份有限公司的控股公司，是专业经营和管理广东省邮政速递物流业务的现代综合快递物流企业。在全省 21 个地市和 101 个县（区、镇）设立了分公司，服务网点覆盖全省各市、县和乡镇。国际业务通达全球 200 多个

---

① 撰稿人：易可晴　林曼云　江淯铠　广东省邮政速递物流有限公司国际业务分公司。

国家和地区，国内通达 2 800 多个市、县，拥有专用揽收、投递（配送）、运输车辆 2 700 多台。广东省邮政速递物流业务规模超过 50 亿元，是全国邮政速递的领头羊，是广东省内最大的快递运营商之一，并通过全国乃至全球邮政速递业务的无缝对接，成为中国快递行业网络覆盖范围最广的企业。

二、广东 EMS 跨境电商业务开展背景

出口方面，中国邮政速递物流旗下跨境电子商务领域核心物流产品"国际 e 邮宝"以 EDI 数据交换、信息无缝对接获得了跨境电子商务项目组的青睐。国际 e 邮宝采用在线发运系统实时生成运单，包裹内件信息通过电子预报关的方式提前向海关进行申报，信息完全由跨境电子商务经营者提供。包裹到达海关监管区，海关即可进行信息与实物的核对，这既加快了通关速度，又保证了监管力度。广东毗邻香港、澳门，具有强大的生产制造能力，跨境电子商务交易额约占全国交易总额的 70%。广东省邮政速递物流作为广东省重要的跨境电子商务物流服务提供商，经营"国际 e 类"跨境物流产品，并通过不断扩大全球通达区域、增加产品种类，提供更加全面和规范的跨境电子商务物流服务。

进口方面，流花保税仓是广东省邮政速递物流有限公司开展 B2B2C 保税进口业务的核心场地，是广州市区唯一的公用型保税仓库，是广州海关批准设立的中国邮政首个公用型保税仓库，提供普通仓、恒温仓和空调仓三种选择，可满足多品类的跨境电商产品需求，非常适合开展 B2B2C 保税进口业务，因此 B2B2C 保税进口业务主要在流花保税仓开展，并择机推广到其他保税区域。此外，广东省邮政速递物流还分别在邮政流花大院、佛山、白云机场开展了快件个人物品进口业务，具有 B2C 一般（直购）进口业务开展的基础条件，随时可实现向 B2C 一般（直购）进口业务的升级转化。

广东省邮政速递物流有限公司是广东省进出口跨境网购、邮购业务最主要的物流服务商，已通过跨境邮件寄递、快件集货等业务积累了丰富的跨境物流服务经验。作为广州市首批试点企业，广东省邮政速递物流通过搭建"跨境易"电子商务平台开展跨境电商服务。"跨境易"电子商务服务平台与电子商务经营平台、广州海关全程信息对接，旨在通过专业、专注的平台清关及物流服务为跨境电子商务企业提供出口邮件"分送集报"、

反向 FBA 仓、保税进口、直购进口等一站式全程供应链服务，同时通过邮政得天独厚的资源优势，实现包裹信息与实物的一体化运作，使跨境电子商务业务通关一体化、服务平台化、监管合理化。

三、广东 EMS 跨境电子商务业务体系

广东省邮政速递物流跨境电子商务业务体系包括 B2C 零售出口业务、B2B2C 保税进口业务和 B2C 直购进口业务。

（一）B2C 零售出口业务

B2C 零售出口业务，又称为 B2C 一般出口业务，是广东省邮政速递物流有限公司 2013 年基于"国际 e 邮宝"推出的跨境电子商务出口新业务。广东省邮政速递物流有限公司是全国第一家以"9610 跨境贸易电子商务"监管方式报关的企业。

B2C 零售出口业务以中国邮政速递物流"国际 e 类"物流产品（包括"国际 e 邮宝"、"国际 e 特快"、"国际 e 包裹"）电子申报信息为数据源，与已在广州海关备案的跨境电子商务企业的备案商品进行信息匹配，生成电子清单向海关进行申报，海关按照"清单核放、汇总申报"的方式实现邮件报关。结关后海关核发结汇联和退税联，跨境电子商务企业即可凭借结汇联、退税联前往外汇管理局、国家税务局办理结汇、退税业务。

B2C 零售出口业务具有以下优势：

（1）全程电子化，操作简便快捷。所有信息环节都可在系统上处理，无须大量人力和纸质单证。

（2）通关便利化，包裹快速清关。由于邮件实物到达海关前已进行了预申报，海关查验通关速度更快。

（3）结汇、退税普及化，资金流转更通畅。国家为 B2C 零售出口提供了结汇、退税的新渠道，让更多跨境电子商务企业享受政策利好。

（二）B2B2C 保税进口业务

B2B2C 保税进口业务是广东省邮政速递物流有限公司于 2014 年 1 月 23 日开办的新业务。广东省邮政速递物流有限公司是广州市第一家开办 B2B2C 保税进口业务的企业，并于 1 月 23 日实现了广州市首单交易。

B2B2C 保税进口业务主要服务境内外跨境电子商务平台，为境外电子商务平台提供仓储、清关、派送等服务。跨境电子商务平台须先向海关申

请企业备案和商品备案，再批量将已备案的畅销商品预先放置在中国境内的保税仓库，境内消费者在跨境电子商务平台上下单后，跨境电子商务平台将订单发送至海关、支付企业、物流企业和接入企业，支付企业、物流企业、接入企业向海关发送相应的电子信息，海关审核无误后商品即可直接从保税仓配货发运，1~5 天可通达全国。

B2B2C 保税进口具有以下优势：

（1）"整进散出"的运输方式可以大大节省运输成本，从境内保税仓发货，运抵时限短，客户体验佳。

（2）跨境电子商务平台可根据自身情况选择海、陆、空的发运方式，将货物运抵境内，运作灵活便利。

（3）包裹运单信息显示货物自保税仓发出，且全程信息可查，消除了消费者对商品品质的顾虑。

（三）B2C 直购进口业务

B2C 直购进口业务又称 B2C 一般进口业务，是广东省邮政速递物流有限公司于 2014 年 11 月底开办的新业务。广东省邮政速递物流是全国首家设计 B2C 直购进口业务并进行系统开发的企业。

B2C 直购进口业务主要服务于境内外跨境电子商务平台或平台的物流供应商，提供快速清关、境内配送、汇总申报等服务。B2C 直购进口业务适合产品种类多，SKU 较复杂且更新较快，不便于在中国境内的保税仓备货的跨境电子商务经营者。跨境电子商务平台及其销售的商品必须预先进行信息备案，发货前将订单信息发送给海关、支付企业、物流企业和接入企业，支付企业、物流企业、接入企业向海关发送相应的电子信息，跨境电子商务平台或物流供应商再在境外集货发往境内，在境内监管场地清关后就可发往境内消费者手中。商品的电子清单信息按照"清单核放、汇总申报"的方式进行申报，报关数据纳入进口贸易统计。

B2C 直购进口业务具有以下优势：

（1）清关时不需要对包裹逐个进行 X 光机同屏比对，只对海关存疑的包裹进行查验，大大提高清关时效。

（2）相对 B2B2C 保税进口业务，无须承担仓储费用和滞销风险，降低了商品的备货压力。

（3）海关明确 B2C 直购进口业务的收货人如为境内个人，参照邮递物品管理，以商品实际成交价格计征行邮税。

四、广东EMS跨境电商业务发展瓶颈

我国的跨境电子商务监管目前仍处于初期，政府部门出台了相关政策予以支持，但是由于跨境电子商务是一种新业态，和传统的线下大宗进出口贸易、国内电子商务贸易都有较大区别，海关、国检及其他相关政府部门对跨境电子商务贸易的监管还未明确和完善，跨境电子商务行业尚在摸索中发展。

在开展跨境电子商务物流服务的过程中，广东省邮政速递物流有限公司遇到了许多问题，通过与相关监管部门的协调解决了部分问题，但仍有问题亟待解决：

（一）跨境电子商务业务面临的税务风险

B2C零售出口业务已在运营中，但由于小额零售出口行业存在的采购不规范等问题，业务很难推广扩大。跨境电子商务企业普遍通过专业市场档口、小型家庭作坊等渠道进货，因此无法取得相应的正规进货凭证（普通或退税专用增值税发票）。一方面，根据财政部与国税总局2014年联合下发的96号文件，规定须凭有效进货凭证方可享受免税政策，否则将被视同内销反征增值税；另一方面，电商企业由于缺少发票，无法取得进项成本抵扣，其企业所得税将大幅增加。

（二）跨境电子商务业务面临的行业风险

B2B2C保税进口业务开展半年多以来，海关多次调整监管政策，2014年7月23日海关总署发布第56号公告，要求"电子商务企业、支付企业、物流企业应将电子商务进出境货物、物品交易原始数据通过电子商务通关服务平台与海关联网对接"，B2B2C保税进口业务的监管框架基本稳定。

B2B2C保税进口业务、B2C直购进口业务的监管政策均基于海关总署2014年第56号公告，海关电子数据信息的接收需要电子商务企业、支付企业和物流企业的共同配合，但在实际运营过程中，仍需要探索。海关以商品的实际成交价格计征行邮税，电子商务平台发送非支付企业的支付金额中通常包含商品成交价格、运费和税金三部分，但支付企业发送给海关的通常是总金额，海关如何比对订单信息与支付信息、如何认证商品的实际成交价将是B2B2C保税进口业务、B2C直购进口业务发展面临的较大问题。

此外，中国出入境检验检疫局对跨境电子商务的监管政策也将极大地影响跨境电子商务行业的发展。跨境电子商务贸易的意义在于境内消费者通过跨境交易买到境外物美价廉的商品，满足个人生活所需。国外的商品，尤其是母婴类商品一直受到境内消费者的青睐，部分品牌未授权国内企业经营，在国家质检部门并未进行备案。目前国检部门对 B2B2C 保税进口业务的监管方式是"只检疫，不检验"，一旦国检部门实施了更为严格的监管政策，这些未在国家质检部门备案的品牌将退出国境，无法通过 B2B2C 保税进口的渠道进行销售。

五、小 结

2014 年，跨境电子商务业务开展得如火如荼，跨境电子商务虽然不是一个新行业，但才刚刚开始纳入海关正式监管和贸易数据统计。国家对跨境电子商务业务发展提供了一定的政策支持，但仍存在着监管政策滞后、行业发展受阻、交易信用缺失等诸多方面的问题。针对上述问题，广东省邮政速递物流有限公司一直在作如下努力：

作为广州市跨境电子商务业务的试点企业，广东省邮政速递物流有限公司积极参与试点工作，多次与监管部门沟通，根据监管要求不断更新业务流程，建立业务运作规范，大力推动业务发展。

作为跨境电子商务企业的专业物流服务供应商，广东省邮政速递物流有限公司多次与不同经营模式的跨境电子商务企业进行交流，了解跨境电子商务企业的运作模式及其在业务开展过程中的需求，优化现有操作以配合跨境电子商务业务的发展，成为海关与跨境电子商务企业沟通的桥梁。

作为"百年品牌——邮政"的组成部分，广东省邮政速递物流有限公司始终牢记邮政使命，坚持走在客户前面，一方面通过预测行业趋势、升级邮政系统为客户提供更好的通关体验，另一方面通过市场调查、需求收集为客户提供个性化的跨境通关服务。

第五部分　政策资料篇

第一章　国家物流业主要政策文件

降低流通费用提高流通效率综合工作方案

国办发〔2013〕5号

为贯彻落实《国务院关于深化流通体制改革加快流通产业发展的意见》（国发〔2012〕39号），降低流通费用，提高流通效率，发展改革委会同工业和信息化部、公安部、民政部、财政部、国土资源部、住房城乡建设部、交通运输部、农业部、商务部、人民银行、审计署、税务总局、工商总局、统计局、银监会制订以下综合工作方案：

一、降低农产品生产流通环节用水、用电价格和运营费用

规模化生猪、蔬菜等的生产用水、用电与农业同价；农产品批发市场、农贸市场用电、用气、用热与工业同价。农产品批发市场、农贸市场用水，在已按要求简化用水价格分类的地区，执行非居民用水价格；在尚未简化分类的地区，按照工商业用水价格中的较低标准执行。农产品冷链物流的冷库用电与工业用电同价。鼓励类商业用水、用电与工业同价。以上措施于2013年6月30日前执行到位，工商业用电同价措施与调整销售电价同步实施。

二、规范和降低农产品市场收费

清理经营权承包费，加强成本调查核算，降低农产品批发市场、农贸市场和社区菜市场摊位费收费标准。政府投资建设或控股的农产品批发市场、农贸市场和社区菜市场收费，实行政府指导价，由地方政府按保本微利原则从低核定收费标准。农产品批发市场、农贸市场、社区菜市场摊位实行实名制管理，规范经营者转租转包行为。全面实施收费公示制度，除合同列明并在市场醒目位置公示的收费项目外，市场经营主体不得收取任

何其他费用。农产品批发市场、农贸市场要开设专门区域，供郊区农户免费进场销售自产鲜活农产品。利用价格调节基金，支持降低农产品生产流通成本。

三、强化零售商供应商交易监管

清理整顿大型零售企业向供应商违规收费，规范促销服务费。制定零售商供应商公平交易管理的法规。零售商向供应商的收费项目、收费标准、服务内容、限制条件等，须与供应商协商确定，并在醒目位置明确标示。零售商不得向供应商收取标示以外的任何费用，不得对交易条件相同的供应商制定差别收费标准。零售商收到供应商货物后应及时付款，禁止零售商恶意占压供应商货款。成立零售商、供应商相关行业组织。规范零售商供应商工作人员行为，严厉打击商业贿赂。

四、完善公路收费政策

严格执行鲜活农产品运输绿色通道政策，将免收通行费措施落实到位，结合实际完善适用品种范围。从严审批新的一级及一级以下公路和独立桥梁、隧道收费项目。逐步推进西部地区取消政府还贷二级公路收费工作。深入推进收费公路专项清理，降低偏高的车辆通行费收费标准，抓紧修订《收费公路管理条例》，完善通行费形成机制。规范收费公路经营者行为，加快推广省（区、市）内"联网收费、统一经营"模式。加强对政府还贷公路通行费收支情况的审计，确保通行费收入全额用于偿还贷款和养护管理。

五、加强重点行业价格和收费监管

加强对公用事业、公益性服务中提供延伸服务的收费监管，规范清理供水、供电、供气、供热、铁路、邮政等行业经营者在设施建设、运行、维护、使用过程中收取初装费、维修费、材料费、检验费、代理费、设备（线路）使用费等费用，简化、归并收费项目，公示收费标准。禁止有关部门和物业公司在政府制定的价格之外加价或者加收其他费用。规范商业银行收费行为，改善银行卡受理环境，提高银行卡普及率，尽快实施优化和调整银行卡刷卡手续费标准方案。规范电信经营者价格行为，促进电信资费水平进一步降低。

六、加大价格监督检查和反垄断监管力度

加强价格监管力量，组织开展专项检查，监督各项价格收费政策执行情况，重点检查不执行政府定价、政府指导价，违反明码标价规定，在标价之外加收其他费用的行为，以及滥用市场支配地位、滥用行政权力、达成垄断协议等价格垄断行为。继续保持对哄抬价格、捏造散布涨价信息等价格违法行为的高压打击态势。

七、完善财税政策

开展农产品增值税进项税额核定扣除试点，完善农产品增值税政策，继续对鲜活农产品实施从生产到消费的全环节低税收政策，将免征蔬菜流通环节增值税政策扩大到部分鲜活肉蛋产品。2013 年 1 月 1 日至 2015 年 12 月 31 日，免征农产品批发市场、农贸市场城镇土地使用税和房产税。抓紧落实提高小型微型企业增值税和营业税起征点政策，减轻流通业小型微型企业税收负担。加快推进营业税改征增值税试点，完善试点办法，降低交通运输业税收负担。加快农村市场和农产品流通基础设施建设。

八、保障必要的流通行业用地

城市人民政府在制定调整土地规划、城市规划时，要优先保障农产品批发市场、农贸市场、社区菜市场和便民生活服务网点用地。严格控制将社区便民商业网点改作其他用途。鼓励地方政府以土地作价入股、土地租赁等形式支持农产品批发市场建设。鼓励各地选择合适区域、时段，开辟免摊位费、场地使用费、管理费的早市、晚市、周末市场、流动蔬菜车等临时交易场所和时段市场，其用地可按临时用地管理。

九、便利物流配送

完善运输超限的不可解体物品车辆管理办法，引导物流企业合法装载，规范交通运输领域执法行为。制定城市配送车辆管理指导意见，为配送车辆进入城区道路行驶提供通行便利。鼓励发展统一配送、共同配送、夜间配送，降低配送成本。

十、建立健全流通费用调查统计制度

建立流通费用统计制度，在运输、仓储、保管、配送、批发、零售等环节，健全企业收支情况和价格调查的统计方法和手段。建立收费公路经营主体收费标准、收费金额等情况的统计、监测制度，制定收费公路信息公开办法，全面、准确掌握收费公路的收费情况。统计部门要进一步加大流通费用统计工作力度，加强与发展改革、商务、交通运输、农业等部门在流通领域价格、收费、成本调查等方面的配合协调。

国务院办公厅
2013 年 1 月 11 日

道路危险货物运输管理规定

交通运输部令 2013 年第 2 号

《道路危险货物运输管理规定》已于 2012 年 12 月 31 日经第 10 次部务会议通过，现予公布，自 2013 年 7 月 1 日起施行。

第一章 总 则

第一条 为规范道路危险货物运输市场秩序，保障人民生命财产安全，保护环境，维护道路危险货物运输各方当事人的合法权益，根据《中华人民共和国道路运输条例》和《危险化学品安全管理条例》等有关法律、行政法规，制定本规定。

第二条 从事道路危险货物运输活动，应当遵守本规定。军事危险货物运输除外。

法律、行政法规对民用爆炸物品、烟花爆竹、放射性物品等特定种类危险货物的道路运输另有规定的，从其规定。

第三条 本规定所称危险货物，是指具有爆炸、易燃、毒害、感染、腐蚀等危险特性，在生产、经营、运输、储存、使用和处置中，容易造成人身伤亡、财产损毁或者环境污染而需要特别防护的物质和物品。危险货物以列入国家标准《危险货物品名表》（GB12268）的为准，未列入《危险货物品名表》的，以有关法律、行政法规的规定或者国务院有关部门公布的结果为准。

本规定所称道路危险货物运输，是指使用载货汽车通过道路运输危险货物的作业全过程。

本规定所称道路危险货物运输车辆，是指满足特定技术条件和要求，从事道路危险货物运输的载货汽车（以下简称专用车辆）。

第四条 危险货物的分类、分项、品名和品名编号应当按照国家标准《危险货物分类和品名编号》（GB6944）、《危险货物品名表》（GB12268）执行。危险货物的危险程度依据国家标准《危险货物运输包装通用技术条件》（GB12463），分为Ⅰ、Ⅱ、Ⅲ等级。

第五条 从事道路危险货物运输应当保障安全，依法运输，诚实信用。

第六条　国家鼓励技术力量雄厚、设备和运输条件好的大型专业危险化学品生产企业从事道路危险货物运输，鼓励道路危险货物运输企业实行集约化、专业化经营，鼓励使用厢式、罐式和集装箱等专用车辆运输危险货物。

第七条　交通运输部主管全国道路危险货物运输管理工作。

县级以上地方人民政府交通运输主管部门负责组织领导本行政区域的道路危险货物运输管理工作。

县级以上道路运输管理机构负责具体实施道路危险货物运输管理工作。

第二章　道路危险货物运输许可

第八条　申请从事道路危险货物运输经营，应当具备下列条件：

（一）有符合下列要求的专用车辆及设备：

1. 自有专用车辆（挂车除外）5辆以上；运输剧毒化学品、爆炸品的，自有专用车辆（挂车除外）10辆以上。

2. 专用车辆技术性能符合国家标准《营运车辆综合性能要求和检验方法》（GB18565）的要求；技术等级达到行业标准《营运车辆技术等级划分和评定要求》（JT/T198）规定的一级技术等级。

3. 专用车辆外廓尺寸、轴荷和质量符合国家标准《道路车辆外廓尺寸、轴荷和质量限值》（GB1589）的要求。

4. 专用车辆燃料消耗量符合行业标准《营运货车燃料消耗量限值及测量方法》（JT719）的要求。

5. 配备有效的通讯工具。

6. 专用车辆应当安装具有行驶记录功能的卫星定位装置。

7. 运输剧毒化学品、爆炸品、易制爆危险化学品的，应当配备罐式、厢式专用车辆或者压力容器等专用容器。

8. 罐式专用车辆的罐体应当经质量检验部门检验合格，且罐体载货后总质量与专用车辆核定载质量相匹配。运输爆炸品、强腐蚀性危险货物的罐式专用车辆的罐体容积不得超过20立方米，运输剧毒化学品的罐式专用车辆的罐体容积不得超过10立方米，但符合国家有关标准的罐式集装箱除外。

9. 运输剧毒化学品、爆炸品、强腐蚀性危险货物的非罐式专用车辆，核定载质量不得超过 10 吨，但符合国家有关标准的集装箱运输专用车辆除外。

10. 配备与运输的危险货物性质相适应的安全防护、环境保护和消防设施设备。

（二）有符合下列要求的停车场地：

1. 自有或者租借期限为 3 年以上，且与经营范围、规模相适应的停车场地，停车场地应当位于企业注册地市级行政区域内。

2. 运输剧毒化学品、爆炸品专用车辆以及罐式专用车辆，数量为 20 辆（含）以下的，停车场地面积不低于车辆正投影面积的 1.5 倍，数量为 20 辆以上的，超过部分，每辆车的停车场地面积不低于车辆正投影面积；运输其他危险货物的，专用车辆数量为 10 辆（含）以下的，停车场地面积不低于车辆正投影面积的 1.5 倍；数量为 10 辆以上的，超过部分，每辆车的停车场地面积不低于车辆正投影面积。

3. 停车场地应当封闭并设立明显标志，不得妨碍居民生活和威胁公共安全。

（三）有符合下列要求的从业人员和安全管理人员：

1. 专用车辆的驾驶人员取得相应机动车驾驶证，年龄不超过 60 周岁。

2. 从事道路危险货物运输的驾驶人员、装卸管理人员、押运人员应当经所在地设区的市级人民政府交通运输主管部门考试合格，并取得相应的从业资格证；从事剧毒化学品、爆炸品道路运输的驾驶人员、装卸管理人员、押运人员，应当经考试合格，取得注明为"剧毒化学品运输"或者"爆炸品运输"类别的从业资格证。

3. 企业应当配备专职安全管理人员。

（四）有健全的安全生产管理制度：

1. 企业主要负责人、安全管理部门负责人、专职安全管理人员安全生产责任制度。

2. 从业人员安全生产责任制度。

3. 安全生产监督检查制度。

4. 安全生产教育培训制度。

5. 从业人员、专用车辆、设备及停车场地安全管理制度。

6. 应急救援预案制度。

7. 安全生产作业规程。

8. 安全生产考核与奖惩制度。

9. 安全事故报告、统计与处理制度。

第九条　符合下列条件的企事业单位，可以使用自备专用车辆从事为本单位服务的非经营性道路危险货物运输：

（一）属于下列企事业单位之一：

1. 省级以上安全生产监督管理部门批准设立的生产、使用、储存危险化学品的企业。

2. 有特殊需求的科研、军工等企事业单位。

（二）具备第八条规定的条件，但自有专用车辆（挂车除外）的数量可以少于 5 辆。

第十条　申请从事道路危险货物运输经营的企业，应当向所在地设区的市级道路运输管理机构提出申请，并提交以下材料：

（一）《道路危险货物运输经营申请表》，包括申请人基本信息、申请运输的危险货物范围（类别、项别或品名，如果为剧毒化学品应当标注"剧毒"）等内容。

（二）拟担任企业法定代表人的投资人或者负责人的身份证明及其复印件，经办人身份证明及其复印件和书面委托书。

（三）企业章程文本。

（四）证明专用车辆、设备情况的材料，包括：

1. 未购置专用车辆、设备的，应当提交拟投入专用车辆、设备承诺书。承诺书内容应当包括车辆数量、类型、技术等级、总质量、核定载质量、车轴数以及车辆外廓尺寸；通讯工具和卫星定位装置配备情况；罐式专用车辆的罐体容积；罐式专用车辆罐体载货后的总质量与车辆核定载质量相匹配情况；运输剧毒化学品、爆炸品、易制爆危险化学品的专用车辆核定载质量等有关情况。承诺期限不得超过 1 年。

2. 已购置专用车辆、设备的，应当提供车辆行驶证、车辆技术等级证明或者车辆综合性能检测技术合格证明；通讯工具和卫星定位装置配备；罐式专用车辆的罐体检测合格证或者检测报告及复印件等有关材料。

（五）拟聘用专职安全管理人员、驾驶人员、装卸管理人员、押运人员的，应当提交拟聘用承诺书，承诺期限不得超过 1 年；已聘用的应当提交从业资格证及其复印件以及驾驶证及其复印件。

（六）停车场地的土地使用证、租借合同、场地平面图等材料。

（七）相关安全防护、环境保护、消防设施设备的配备情况清单。

（八）有关安全生产管理制度文本。

第十一条　申请从事非经营性道路危险货物运输的单位，向所在地设区的市级道路运输管理机构提出申请时，除提交第十条第（四）项至第（八）项规定的材料外，还应当提交以下材料：

（一）《道路危险货物运输申请表》，包括申请人基本信息、申请运输的物品范围（类别、项别或品名，如果为剧毒化学品应当标注"剧毒"）等内容。

（二）下列形式之一的单位基本情况证明。

1．省级以上安全生产监督管理部门颁发的危险化学品生产、使用等证明。

2．能证明科研、军工等企事业单位性质或者业务范围的有关材料。

（三）特殊运输需求的说明材料。

（四）经办人的身份证明及其复印件以及书面委托书。

第十二条　设区的市级道路运输管理机构应当按照《中华人民共和国道路运输条例》和《交通行政许可实施程序规定》，以及本规定所明确的程序和时限实施道路危险货物运输行政许可，并进行实地核查。

决定准予许可的，应当向被许可人出具《道路危险货物运输行政许可决定书》，注明许可事项，具体内容应当包括运输危险货物的范围（类别、项别或品名，如果为剧毒化学品应当标注"剧毒"），专用车辆数量、要求以及运输性质，并在10日内向道路危险货物运输经营申请人发放《道路运输经营许可证》，向非经营性道路危险货物运输申请人发放《道路危险货物运输许可证》。

市级道路运输管理机构应当将准予许可的企业或单位的许可事项等，及时以书面形式告知县级道路运输管理机构。

决定不予许可的，应当向申请人出具《不予交通行政许可决定书》。

第十三条　被许可人已获得其他道路运输经营许可的，设区的市级道路运输管理机构应当为其换发《道路运输经营许可证》，并在经营范围中加注新许可的事项。如果原《道路运输经营许可证》是由省级道路运输管理机构发放的，由原许可机关按照上述要求予以换发。

第十四条　被许可人应当按照承诺期限落实拟投入的专用车辆、设备。

原许可机关应当对被许可人落实的专用车辆、设备予以核实，对符合许可条件的专用车辆配发《道路运输证》，并在《道路运输证》经营范围栏内注明允许运输的危险货物类别、项别或者品名，如果为剧毒化学品应标注"剧毒"；对从事非经营性道路危险货物运输的车辆，还应当加盖"非经营性危险货物运输专用章"。

被许可人未在承诺期限内落实专用车辆、设备的，原许可机关应当撤销许可决定，并收回已核发的许可证明文件。

第十五条　被许可人应当按照承诺期限落实拟聘用的专职安全管理人员、驾驶人员、装卸管理人员和押运人员。

被许可人未在承诺期限内按照承诺聘用专职安全管理人员、驾驶人员、装卸管理人员和押运人员的，原许可机关应当撤销许可决定，并收回已核发的许可证明文件。

第十六条　道路运输管理机构不得许可一次性、临时性的道路危险货物运输。

第十七条　被许可人应当持《道路运输经营许可证》或者《道路危险货物运输许可证》依法向工商行政管理机关办理登记手续。

第十八条　中外合资、中外合作、外商独资形式投资道路危险货物运输的，应当同时遵守《外商投资道路运输业管理规定》。

第十九条　道路危险货物运输企业设立子公司从事道路危险货物运输的，应当向子公司注册地设区的市级道路运输管理机构申请运输许可。设立分公司的，应当向分公司注册地设区的市级道路运输管理机构备案。

第二十条　道路危险货物运输企业或者单位需要变更许可事项的，应当向原许可机关提出申请，按照本章有关许可的规定办理。

道路危险货物运输企业或者单位变更法定代表人、名称、地址等工商登记事项的，应当在30日内向原许可机关备案。

第二十一条　道路危险货物运输企业或者单位终止危险货物运输业务的，应当在终止之日的30日前告知原许可机关，并在停业后10日内将《道路运输经营许可证》或者《道路危险货物运输许可证》以及《道路运输证》交回原许可机关。

第三章　专用车辆、设备管理

第二十二条　道路危险货物运输企业或者单位应当按照《道路货物运输及站场管理规定》中有关车辆管理的规定，维护、检测、使用和管理专用车辆，确保专用车辆技术状况良好。

第二十三条　设区的市级道路运输管理机构应当定期对专用车辆进行审验，每年审验一次。审验按照《道路货物运输及站场管理规定》进行，并增加以下审验项目：

（一）专用车辆投保危险货物承运人责任险情况；

（二）必需的应急处理器材、安全防护设施设备和专用车辆标志的配备情况；

（三）具有行驶记录功能的卫星定位装置的配备情况。

第二十四条　禁止使用报废的、擅自改装的、检测不合格的、车辆技术等级达不到一级的和其他不符合国家规定的车辆从事道路危险货物运输。

除铰接列车、具有特殊装置的大型物件运输专用车辆外，严禁使用货车列车从事危险货物运输；倾卸式车辆只能运输散装硫磺、萘饼、粗蒽、煤焦沥青等危险货物。

禁止使用移动罐体（罐式集装箱除外）从事危险货物运输。

第二十五条　运输剧毒化学品、爆炸品专用车辆及罐式专用车辆（含罐式挂车）应当到具备道路危险货物运输车辆维修资质的企业进行维修。

牵引车以及其他专用车辆由企业自行消除危险货物的危害后，可到具备一般车辆维修资质的企业进行维修。

第二十六条　用于装卸危险货物的机械及工具的技术状况应当符合行业标准《汽车运输危险货物规则》（JT617）规定的技术要求。

第二十七条　罐式专用车辆的常压罐体应当符合国家标准《道路运输液体危险货物罐式车辆第 1 部分：金属常压罐体技术要求》（GB18564.1）、《道路运输液体危险货物罐式车辆第 2 部分：非金属常压罐体技术要求》（GB18564.2）等有关技术要求。

使用压力容器运输危险货物的，应当符合国家特种设备安全监督管理部门制订并公布的《移动式压力容器安全技术监察规程》（TSG R0005）等有关技术要求。

压力容器和罐式专用车辆应当在质量检验部门出具的压力容器或者罐

体检验合格的有效期内承运危险货物。

第二十八条　道路危险货物运输企业或者单位对重复使用的危险货物包装物、容器，在重复使用前应当进行检查；发现存在安全隐患的，应当维修或者更换。

道路危险货物运输企业或者单位应当对检查情况作出记录，记录的保存期限不得少于 2 年。

第二十九条　道路危险货物运输企业或者单位应当到具有污染物处理能力的机构对常压罐体进行清洗（置换）作业，将废气、污水等污染物集中收集，消除污染，不得随意排放，污染环境。

第四章　道路危险货物运输

第三十条　道路危险货物运输企业或者单位应当严格按照道路运输管理机构决定的许可事项从事道路危险货物运输活动，不得转让、出租道路危险货物运输许可证件。

严禁非经营性道路危险货物运输单位从事道路危险货物运输经营活动。

第三十一条　危险货物托运人应当委托具有道路危险货物运输资质的企业承运。

危险货物托运人应当对托运的危险货物种类、数量和承运人等相关信息予以记录，记录的保存期限不得少于 1 年。

第三十二条　危险货物托运人应当严格按照国家有关规定妥善包装并在外包装设置标志，并向承运人说明危险货物的品名、数量、危害、应急措施等情况。需要添加抑制剂或者稳定剂的，托运人应当按照规定添加，并告知承运人相关注意事项。

危险货物托运人托运危险化学品的，还应当提交与托运的危险化学品完全一致的安全技术说明书和安全标签。

第三十三条　不得使用罐式专用车辆或者运输有毒、感染性、腐蚀性危险货物的专用车辆运输普通货物。

其他专用车辆可以从事食品、生活用品、药品、医疗器具以外的普通货物运输，但应当由运输企业对专用车辆进行消除危害处理，确保不对普通货物造成污染、损害。

不得将危险货物与普通货物混装运输。

第三十四条 专用车辆应当按照国家标准《道路运输危险货物车辆标志》（GB13392）的要求悬挂标志。

第三十五条 运输剧毒化学品、爆炸品的企业或者单位，应当配备专用停车区域，并设立明显的警示标牌。

第三十六条 专用车辆应当配备符合有关国家标准以及与所载运的危险货物相适应的应急处理器材和安全防护设备。

第三十七条 道路危险货物运输企业或者单位不得运输法律、行政法规禁止运输的货物。

法律、行政法规规定的限运、凭证运输货物，道路危险货物运输企业或者单位应当按照有关规定办理相关运输手续。

法律、行政法规规定托运人必须办理有关手续后方可运输的危险货物，道路危险货物运输企业应当查验有关手续齐全有效后方可承运。

第三十八条 道路危险货物运输企业或者单位应当采取必要措施，防止危险货物脱落、扬散、丢失以及燃烧、爆炸、泄漏等。

第三十九条 驾驶人员应当随车携带《道路运输证》。驾驶人员或者押运人员应当按照《汽车运输危险货物规则》（JT617）的要求，随车携带《道路运输危险货物安全卡》。

第四十条 在道路危险货物运输过程中，除驾驶人员外，还应当在专用车辆上配备押运人员，确保危险货物处于押运人员监管之下。

第四十一条 道路危险货物运输途中，驾驶人员不得随意停车。

因住宿或者发生影响正常运输的情况需要较长时间停车的，驾驶人员、押运人员应当设置警戒带，并采取相应的安全防范措施。

运输剧毒化学品或者易制爆危险化学品需要较长时间停车的，驾驶人员或者押运人员应当向当地公安机关报告。

第四十二条 危险货物的装卸作业应当遵守安全作业标准、规程和制度，并在装卸管理人员的现场指挥或者监控下进行。

危险货物运输托运人和承运人应当按照合同约定指派装卸管理人员；若合同未予约定，则由负责装卸作业的一方指派装卸管理人员。

第四十三条 驾驶人员、装卸管理人员和押运人员上岗时应当随身携带从业资格证。

第四十四条 严禁专用车辆违反国家有关规定超载、超限运输。

道路危险货物运输企业或者单位使用罐式专用车辆运输货物时，罐体载货后的总质量应当和专用车辆核定载质量相匹配；使用牵引车运输货物时，挂车载货后的总质量应当与牵引车的准牵引总质量相匹配。

第四十五条 道路危险货物运输企业或者单位应当要求驾驶人员和押运人员在运输危险货物时，严格遵守有关部门关于危险货物运输线路、时间、速度方面的有关规定，并遵守有关部门关于剧毒、爆炸危险品道路运输车辆在重大节假日通行高速公路的相关规定。

第四十六条 道路危险货物运输企业或者单位应当通过卫星定位监控平台或者监控终端及时纠正和处理超速行驶、疲劳驾驶、不按规定线路行驶等违法违规驾驶行为。

监控数据应当至少保存 3 个月，违法驾驶信息及处理情况应当至少保存 3 年。

第四十七条 道路危险货物运输从业人员必须熟悉有关安全生产的法规、技术标准和安全生产规章制度、安全操作规程，了解所装运危险货物的性质、危害特性、包装物或者容器的使用要求和发生意外事故时的处置措施，并严格执行《汽车运输危险货物规则》（JT617）、《汽车运输、装卸危险货物作业规程》（JT618）等标准，不得违章作业。

第四十八条 道路危险货物运输企业或者单位应当通过岗前培训、例会、定期学习等方式，对从业人员进行经常性安全生产、职业道德、业务知识和操作规程的教育培训。

第四十九条 道路危险货物运输企业或者单位应当加强安全生产管理，制定突发事件应急预案，配备应急救援人员和必要的应急救援器材、设备，并定期组织应急救援演练，严格落实各项安全制度。

第五十条 道路危险货物运输企业或者单位应当委托具备资质条件的机构，对本企业或单位的安全管理情况每 3 年至少进行一次安全评估，出具安全评估报告。

第五十一条 在危险货物运输过程中发生燃烧、爆炸、污染、中毒或者被盗、丢失、流散、泄漏等事故，驾驶人员、押运人员应当立即根据应急预案和《道路运输危险货物安全卡》的要求采取应急处置措施，并向事故发生地公安部门、交通运输主管部门和本运输企业或者单位报告。运输企业或者单位接到事故报告后，应当按照本单位危险货物应急预案组织救援，并向事故发生地安全生产监督管理部门和环境保护、卫生主管部门报告。

道路危险货物运输管理机构应当公布事故报告电话。

第五十二条 在危险货物装卸过程中，应当根据危险货物的性质，轻装轻卸，堆码整齐，防止混杂、撒漏、破损，不得与普通货物混合堆放。

第五十三条　道路危险货物运输企业或者单位应当为其承运的危险货物投保承运人责任险。

第五十四条　道路危险货物运输企业异地经营（运输线路起讫点均不在企业注册地市域内）累计3个月以上的，应当向经营地设区的市级道路运输管理机构备案并接受其监管。

第五章　监督检查

第五十五条　道路危险货物运输监督检查按照《道路货物运输及站场管理规定》执行。

道路运输管理机构工作人员应当定期或者不定期对道路危险货物运输企业或者单位进行现场检查。

第五十六条　道路运输管理机构工作人员对在异地取得从业资格的人员监督检查时，可以向原发证机关申请提供相应的从业资格档案资料，原发证机关应当予以配合。

第五十七条　道路运输管理机构在实施监督检查过程中，经本部门主要负责人批准，可以对没有随车携带《道路运输证》又无法当场提供其他有效证明文件的危险货物运输专用车辆予以扣押。

第五十八条　任何单位和个人对违反本规定的行为，有权向道路危险货物运输管理机构举报。

道路危险货物运输管理机构应当公布举报电话，并在接到举报后及时依法处理；对不属于本部门职责的，应当及时移送有关部门处理。

第六章　法律责任

第五十九条　违反本规定，有下列情形之一的，由县级以上道路运输管理机构责令停止运输经营，有违法所得的，没收违法所得，处违法所得2倍以上10倍以下的罚款；没有违法所得或者违法所得不足2万元的，处3万元以上10万元以下的罚款；构成犯罪的，依法追究刑事责任：

（一）未取得道路危险货物运输许可，擅自从事道路危险货物运输的；

（二）使用失效、伪造、变造、被注销等无效道路危险货物运输许可证件从事道路危险货物运输的；

（三）超越许可事项，从事道路危险货物运输的；

（四）非经营性道路危险货物运输单位从事道路危险货物运输经营的。

第六十条　违反本规定，道路危险货物运输企业或者单位非法转让、出租道路危险货物运输许可证件的，由县级以上道路运输管理机构责令停止违法行为，收缴有关证件，处 2 000 元以上 1 万元以下的罚款；有违法所得的，没收违法所得。

第六十一条　违反本规定，道路危险货物运输企业或者单位有下列行为之一，由县级以上道路运输管理机构责令限期投保；拒不投保的，由原许可机关吊销《道路运输经营许可证》或者《道路危险货物运输许可证》，或者吊销相应的经营范围：

（一）未投保危险货物承运人责任险的；

（二）投保的危险货物承运人责任险已过期，未继续投保的。

第六十二条　违反本规定，道路危险货物运输企业或者单位未按规定维护或者检测专用车辆的，由县级以上道路运输管理机构责令改正，并处 1 000 元以上 5 000 元以下的罚款。

第六十三条　违反本规定，道路危险货物运输企业或者单位不按照规定随车携带《道路运输证》的，由县级以上道路运输管理机构责令改正，处警告或者 20 元以上 200 元以下的罚款。

第六十四条　违反本规定，道路危险货物运输企业或者单位以及托运人有下列情形之一的，由县级以上道路运输管理机构责令改正，并处 5 万元以上 10 万元以下的罚款，拒不改正的，责令停产停业整顿；构成犯罪的，依法追究刑事责任：

（一）驾驶人员、装卸管理人员、押运人员未取得从业资格上岗作业的；

（二）托运人不向承运人说明所托运的危险化学品的种类、数量、危险特性以及发生危险情况的应急处置措施，或者未按照国家有关规定对所托运的危险化学品妥善包装并在外包装上设置相应标志的；

（三）未根据危险化学品的危险特性采取相应的安全防护措施，或者未配备必要的防护用品和应急救援器材的；

（四）运输危险化学品需要添加抑制剂或者稳定剂，托运人未添加或者未将有关情况告知承运人的。

第六十五条　违反本规定，道路危险货物运输企业或者单位未配备专职安全管理人员的，由县级以上道路运输管理机构责令改正，可以处 1 万元以下的罚款；拒不改正的，对危险化学品运输企业或单位处 1 万元以上 5 万元以下的罚款，对运输危险化学品以外其他危险货物的企业或单位处 1 万元以上 2 万元以下的罚款。

第六十六条　违反本规定，道路危险化学品运输托运人有下列行为之一的，由县级以上道路运输管理机构责令改正，处 10 万元以上 20 万元以下的罚款，有违法所得的，没收违法所得；拒不改正的，责令停产停业整顿；构成犯罪的，依法追究刑事责任：

（一）委托未依法取得危险货物道路运输许可的企业承运危险化学品的；

（二）在托运的普通货物中夹带危险化学品，或者将危险化学品谎报或者匿报为普通货物托运的。

第六十七条　违反本规定，道路危险货物运输企业擅自改装已取得《道路运输证》的专用车辆及罐式专用车辆罐体的，由县级以上道路运输管理机构责令改正，并处 5 000 元以上 2 万元以下的罚款。

第七章　附　则

第六十八条　本规定对道路危险货物运输经营未作规定的，按照《道路货物运输及站场管理规定》执行；对非经营性道路危险货物运输未作规定的，参照《道路货物运输及站场管理规定》执行。

第六十九条　道路危险货物运输许可证件和《道路运输证》工本费的具体收费标准由省、自治区、直辖市人民政府财政、价格主管部门会同同级交通运输主管部门核定。

第七十条　交通运输部可以根据相关行业协会的申请，经组织专家论证后，统一公布可以按照普通货物实施道路运输管理的危险货物。

第七十一条　本规定自 2013 年 7 月 1 日起施行。原交通部 2005 年发布的《道路危险货物运输管理规定》（交通部令 2005 年第 9 号）及交通运输部 2010 年发布的《关于修改〈道路危险货物运输管理规定〉的决定》（交通运输部令 2010 年第 5 号）同时废止。

部长　杨传堂
2013 年 1 月 23 日

关于提升快递末端投递服务水平的指导意见

各省、自治区、直辖市邮政管理局，中国快递协会：

为全面提升快递末端投递服务水平，进一步贯彻《国务院关于促进信息消费扩大内需的若干意见》（国发〔2013〕32 号）"完善智能物流基础设施，支持农村、社区、学校的物流快递配送点建设"的精神，落实交通运输部等七部门《关于加强和改进城市配送管理工作的意见》（交运发〔2013〕138 号）"鼓励快递企业建设适应电子商务发展的快件配送体系，探索'仓储一体化'等新型配送模式，提升电子商务配送水平"的要求，现提出以下意见：

一、充分认识提升快递末端投递服务水平的重要意义

快递末端投递是快递服务的重要环节，是行业发展能否惠及百姓、服务民生的重要体现，也是衡量企业是否具有竞争优势的重要标准。随着城市化进程加快，快递服务生产生活的作用将更为突出。大型居住区、商业区、校区、机关企事业单位综合办公区等不断涌现，对快递末端投递服务能力提出了新的要求。这些区域人员密集、交通繁忙、管理各异，快递使用需求旺盛、服务需求个性化突出，但同时，在部分居住区、校区、写字楼、机关办公区中，快递服务与用户使用需求、生活习惯不匹配，这造成服务满意程度降低。为了破解投递难题，各级邮政管理部门、快递企业开展了大量实践，进行了多种探索，取得了明显成效，这些好的做法应当及时总结、予以推广。全行业必须充分认识到提升快递末端投递服务水平的必要性和紧迫性，凝聚智慧和力量，齐心协力破解末端投递服务难题，真正让"小快递"服务"大民生"。

二、指导思想和基本原则

（一）指导思想

以科学发展观为指导，把不断满足人民群众日益增长和不断丰富的快递使用需求作为出发点，充分发挥市场机制的作用，释放企业的积极性和

创造性。国家邮政局抓好行业政策框架搭建，各省、自治区、直辖市邮政管理局抓好政策落地创新推动，市（地）邮政管理局具体负责协调推进，切实解决快递末端投递中存在的突出问题，促进快递行业又好又快发展。

（二）基本原则

（1）企业自主与政府指导相结合。充分发挥企业的主体作用，依托市场机制提升服务水平。加大政策扶持力度，营造良好的发展环境。

（2）自身建设与合作创新相结合。立足快递企业自身网点建设，全面提升末端投递服务质量。鼓励将第三方合作模式作为网点建设的有益补充。

（3）科技创新与产品创新相结合。支持企业加大先进技术应用力度，提升服务信息化、标准化、自动化水平。引导企业丰富产品类型，满足用户的多样化需求。

（4）高效便捷与保障安全相结合。引导企业加强过程管理、优化服务流程，增强投递服务的时效性与便捷性。督促企业加强制度建设与落实，切实保障用户快件安全与信息安全。

三、主要内容

（三）引导企业加强自身能力建设

快递企业是末端投递网络建设的主体，应引导企业科学设置服务半径，加快自有品牌末端网点建设，提高快递网络覆盖率和稳定性。鼓励企业丰富产品类型，合理规划投递路线，科学安排投递时间和频次，满足用户的多样化需求。

引导企业推广标准化管理模式，推动品牌企业全网统一管理和服务。建立标准门店、统一车辆标准，统一业务员着装、工号牌佩戴，规范仪容仪表，提升社会认可度。引导企业加快建设、完善全国统一客服电话，提升电话接通率和问题处理效率。鼓励企业通过门店、电话、网络等多种渠道为用户提供及时、便利的查询、投诉服务。

引导企业加大科技投入，提升信息化应用水平。要全面推广使用手持终端设备，增强投递服务的时效性和管理的智能化。继续提升对地理信息系统、卫星定位系统的综合应用能力，加强末端服务的统筹调度和全程管理。鼓励企业积极开发无线网络服务平台，推广智能手机客户端、微信应用等符合新型消费环境的服务创新。

（四）鼓励企业开展第三方合作模式创新

鼓励企业因地制宜，与连锁商业机构、便民服务设施、社区服务组织、机关学校管理部门以及专业第三方企业开展多种形式的投递服务合作。

快递企业应与合作方签订合作协议，明确约定投递方式、投递时效、快件保管、用户验收、费用支付、快件安全、用户信息安全等内容。快递企业应按照统一作业规范的要求，对合作方进行业务指导和培训，确保合作方提供的投递服务符合质量要求。以合作形式向用户提供投递服务的，快递企业应当保障用户的权益并征得用户的同意，提前告知用户选择合作投递服务时可能发生的单独费用。快递企业不得将代收货款快件委托合作方代为投递。

与居住区、写字楼物业等服务组织合作开展投递服务的快递企业，应严格区分代签服务和代投服务。开展代签服务的，要确保物业获得业主允许其代为签收的授权，并且具备快件的保管条件。

与学校管理部门合作开展投递服务的快递企业，应当遵守校方关于校园安全管理的有关要求，并确认校方能够提供符合快件投递服务要求的场所。

与专业第三方企业合作开展投递服务的快递企业，要保证快件全程寄递时限符合企业服务承诺及国家标准。专业第三方企业从事快件投递服务的，应当严格按照《快递服务》国家标准和《快递业务操作指导规范》向用户提供服务。

（五）积极探索和推广智能投递

鼓励和支持邮政、快递企业及社会资金，投入快递服务末端智能快件箱等自助服务设施建设并推广使用。开发智能快件箱设备应当执行《智能快件箱》邮政行业标准。使用智能快件箱等自助服务设备投递快件，应当事先征得用户同意，并采用必要科技手段确保快件安全和用户的信息安全，切实保障消费者按照服务约定验视签收的权利。

四、政策保障

（六）优化行业发展环境

国家邮政局将加快研究制定专项政策、技术标准和操作规范。推动出台从事快件收投业务非机动车技术要求行业标准和快递门店建设行业标准，积极指导各级邮政管理部门将快递营业网点建设纳入城市配送发展规划。

各省、自治区、直辖市邮政管理局要针对解决本省（区、市）末端投递服务问题制订明确的工作计划。通过综合利用地方立法、专项规划等手段，加大对快递末端投递服务的扶持力度，全面抓好行业各项政策措施在本区域的落地实施。全力争取本省（区、市）的扶持政策和相关部门的支持配合，有针对性地指导市（地）邮政管理局开展工作。

市（地）邮政管理局要因地制宜、主动作为。积极争取地方政府的支持，将改善投递服务的配套政策和措施纳入地方规划。进一步加强与地方发展改革、教育、公安、住建、交通、商务、工商等部门的合作，全力推动地方政府建立健全快递运输保障机制，制定实施便利快递车辆通行停靠的具体措施，出台智能快件箱用地、税收优惠、补贴等方面的鼓励政策。有条件的地区要探索邮政业综合服务平台建设，提升行业公共服务水平。

（七）简化许可备案手续

邮政管理部门要进一步简化登记备案手续和流程，对快递企业末端网点实行备案管理，为企业发展创造条件。专门从事快件投递业务的第三方企业应当纳入快递业务经营许可管理，国家邮政局将抓紧研究出台相关审核制度，优化流程，简化手续。

（八）营造良好的舆论氛围

进一步加强与媒体的沟通协作，及时介绍行业管理措施，通报服务质量监督和执法情况，争取社会各界的理解与支持。大力推动全行业精神文明建设，宣传学习先进事迹，报道企业改善管理、提升服务的工作实绩，营造用户理解支持的良好氛围，弘扬行业正气。

五、加强工作落实

（九）强化组织领导

各级邮政管理部门要立足本地区实际，认真研究影响本地区末端投递服务质量的关键问题，把推动解决末端投递困难作为开展党的群众路线教育实践活动的重要内容抓好抓实。要切实加强组织领导，充分发挥管理部门、行业协会、企业等多方的积极性和主动性，建立政府引领、协会指导、企业主导、公众支持的工作格局。要根据本意见抓紧细化政策措施，制订符合地区实际的具体方案，对已经出台的相关政策，要加快推进，务求实效。

（十）加强服务质量监督

充分发挥以公众满意度、时限准时率和用户申诉率为主要内容的快递服务质量评价体系的作用，督促企业改善服务。切实维护消费者合法权益，进一步加强消费者申诉处理工作，建立完善申诉通报制度。依法加强对快递用户的信息保护和末端投递服务的监督检查，对于违反《快递市场管理办法》、《快递服务》国家标准，严重损害用户权益的企业要坚决依法处理。

（十一）加强行业安全监管

严格依照《邮政法》、《邮政行业安全监督管理办法》关于通信与信息安全、生产安全和应急管理方面的规定，切实加强末端投递服务环节的安全保障。认真落实国家邮政局、工业和信息化部、公安部等六部门联合印发的《关于切实做好寄递服务信息安全监管工作的通知》要求，全面加强对寄递服务信息安全的监督检查，发现快递企业及从业人员非法泄露或者非法买卖快递服务信息的，要严格依法予以处罚。构成刑事犯罪的，要依照程序移送司法机关处理。

（十二）推动从业人员素质提升

大力加强全行业精神文明建设，宣传、学习先进事迹。深入开展快递业务员职业技能鉴定工作，大力引导企业通过多种形式开展快递业务员岗位技能培训和职业道德教育，着力提升快递业务员专业素养和从业水平。推进企业优秀文化建设，树立、倡导正确的核心价值理念。

（十三）发挥协会作用

快递协会要完善行业自律约束机制，制定服务公约和职业道德准则。依据《快递企业等级评定管理办法（试行）》，将企业自营网络覆盖范围以及服务能力作为评定的重要依据，推进评定工作有序开展。加强与其他行业协会沟通，发挥合力，协调解决投递难题。

国家邮政局
2013 年 11 月 22 日

关于交通运输推进物流业健康发展的指导意见

交规划发〔2013〕349 号

国家铁路局、中国民用航空局、国家邮政局，各省、自治区、直辖市、新疆生产建设兵团交通运输厅（局、委），天津市市政公路管理局，天津市、上海市交通运输和港口管理局，部属各单位，部内各单位，部管各社团，有关交通运输企业：

为深入贯彻十八大精神，落实国务院关于调整、振兴和促进物流业健康发展的工作部署，加快转变交通运输发展方式，推动行业转型升级，充分发挥交通运输在物流业发展中的重要作用，推进我国物流业健康发展，现提出以下指导意见：

一、充分认识交通运输推进物流业健康发展的重要性和紧迫性

1. 加快发展物流业是经济社会转型发展的迫切要求

物流业是现代服务业的重要组成部分，对于调整经济结构、转变发展方式、增强国际竞争力具有重要作用。当前，世界经济深度转型调整，全球经济一体化和产业国际分工趋势日益明显，我国经济发展面临着进一步扩大内需、提高创新能力、促进发展方式转变的新机遇和新挑战。党的十八大把推动服务业特别是现代服务业发展壮大作为推进经济结构战略性调整的重要任务，对物流业的发展提出了更高的要求。近年来，国务院先后出台了一系列促进物流业发展的政策措施，有力推动了物流业的发展。但总体而言，我国物流业仍处在初级发展阶段，整体基础薄弱，运行效率不高，加快现代物流的发展，全面提升物流业发展水平，已成为我国经济社会发展面临的一项十分重要而又紧迫的战略任务。

2. 交通运输在推进物流业发展中具有基础和主体作用

交通运输是物流的基础环节和依托载体，是物流业最重要的组成部分。现代物流在很大程度上由传统交通运输业发展演进而来，而现代物流的发展又给传统交通运输业带来重大变革，并将逐步融合，走向一体化。目前，我国物流业仍处于以传统交通运输为基础的初级发展阶段，运输结构、运输组织、运输装备等发展水平深刻影响着物流业发展的总体水平。

交通运输在推进物流业发展中具有十分重要的基础和主体作用，必须顺应时代发展要求，立足交通运输行业，主动作为，着力推进物流业的健康发展。

3. 推进物流业发展是实现交通运输转型升级的战略选择

物流业的发展对传统交通运输业既是机遇也是挑战。当前，我国交通运输还存在许多矛盾和问题：基础设施网络衔接不畅，运输组织集约化程度不高，多式联运发展滞后，标准不统一，行业创新和可持续发展能力不强，对提升物流整体效率支撑不足。以现代物流发展需求为导向，着力解决发展中的突出问题和主要矛盾，是交通运输行业由传统向现代转型升级的必然选择，是发展现代交通运输业的重要切入点和主要着力点。适应现代物流发展需要，确立在现代物流体系中的地位和作用，推进物流业发展，进而实现自身的转型升级，是交通运输行业面临的非常现实而又紧迫的任务，是交通运输行业今后一个时期的重要战略选择。

二、总体要求

1. 指导思想

以邓小平理论、"三个代表"重要思想和科学发展观为指导，以加快转变交通运输发展方式为主线，以现代物流发展需求为导向，以改革创新为动力，以加快构建综合运输体系为战略重点，着力调整运输结构、优化运输组织、提升装备水平、整合物流资源，构建衔接顺畅的基础设施体系、互联互通的物流信息体系、公平规范的市场环境体系，充分发挥交通运输在推进物流业发展中的基础和主体作用，推动交通运输与现代物流的融合，加快交通运输业转型升级，提升物流服务品质，推进物流业健康发展。

2. 基本原则

市场为主、政府引导。充分发挥市场配置资源的基础性作用，强化企业的市场主体地位。发挥政府对市场的引导作用，健全法规政策和标准规范，营造良好发展环境。

统筹规划、稳步推进。统筹物流基础设施、运输服务体系和产业政策规划，强化顶层设计，突出重点，远近结合，做好政策储备。以典型试点示范为抓手，及时总结经验、推广应用。

因地制宜、创新驱动。根据不同领域、地域和企业特点，探索差别化发展路径和多样化发展模式。进一步深化改革，注重政策和体制机制创新，大力提高物流业的标准化、信息化水平，发挥科技引领作用，推动先进技术的应用，实现智能、集约、绿色、可持续发展。

立足行业、协同发展。充分发挥交通运输在推进物流业发展中的基础和主体作用，主动作为，开放包容，加强部门间、产业间、区域间协同联动，形成推进物流业发展的合力。

3. 发展目标

到2020年，基本建成便捷高效、安全绿色的交通运输物流服务体系，传统交通运输业转型升级取得明显突破，物流效率和服务水平显著提升，实现交通运输与现代物流的融合发展，基本适应我国经济社会发展的需求。具体体现在：

——运输结构不断优化，运行效率和质量显著提高。基本形成以综合运输大通道为骨干、以重点港站枢纽为节点、以各种运输线网为支撑、以城乡配送网络为基础的物流基础设施体系；运输结构进一步优化，多式联运、甩挂运输比重稳步提高，各种运输方式比较优势得以充分发挥。

——市场主体快速成长，组织化程度大幅提升。初步形成以若干全国性龙头骨干企业为引领、以区域性中小企业联盟为主体、以零散小微运输业户为补充、以货运中介为纽带的物流市场主体结构，物流组织的网络化、集约化程度大大提高。

——科技引领作用增强，标准化、信息化水平明显提高。形成以标准化的车辆船舶为主体、标准化和专业化的设施设备为基础的现代化物流装备设施体系；信息化技术得到充分应用，基本实现企业信息、政务信息、港站信息、公共物流信息的互联互通。

——重点领域加快发展，专业服务能力明显增强。重点物资、城市配送、农村物流等重点领域物流服务水平显著提升；集装箱、大件、快递、冷链、危险品等专业物流服务能力明显增强；交通运输与现代物流融合的新兴业态成长迅速。

——市场秩序进一步规范，发展环境明显改善。建立分工明确、相互协调的交通运输物流管理体制，推动形成国家产业政策、行业部门政策、地方配套政策协调统一的政策体系，促进建立统一开放、竞争有序、公平诚信的市场体系。

三、主要任务

1. 加快完善交通基础设施

不断完善综合运输通道和网络。大力推进综合运输体系建设，着力改善交通基础设施薄弱环节，全面加快内河水运和重要通道的铁路、民航建设，加快国家公路网建设，提升通道和网络的综合运输能力。强化国际运输通道和口岸交通基础设施建设。

加快推进物流节点设施建设。加快推动铁路、公路、水路、民航站场枢纽等物流节点建设。研究提出支持物流节点建设的政策措施。制订和完善货运枢纽（物流园区）发展规划，强化规划实施和评估。研究制订货运枢纽（物流园区）建设、运营、管理及服务的标准规范和技术指南。加快传统货运站场转型升级，推动铁路集装箱中心站、"内陆无水港"、"公路港"、陆路口岸物流园区及邮政、快递作业枢纽建设。

优化并加强集疏运体系建设。开展集疏运体系建设示范工程。重点推进高等级公路与港口、铁路货运枢纽、大型机场、大型物流园区的衔接。积极促进铁路与主要港口及具备条件的综合物流园区的衔接。

2. 大力创新发展先进运输组织方式

积极推进多式联运发展。深入推进铁水联运、空陆联运，积极发展滚装运输、驮背运输和江海直达运输。加强多式联运设施设备技术标准、信息资源、服务规范、作业流程等方面的有效对接，加快培育多式联运承运人，推动货物运输的"无缝衔接"和"一单制"。加强煤炭、矿石、粮食等重点战略物资多式联运体系建设。

加快发展甩挂运输。深入推进甩挂运输试点工作，开展渤海湾、长江沿线等重点区域的滚装甩挂运输、公铁联运甩挂运输、跨区域网络化甩挂运输、甩挂运输联盟等示范工程。鼓励发展挂车租赁，制订挂车互换的有关制度和规范。加快完善甩挂运输相关法规政策和标准规范体系。

3. 有效提升运输装备技术水平

提升标准化水平。修订制约车船运输效率提升的技术标准。推动建立健全车型标准化工作协同机制，完善商品车运输、冷链、城市配送等专业运输车辆车型技术标准。进一步完善推荐车型制度及相关工作机制。大力推广集装技术和单元化装载技术。全面推进内河船型标准化。

提升专业化、清洁化水平。积极推进厢式、冷藏、散装、液罐等专用车型的推广应用，鼓励发展滚装等专用船舶。推动修订相关法规标准，大力发展标准化载货汽车。开展双挂汽车列车的应用技术研究。促进轻量化车型及天然气等节能环保车船的应用，系统研究鼓励发展节能环保车型、船型的相关支持政策。

严格货运车辆和船舶的市场准入与退出。研究制订营运车船综合性技术标准，依法严把营运车船的市场准入，加快淘汰低效率、不合规、带有安全隐患的营运车船。研究推动《道路车辆外廓尺寸、轴荷及质量限值》（GB1589）的修订工作，完善道路货运车辆结构和车型分类，健全各类半挂车、货运车辆附加装置等方面的技术标准和政策措施，推进货运车辆与托盘、装卸平台等物流设施装备的衔接与匹配。

4. 着力优化市场主体结构

培育龙头骨干企业。引导传统货运企业扩大经营规模和服务范围，拓展经营网络，对符合资质条件的大型运输企业在设立分支机构、增设经营网点等方面提供便利条件。鼓励具备一定条件的企业向综合物流服务商转型发展。支持港航企业延伸服务链，向全球或区域物流经营人转变。促进铁路货运企业向现代物流转型，支持国内民航运输企业拓展国际和国内民航快递等物流业务。引导邮政、快递企业做大做强，提升服务能力和水平。

鼓励中小企业联盟发展。鼓励中小企业通过联盟、联合、兼并等方式实现资源整合，扭转市场主体过散、过弱的局面，提高企业竞争力和市场抗风险能力。加强中小企业联盟有关制度、运营模式研究，对符合条件的中小企业联盟在站场设施建设、信息化建设、运输装备更新等方面给予政策支持。

规范货运中介经营行为。完善相关法律法规，强化对货运代理、无车承运人、无船承运人等的规范管理，充分发挥货运中介对物流资源的整合作用。推进货运中介向现代物流服务商转变。

5. 积极推进信息化建设

加快推进交通运输物流公共信息平台建设。发挥好交通运输物流公共信息平台的作用，制订平台建设纲要、实施方案和区域交换节点建设指南，出台平台标准化建设方案，进一步深化对平台建设、运营和管理模式的研究。完善平台基础交换网络，加快推进跨区域、跨行业平台之间的有效对接，实现铁路、公路、水路、民航信息的互联互通。深入推进东北亚物流信息服务网络（NEAL – NET）建设。依托平台开展物流园区信息联网工程建设。

推进行业信息系统建设。加快完善铁路、公路、水路、民航、邮政等行业信息系统，推进互联互通，增强一体化服务能力。制订行业物流信息采集、交换、服务等标准，强化与相关领域信息标准的对接。鼓励车联网、船联网技术的开发和推广应用，加快营运车辆联网联控系统建设。深化交通电子口岸、港口集装箱多式联运和内河航运综合信息服务等系统建设。

鼓励企业加快推进信息化建设。引导规模化企业利用先进信息技术，实现企业内部管理优化和服务升级。支持开发和推广通用物流软件，提高中小企业信息化水平。推动物流企业与供应链上下游企业间信息标准统一和系统对接，提高供应链一体化服务能力。

6. 加快推动重点领域物流发展

提升传统运输枢纽的物流服务能力。引导铁路和公路站场、港口、机场加快转型升级，支持由传统运输和装卸业务向现代物流服务功能延伸。依托港口、"内陆无水港"等口岸资源，着力提升国际物流服务能力。鼓励铁路和公路站场、港口、机场与后方物流园区、产业园区等联动发展，提高物流服务配套能力。加强与海关、国检等口岸部门的沟通和协调，推动建立联合查验机制，促进一体化通关。

支持农村物流发展。充分发挥地方政府积极性，统筹交通、商务、供销、邮政等农村物流资源，加快完善县、乡、村三级农村物流服务体系。进一步落实国务院办公厅关于推动农村邮政物流发展的意见，大力发展农村邮政物流。加大对农村物流基础设施和信息网络建设的支持力度，积极培育农村物流市场主体。积极争取中央和地方财政对农村物流的支持。研究制订推进农村物流发展的指导意见。开展不同区域的农村物流试点示范，因地制宜探索农村物流差异化发展模式。

推进城市配送发展。贯彻落实《关于加强和改进城市配送管理工作的意见》。加大公用型城市配送节点建设扶持力度，完善城市配送基础设施网络。制订城市货物运输与车辆通行管理办法和城市配送企业运营服务规范，完善经营许可制度，健全运力投放和通行许可机制，优化车辆通行管控，规范企业经营行为。研究制订城市物流配送车辆技术标准，推动城市配送车辆向标准化、清洁化、专业化发展。开展城市配送试点工程，鼓励发展共同配送、统一配送、夜间配送等配送模式，探索城市配送的管理方式。

支持和规范快递业发展。制订实施快递与电子商务、制造业协同发展意见，促进信息沟通、标准对接和业务联动。进一步贯彻落实《快递市场管理办法》和《快递服务》国家标准，强化监督管理，规范服务行为。研究制订利用相关交通工具从事快件收投业务的技术规范，推动城市管理部门完善相关管理办法。

加强危险品运输监管。建立危险品运输信息化管理和业务管控系统，深入推进危险品运输跨区域联网联控，逐步实现危险品货运车辆和船舶的全程监管。研究支持危险品专业物流园区发展相关政策，重点支持具有公共服务属性的危险品专业物流园区发展。研究节假日危险品运输安全监管对策。

引导冷链运输健康发展。大力支持和培育冷链运输企业发展，研究制订冷藏保温车辆分类及技术要求、冷链运输服务规范、冷链运输温度记录与装备监控技术标准等，着力解决冷链运输断链问题，为实现全程温控管理创造条件。支持农产品冷链物流的发展，将经济适用的农产品温控设施建设与农村三级物流服务体系建设相结合。

规范大件运输管理。修订《超限运输车辆行驶公路管理规定》和《道路大型物件运输管理办法》，严格市场准入条件，统一运输过程中各环节、车辆、装备、服务等标准规范。加快出台大件运输跨省联合审批办法，统一审批标准，建立综合协调和互联互认机制，规范跨部门、跨省审批程序。推动解决大件运输特种车辆获取牌照及享受标准保险费率问题。进一步完善大件运输护送机制。研究调整大件运输收费标准，避免重复收费。在条件适宜的地区，适时开展大件运输示范通道建设。

7. 切实改善发展环境

健全相关法律法规。研究提出综合运输法规体系框架，尽快出台综合运输法规体系建设的实施意见，统筹和引导各种运输方式优势互补，协调发展。全面清理和修订阻碍企业做大做强的行政法规，消除区域分割和行政壁垒。加快推进《道路运输条例》及其配套规章的修订工作，强化对集装箱运输、零担快运、冷链运输、大件运输、城市配送等市场的规范。开展《道路运输法》等前期研究。修订出台《道路运输管理工作规范》。

进一步规范收费公路发展。研究修订《收费公路管理条例》，重点加强对收费标准和年限的调节机制、经营性收费公路的合理回报及建立低费率长期限收费机制可行性等的研究。

落实和完善物流业发展的相关政策。加快落实国务院促进物流业发展的工作部署和要求，积极协调相关部门解决物流业发展中面临的用地、融资、税收、保险、通关等问题，完善交通运输行业营业税改征增值税的有关政策，减轻运输企业税费负担。进一步完善"绿色通道"政策。开展货车不停车收费相关技术与政策研究，探索不停车收费技术在公路货运车辆中的应用。强化政策制定和实施中的沟通与协调，形成政策合力。

进一步规范执法行为。严格执行《交通行政执法行为规范》，重点解决有法不依、以罚代管、执法标准不统一等问题。建立健全全国执法联动机制，强化跨区域执法信息共享。创新监督手段，强化执法监督。

推进诚信体系建设。依据《征信业管理条例》和《"十二五"国家政务信息化工程建设规划》，加快交通运输诚信体系建设，着力推进与公安、工商、税务、金融等部门诚信系统的有效对接和信息共享，建立行业许可、市场信用、市场监测等体系，完善社会诚信管理制度。

四、保障措施

1. 加强组织领导

进一步完善部门协同机制，加强部门联动，协调解决物流业发展中面临的重点和难点问题。积极推动在各级政府层面建立交通运输推进物流业发展的组织体系，建立相应协调机制，加快形成多方协同推进的工作格局。

2. 完善统计体系

开展行业物流相关统计理论和方法研究等基础工作，完善货类、货量、货值、流向、运价和行业贡献等统计指标，着手建立健全相关统计调查制度和信息管理制度。注重对物流发展中出现的新问题、新情况、新趋势的跟踪研究，加强物流运行的监测、分析和评价。

3. 加大政策支持

进一步研究制订推进物流业发展的有关政策，重点加强物流枢纽、物流信息化、运力结构调整、农村物流、多式联运、零担快运、中小企业联盟等方面的政策研究，鼓励先行先试、典型引领。积极争取中央和地方财政支持，加强财政资金的引导和带动作用，鼓励和规范民间资本进入物流领域。

4. 注重人才培养

注重物流专业人才的培养，鼓励高等院校、科研院所加强物流专业学科及研发中心建设。支持校企合作，引导高校和科研机构与国内外著名企业联合建立物流综合培训和试验基地，多渠道培养复合型物流高端人才。加强从业人员素质教育，保障合法权益，稳定物流队伍。

5. 发挥协会作用

强化相关行业协会行业自律、协调和服务等职能，充分发挥在政策建议、规范市场行为、统计与信息发布、交流与合作、资质评定和人才培训、标准制修订等方面的积极作用，成为政府与企业联系的桥梁和纽带。

交通运输部

2013 年 6 月 6 日

关于促进航运业转型升级健康发展的若干意见

厅水字〔2013〕230 号

各省、自治区、直辖市交通运输厅（委），天津、上海市交通运输和港口管理局，长江、珠江航务管理局，各直属海事局，中国船级社，中国船东协会，各中央航运企业集团：

我国是航运大国，航运业是国民经济、对外贸易、社会发展的重要支撑。受国内外经济增长放缓、运力严重过剩、企业运营成本增加等因素影响，当前航运市场供求严重失衡、持续低迷，这将对国民经济运行、社会稳定和安全生产造成不利影响。为贯彻落实《国务院关于印发船舶工业加快结构调整促进转型升级实施方案（2013—2015 年）的通知》（国发〔2013〕29 号）精神，按照稳增长、调结构、促发展的总体要求，积极应对当前航运业面临的严峻形势，经部务会审议通过，现就促进航运业转型升级健康发展提出以下意见。

一、淘汰老旧运输船舶，优化运力结构

（一）减少运力存量，优化船队结构

调整延续老旧运输船舶和单壳油轮提前报废更新的政策至 2015 年 12 月 31 日，鼓励老旧远洋、沿海运输船舶提前报废。积极推进内河船型标准化，引导内河老旧运输船舶加快淘汰和更新改造，2013—2015 年期间中央财政、地方财政每年安排一定资金给予补贴。严格执行以船龄为标准的船舶强制报废制度，达到强制报废船龄的船舶按期退出航运市场。

（二）调控国内运力增量

鼓励建造满足国际新规范、新公约、新标准的节能安全环保船舶。引导沿海干散货船运力有序发展。严格控制中国籍国际航行船舶兼营国内运输。继续严控国内沿海和长江干线客运、危险品运输新增经营主体，按照总量控制、择优选择的原则，有序投放客运、危险品运输船舶运力。继续加强长江干线干散货船运力宏观调控。

（三）支持行业组织加强运力发展自律

支持中国船东协会加强行业协调，组织航运企业形成合力，共渡难

关。对船东协会组织航运企业开展的封存现有运力等措施，港航、海事等相关管理部门给予支持。

二、加强政策引导，促进航运业转型升级

（一）促进专业化、集约化经营

支持航运企业与货主企业加强合作，联合经营。规范货主投资国内航运业，优化社会资源合理配置，引导货主与航运企业订立长期合作协议，促进互补共赢。提高市场准入门槛，将国内沿海省际运输经营者最低运力规模标准由 2 000 总吨提高到 5 000 总吨，并相应提高内河运输经营者最低运力规模标准。支持航运企业兼并重组，整合业务资源。支持企业深化内部改革，加强体制机制创新，完善企业治理结构，提高抗风险能力。推进企业兼并重组，发展规模化、专业化企业，实施"走出去"战略。

（二）拓展新的经济增长点

培育、有序发展邮轮运输，允许中资方便旗邮轮沿海多点挂靠。发挥上海国际航运中心和自贸区、海南国际旅游岛的政策优势和海峡两岸经济区的对台优势，推动邮轮金融、船龄、收费等方面政策创新。支持企业拓展新的业务领域，依托集装箱铁水联运示范项目延伸业务范围。贯彻落实中国（上海）自由贸易试验区总体方案中相关航运政策，大力发展航运金融、保险、海事仲裁等现代航运服务业。

（三）推进海峡两岸航运发展

允许经批准两岸登记的干线班轮在华北至台湾航线上捎带两岸中转货。支持开辟两岸四地邮轮航线。现阶段，允许两岸资本并在两岸登记的企业经批准后试行包租外籍邮轮多航次从事两岸运输；允许外籍邮轮经批准在国际航线上可直接挂靠两岸港口，但不得作为两岸间旅客运输。

（四）推进安全绿色发展

加快推进液化天然气（LNG）在水运行业应用，有序推进 LNG 动力船舶试点改造，推进内河 LNG 动力船舶应用示范工程。落实水运节能减排方案，制定船舶能效规范。采取以奖代补方式，对符合条件的节能减排项目给予补助。健全安全规章制度，强化安全监管，提高安全应急能力。

三、加强市场监管，创造良好发展环境

（一）取消一批行政许可项目

落实取消国际船舶运输经营者之间兼并购审核、国际船舶代理业务审批、内河船舶船员服务业务审批、承担船舶油污损害民事责任保险的商业性保险机构和互助性保险机构的确定和船舶修造、水上拆解地点确定等行政许可。进一步研究提出取消一批行政许可项目。

（二）加强国内航运市场监管

落实《国内水路运输管理条例》，逐步健全国内水路运输企业和船舶诚信管理制度和经营资质预警及动态监管机制。建立国内集装箱班轮运输备案制度，对航线信息和运价信息实施备案。加大对国内航运市场经营行为的监管，打击扰乱市场秩序的不正当竞争行为，重点治理部分港口对内贸船舶的强制代理、强制收费行为。支持行业协会在主要航线采取防止恶性杀价竞争的自律措施，维护价格稳定。

加强海峡两岸航运市场监管；完善两岸集装箱运价备案制度，有效遏制"零运价"、"负运价"等不正当竞争行为；完善两岸船舶自动识别系统（AIS）综合查询和监管功能，加大对外籍船舶非法从事两岸海运的查处力度。

（三）加强国际航运市场监管

加强对国际航运班轮市场监管，自 2014 年 1 月 1 日起对国际集装箱班轮运价备案采取精确报备模式，进一步规范国际集装箱班轮运输市场秩序，对涉嫌违反《国际海运条例》规定、可能对公平竞争造成损害的国际集装箱班轮联营行为，依法进行调查和处理。

（四）加强安全监管

加强对超设计规范的大型干散货、集装箱和油品船舶靠泊管理。研究制定沿海港口码头靠泊管理办法。推进并规范航运企业安全生产标准化或航运公司安全管理体系建设工作，加强安全监管，不断提高企业安全管理水平。对外籍老旧运输船舶进出我国港口进一步加强港口国监督检查。

四、减轻企业负担，促进企业提高竞争力

（一）规范行政事业性收费

做好船舶证明签证费、油污水化验费、海事调解费、浮油回收费、海岸电台无线电电报电话费、船舶申请安全检查复查费等行政事业性收费取消和免征的落实工作。进一步研究规范行政事业性收费。

（二）清理规范不合理的相关服务收费

取消"三超"船舶、特种船舶进出沿海港口护航费，船舶进出长江护航费，LNG船舶护航费，集装箱开箱查验取样送检费，国际航行船舶驶离国内港口前船上污染物清理费，船舶供受油作业布设围油栏费，内贸运输煤炭物理性质检测费等5类7项收费。规范水路运输易流态化固体散装货物取样、制样、送检、监装等收费，将收费标准与装船货物重量脱钩，根据合理成本原则，确定收费标准。

（三）进一步规范港口收费

研究提出港口经营性收费标准调整政策，完善港口价格管理机制。做好长江干线船舶引航收费标准下调20%的落实工作。各港口不得与外贸班轮公司签订协议，并收取装卸速遣费用。

（四）规范船舶交易服务机构收费

将船舶交易服务费与船舶交易价格脱钩，改为按次定额收取服务费，并限定额度。对航运集团所属全资或控股子公司之间船舶资产划拨涉及所有权变更的船舶，以及对企业兼并重组涉及所有权变更的船舶，免于进场交易。

五、强化措施，提高服务质量和水平

（一）加强信息引导服务

加强航运市场动态监测和水运经济运行分析，定期发布运力等市场信息。支持和指导行业中介组织发布有关运价指数、行业景气指数等信息。建立健全航运市场诚信制度，发布经营者诚信记录。

（二）提升港口服务水平

通过码头改造等措施进一步挖掘现有基础设施潜力，加强港口集疏运体系建设。推进口岸便利化和信息化建设，提高口岸服务效率。

（三）提高引航服务水平

组织实施"阳光引航"工作方案，实行阳光调度，合理配备拖轮，公布工作程序，建立引航不良记录名单制度。取消对中国籍海船进出太仓港强制引航要求，结合长江口深水航道工程上延，逐步取消海进江内贸船舶强制引航。

（四）改进行政管理方式

转变行政管理方式，加强市场准入审批后的事后监管。完善水路运政信息管理系统，推行网上行政许可、备案和证书管理。简化管理程序，在现有缴存保证金、商业保险两种方式外，试点实施银行保函替代保证金的无船承运经营者责任担保制度。对于国际航行船舶上的中国籍船员实行通过一次体检，同时颁发《国际旅行健康检查证明书》和《中华人民共和国海船船员健康证书》两种证书。

（五）各级交通运输及港航管理部门、海事机构要切实抓好本意见的具体落实

各单位要明确责任部门和人员，确定工作目标和任务，加强检查监督。各级交通运输及港航管理部门、海事机构要进一步转变职能，强化服务，并结合本地区、本部门实际，积极研究出台促进航运业转型升级健康发展的政策和措施。

交通运输部办公厅

2013 年 8 月 26 日

关于科技创新推动交通运输转型升级的指导意见

交科技发〔2013〕540 号

各省、自治区、直辖市、新疆生产建设兵团及计划单列市、经济特区交通运输厅（局、委），天津市市政公路管理局，天津市、上海市交通运输和港口管理局，部属各单位，部内各单位，部管各社团，有关交通运输企业：

为贯彻落实党的十八大精神，深入实施创新驱动发展战略，把科技创新摆在交通运输现代化建设全局的突出位置，加快提升科技创新能力，推动交通运输转型升级，提出以下指导意见。

一、指导思想

贯彻落实党中央、国务院关于实施创新驱动发展战略的总体部署，紧密结合交通运输发展的中心任务，切实把握交通运输行业创新发展规律，以提高交通运输发展的质量和效益为核心，深化科技体制改革，加快建立以企业为主体的科技创新体系，坚持"面向发展、开放协同、重点突破、全面提升"的原则，充分调动全行业全社会创新发展的积极性和主动性，努力开创交通运输创新发展的新局面。

——面向发展。充分认识全面建成小康社会对交通运输发展的根本要求，准确把握交通运输发展的一般规律，以破解行业发展难题、解决行业实际问题为导向，加强创新组织，推动交通运输创新发展。

——开放协同。促进基础研究、应用研究、成果转化和产业化紧密结合，注重自然科学与社会科学协调发展，积极吸纳国内外科技创新成果，推动产学研用深度融合，完善全行业全社会开放协同创新机制。

——重点突破。针对制约交通运输发展的牵动性、关键共性技术难题，明确创新的主攻方向和着力点，聚焦重点，集中力量，协调推进原始创新、集成创新和引进消化吸收再创新，实现重大科技突破。

——全面提升。建立适应交通运输全面协调可持续发展需要的科技创新体系，提升行业科技创新能力，加强人才培养，依靠科技进步、劳动者素质提高和管理创新，提高综合交通、智能交通、绿色交通和平安交通的发展水平，打造交通运输升级版。

二、总体目标和实施途径

按照全面建成小康社会的总体要求，到 2020 年，形成开放协调、充满活力的创新发展体制机制，行业创新能力得到新提高，行业创新发展取得新成效。努力在工程建养、运输服务、安全应急、绿色循环低碳交通和信息化等领域共性关键技术研究取得一批国际领先、实用性强的自主创新成果，推动交通运输转型升级，行业科技进步贡献率达到 60%。

科技创新推动交通运输转型升级的实施途径：

——重大科技突破引领。从推进交通运输安全发展、高效发展、协调发展、创新发展的重大需求出发，围绕支撑重大工程建设、提高存量资产使用效能和提升运输服务品质，抓好重大科技研发，推动基础性、前瞻性和共性关键技术突破及工程化产业化发展。

——信息化智能化引领。以信息化智能化引领交通运输现代化发展，大力推动信息技术在交通运输系统运行监测、运营管理、运输服务和安全应急等领域的深度应用，以信息化智能化引领行业转变发展方式，全面提升交通运输系统供给能力、运行效率、安全性能和服务水平。

——标准化引领。完善覆盖综合交通运输各领域的标准体系，形成职责明确、协调顺畅的标准化管理体制和运行机制，大力提升标准质量和实施效果，促进科技创新与标准化建设的紧密结合，提高交通运输发展质量。

——创新人才引领。牢固树立人才资源是第一资源的理念，深入实施"人才强交"战略，大幅提升人才队伍的整体素质，以增强人才的创新能力为核心，深化创新人才、科技项目与创新基地的有机结合，强化创新人才尤其是科技领军人才对创新发展的支撑引领作用。

三、重点任务

（一）深化体制机制改革，提升科技创新能力

进一步解放思想，转变政府职能，深化行政管理体制改革，以破解发展难题、解决实际问题为核心，破除制约创新发展的体制性障碍和深层次矛盾。深化科技体制改革，强化企业技术创新主体地位，提高科研院所和

高等院校的创新能力和服务水平，积极鼓励构建产学研用深度融合、协同创新的战略联盟。深入开展国际科技交流与合作，加快实施科技"走出去"战略。优化创新资源配置，加快完善符合行业特点的科技创新体系，提升科技创新能力。

（二）科技创新推动综合交通运输体系发展

推动综合交通运输各领域协同开展工程建设与养护、运输装备与运输组织、安全应急及运输信息化技术的研发和应用。加快标准化建设，重点加强综合枢纽、运输装备、多式联运、信息交换等方面的标准制修订。加强综合运输信息化建设，促进多种运输方式的有效衔接，提升交通运输一体化服务水平，增强科技创新对综合交通运输体系建设的支撑保障能力。

（三）支撑交通基础设施建设与养护管理

积极开展前瞻性和共性关键技术研发，突破全寿命周期成本设计关键技术，延长基础设施使用寿命，提高基础设施的安全性，降低全寿命周期成本。组织实施重大科技专项，重点突破综合枢纽、大型跨江（海）通道和特殊自然环境下的工程建设关键技术。进一步加大力度，开展基础设施工程质量检测与评估、设施运行状态监控与评价、维修和养护等技术的研发与应用，实现养护作业现代化。

（四）提升公众出行服务能力与水平

以信息化和标准化带动传统客运产业形态升级和服务水平提升，推进客运组织方式创新，推动运输装备技术升级，提升运输的组织化和专业化水平。建立和完善公众出行信息服务平台，实施城市客运智能化示范工程，加快公共交通"一卡通"互联互通进程，促进 ETC 技术的推广应用，推动票务联程联网系统建设，推动各种运输方式信息系统的互联互通，提高公众出行服务能力和水平。

（五）提高现代物流业发展水平

深入开展多式联运、甩挂运输、滚装运输等先进物流组织模式研究，推动内河船型和货运车辆标准化，加快运输装备的技术升级，加强信息化建设，推进现代物流体系发展。运用传感技术、网络技术和数据处理技术，建立物流信息采集、处理和服务的信息交换共享体系，研发运用集装技术、单元化装载技术，提高物流作业效率和安全。完善物流标准化体系，加强适应现代物流发展的设施、装备、信息和服务等标准规范制修订工作，促进交通运输与物流服务深度融合，提高现代物流业发展水平。

（六）支撑交通运输安全发展

积极开展交通运输风险辨识、风险评估、风险防控、应急处置、防灾减灾和安全监管等关键技术研发，建立支撑安全发展的技术体系，全面提升交通运输安全发展的科技支撑保障能力。通过安全示范工程、示范基地、典型综合示范区和企业安全生产标准化建设，推动形成安全风险管理体系。全面推行安全评价，提升安全标准化和信息化水平，加快创建平安交通。通过重大风险源可识、可防、可控，实现人员伤亡大幅减少、经济损失大幅降低、应急保障能力大幅提高，安全发展水平显著提升。

（七）促进绿色循环低碳交通运输发展

研究制定交通运输绿色循环低碳技术政策，及时发布技术、产品、工艺科技成果推广目录。组织实施交通运输资源能源节约、清洁和可再生能源利用、应对气候变化、生态保护、污染防治、环境事故应急处置等重大科技攻关和典型示范。推进标准规范和计量认证体系建设，积极培育技术服务体系，推动相关产业发展，充分发挥科技创新对绿色循环低碳交通运输发展的支撑引领作用。

（八）大力推动信息化智能化发展

完善统筹协调、开放有序的信息化管理机制。加强商业模式创新，增强信息化发展的市场驱动力。积极促进物联网技术、云计算技术、大数据处理技术在交通运输领域的深度应用，加快北斗卫星导航系统的应用，加快城市交通智能化、路网运行与监测、数字航道等信息化工程建设，提高信息采集的广度和深度，提高数据质量，加强信息安全保障体系建设，加强信息资源交换共享，使行业信息化、智能化水平与信息技术发展同步，引领交通运输现代化。

（九）大力提高标准化水平

完善标准化管理体制与运行机制，完善综合交通运输标准体系，统筹协调国家标准、行业标准、地方标准和企业标准，提升标准质量，强化实施效果。加强重点领域的工程、产品和服务标准建设，促进科技成果转化应用，增强标准的可靠性、适用性和先进性。积极参与国际标准化活动，提高参与度和话语权，提高我国标准的国际影响力，充分发挥标准在提高发展质量和效益，提升管理和服务水平的重要基础性作用。

（十）促进新兴关联产业发展

落实国家发展战略性新兴产业的总体部署，充分发挥交通运输产业关联度强的优势，通过制定发展规划、技术政策和标准等，积极支持通信信息、高端装备制造、新能源、新材料等新兴关联产业发展。积极推动以企业为主体的行业研发中心和国家工程中心建设，支持企业建设高水平研发平台，支持开展核心关键技术和装备的产业化。健全技术创新、产品研发和成果转化的机制，以新兴业态的发展促进交通运输产业的繁荣。

四、保障措施

（一）强化创新组织

各级交通运输主管部门及有关单位要切实加强对科技创新推动交通运输转型升级的领导，统筹规划目标和任务，明确责任和分工，深入开展调查研究，针对交通运输发展中的重大问题，找准切入点和着力点，建立健全工作协调配合机制，制定配套政策，落实相关措施，做好重大创新项目、创新工程的组织管理，推进科技项目和经费管理、科技评价和奖励制度改革，增强创新发展的动力和活力，有效推进创新工作。

（二）加大创新投入

充分发挥市场配置科技资源的基础性作用，强化企业在技术创新中的主体地位，鼓励企业以及科研机构、高等院校加大对科技创新的投入，采用产学研相结合、国际合作等多种方式，开展科技创新活动。鼓励和吸纳社会资金投入交通运输创新，逐步建立以企业为主体，多渠道、全方位的资金支持和投入保障体系。建立稳定的科技创新投入机制，优化基础研究、应用研究、试验发展和成果转化的经费投入结构，重点保障基础性、前瞻性、关键性科研项目和研发平台建设投入。

（三）培育创新人才

完善人才发展的体制机制，优化人才发展的政策环境。坚持以重大工程建设、重点科研项目、重点科研基地为依托，实施科技创新人才推进计划，支持和鼓励专业技术人员潜心开展基础研究和科技攻关，聚集和培养一批高水平、国际化交通运输创新人才。加快建设以科技领军人才为核心、优秀青年人才为中坚力量的高层次人才梯队，引领交通运输创新工作，为交通运输转型升级提供强有力的人才支撑和保障。

（四）弘扬创新文化

引导科技工作者自觉践行社会主义核心价值体系，大力弘扬求真务实、勇于创新、团结协作、无私奉献的精神，保障学术自由，营造宽松包容、奋发向上的学术氛围。大力培树和宣传创新典型，进一步形成尊重劳动、尊重知识、尊重人才、尊重创造的良好风尚。建立健全科研活动行为准则和规范，加强行业科研诚信制度建设，加强科学伦理教育，强化科技人员的诚信意识和社会责任。

交通运输部
2013 年 9 月 7 日

全国物流园区发展规划

发改经贸〔2013〕1949号

物流园区是物流业规模化和集约化发展的客观要求和必然产物，是为了实现物流运作的共同化，按照城市空间合理布局的要求，集中建设并由统一主体管理，为众多企业提供物流基础设施和公共服务的物流产业集聚区。物流园区作为重要的物流基础设施，具有功能集成、设施共享、用地节约的优势，促进物流园区健康有序发展，对于提高社会物流服务效率、促进产业结构调整、转变经济发展方式、提高国民经济竞争力具有重要意义。

根据《中华人民共和国国民经济和社会发展第十二个五年规划纲要》、《国务院办公厅关于印发促进物流业健康发展政策措施的意见》（国办发〔2011〕38号），为促进我国物流园区健康有序发展，特制定本规划。规划期为2013—2020年。

一、发展形势

（一）现实基础

"十一五"期间，国家高度重视物流业发展，实施《物流业调整和振兴规划》，综合交通运输体系逐步完善，规模化物流需求快速增长，物流业区域布局进一步优化，为物流园区的健康发展奠定了基础。

1. 物流园区总量较快增长

"十一五"时期，我国物流规模不断扩大，社会物流总额和物流业增加值年均分别增长21%和16.7%，物流业增加值占国内生产总值的比重由2005年的6.6%提高到2010年的6.9%。为适应物流业快速发展趋势，各级地方政府积极推进物流园区规划和建设，全国物流园区数量稳步增长，物流业呈现集聚发展态势。据中国物流与采购联合会第三次全国物流园区调查，2012年全国共有各类物流园区754个，其中已经运营的348个，在建和规划中的分别为241个和165个。

2. 物流园区类型不断丰富

各地因地制宜建设发展了不同类型的物流园区。在交通枢纽城市，具备多式联运条件、提供大宗货物转运的货运枢纽型物流园区不断涌现；面向大城市商圈和批发市场，提供仓储配送功能的商贸服务型物流园区蓬勃发展；毗邻工业园区，提供供应链一体化服务的生产服务型物流园区配套而建；在口岸城市，提供转运、保税等功能的口岸服务型物流园区快速发展；特大城市周边，出现了不少融合上述功能的综合服务型物流园区。总体上看，全国初步形成了定位准确、类型齐全的物流园区体系。

3. 物流园区功能日趋完善

园区基础设施建设不断加快，集疏运通道逐步完善，仓储、转运设施水平显著提高；信息平台建设稳步推进，园区信息化和智能化水平明显提升。园区通过不断完善各项功能，打造形成坚实的硬件基础和高效的软件平台，为园区入驻企业提供完善的公共服务，使物流企业能够专注从事物流业务，进一步提高物流效率和服务水平。

4. 物流园区集聚效应初步显现

园区利用设施优势集聚物流企业，减少了货物无效转运，优化了装卸和处理流程，提高了物流效率；利用信息平台匹配物流供需信息，提高了货物运输组织化程度，降低了车辆空驶率；通过整合分散的仓储物流设施，节约了土地资源，优化了城市空间布局；通过为园区周边生产制造、商贸等企业提供一体化物流服务，促进了区域经济转型升级。

（二）存在问题

从总体来看，我国物流业发展水平还比较低，物流园区在规划、建设、运营、管理以及政策方面还存在一些问题。一是建设发展有待规范。由于缺乏统一规划和管理，一些地方脱离实际需求，盲目建设物流园区，片面追求占地面积和投资规模。另一方面，由于缺乏对物流园区内涵的认识，一些市场和物流企业也冠以物流园区的名称。二是设施能力有待提高。从已建成的园区看，多数物流园区水、电、路、网络、通信等基础设施建设滞后，集疏运通道不畅，路网配套能力较差，普遍缺少铁路和多式联运中转设施。另外，在一些重要物流节点，仍然缺少设施齐全、服务能力较强的物流园区。三是服务功能有待提升。多数物流园区虽然具备了运输、装卸、仓储配送和信息服务等功能，但与物流发展的市场需求相比，仍然存在着专业化程度不高、设施装备配套性差、综合服务能力不强、信息联通不畅等问题，多式联运和甩挂作业、冷链物流服务、信息管理、流程优化、一站式服务等功能亟待完善和提高。四是经营管理体制有待健全。有的物流园区缺乏政府的协调和推动，面临规划、用地、拆迁、建设等方面的困难；有的物流园区缺乏市场化的运作机制和盈利模式，园区服务和可持续发展能力不足。五是政策扶持体系有待完善。由于缺少针对物流园区发展的优惠政策和建设标准，物流园区普遍存在"落地难"、"用地贵"和基础设施投资不足的问题。

（三）发展要求

今后几年，是我国物流业发展的重要时期。科学规划、合理布局物流园区，充分发挥物流园区的集聚优势和基础平台作用，构建与区域经济、产业体系和居民消费水平相适应的物流服务体系，是促进物流业发展方式转变、带动其他产业结构调整以及建设资源节约型和环境友好型社会的必然选择。

1. 科学规划物流园区是提高物流服务效率的客观要求

加快转变经济发展方式给我国物流业发展提出了新的更高的要求，物流园区作为连接多种运输方式、集聚多种服务功能的基础设施和公共服务平台，已经成为提升物流运行质量与效率的关键环节。科学规划物流园区有利于发挥物流设施的集聚效应，在满足规模化物流需求的同时，提升物流效率，降低物流成本；有利于促进多式联运发展，发挥我国综合交通运输体系的整体效能；有利于促进社会物流的有效组织和有序管理，优化布局和运作模式，更好地适应产业结构调整的需要，为其他产业优化升级提供必要支撑。

2. 科学规划物流园区是节约集约利用土地资源的迫切需要

科学规划一批具有较强公共服务能力的物流园区，一方面可以适度整合分散于各类运输场站、仓房、专用线、码头等物流设施及装卸、搬运等配套设施的用地，增加单位物流用地的物流承载量，提高土地利用率；另一方面能够有效促进专业化、社会化物流企业承接制造业和商贸业分离外包的物流需求，减少原有分散在各类企业内部的仓储设施用地。科学规划物流园区，已经成为当前促进物流业节约集约利用土地资源的重要途径。

3. 科学规划物流园区是推进节能减排和改善环境的重要举措

面对日趋严峻的资源和环境约束，物流业亟须加快节能减排步伐，增强可持续发展能力。科学规划物流园区，有利于优化仓储、配送、转运等物流设施的空间布局，促进物流资源优势互补、共享共用，减少设施闲置，降低能耗；有利于提升物流服务的组织化水平，优化运输线路，降低车辆空驶率，缓解交通干线的通行压力和城市交通拥堵，减少排放，改善环境。

二、指导思想、基本原则和发展目标

（一）指导思想

以邓小平理论、"三个代表"重要思想和科学发展观为指导，按照加快转变经济发展方式、促进产业结构调整的要求，以市场需求为导向，以促进物流要素聚集、提升物流运行效率和服务水平、节约集约利用土地资源为目标，以物流基础设施的整合和建设为重点，加强统筹规划和管理，加大规范和扶持力度，优化空间布局，完善经营管理体制和服务功能，促进我国物流园区健康有序发展，为经济社会发展提供物流服务保障。

（二）基本原则

——科学规划，合理布局。根据国家重点产业布局和区域发展战略，立足经济发展水平和实际物流需求，依托区位交通优势，符合城市总体规划和土地利用总体规划，注重与行业规划相衔接，科学规划、合理布局物流园区，避免盲目投资和重复建设。

——整合资源，集约发展。优先整合利用现有物流设施资源，充分发挥存量物流设施的功能。按照规模适度、用地节约的原则，制定物流园区规划、建设标准，合理确定物流园区规模，促进物流园区集约发展，吸引企业向园区集聚。

——完善功能，提升服务。促进物流园区设施建设配套衔接，完善物流园区的基本服务功能。注重运用现代物流和供应链管理理念，创新运营管理机制，拓展增值服务，提升物流园区的运作和服务水平。

——市场运作，政府监管。充分发挥市场机制的作用，坚持投资主体多元化、经营管理企业化、运作方式市场化。积极发挥政府的规划、协调作用，规范物流园区建设管理制度，制定和完善支持物流园区发展的各项政策，推动物流园区有序建设、健康发展。

（三）发展目标

到 2015 年，基本建立物流园区建设及管理的有关制度，物流园区发展步入健康有序的轨道，全国物流园区规划布局得到优化，物流园区设施条件不断改善，服务能力明显增强，初步建成一批布局合理、运营规范、具有一定经济社会效益的示范园区。

到 2020 年，物流园区的集约化水平大幅提升，设施能力显著增强，多式联运得到广泛应用，管理水平和运营效率明显提高，资源集聚和辐射带动作用进一步增强，基本形成布局合理、规模适度、功能齐全、绿色高效的全国物流园区网络体系，对推动经济结构调整和转变经济发展方式发挥更加重要的作用。

三、物流园区总体布局

物流园区是提供物流综合服务的重要节点，也是重要的城市基础设施。全国物流园区总体布局的基本思路是：根据物流需求规模和区域发展战略等因素，确定物流园区布局城市；按照城乡规划、综合交通体系规划和产业发展规划等，合理确定城市物流园区建设数量、规划布局和用地规模；研究制定物流园区详细规划，因地制宜、合理确定物流园区的发展定位、功能布局、建设分期、配套要求等。

（一）物流园区布局城市

确定物流园区布局城市，主要依据以下条件：一是物流需求规模，主要参考城市的国内生产总值、货运总量、工业总产值、社会消费品零售总额和进出口总额等经济指标的预测值。二是与物流业发展总体规划以及铁路、公路、水运、民航等相关交通运输规划相衔接。三是结合国家重点区域发展战略和产业布局规划，考虑相关城市的经济发展潜力、物流需求增长空间以及对周边地区的辐射带动作用。

根据上述条件，按照物流需求规模大小以及在国家战略和产业布局中的重要程度，本规划将物流园区布局城市分为三级，确定一级物流园区布局城市 29 个，二级物流园区布局城市 70 个（见下表），三级物流园区布局城市具体由各省（区、市）参照以上条件，根据本省物流业发展规划具体确定，原则上应为地级城市。

一级物流园区布局城市（共29个）
北京、天津、唐山、呼和浩特、沈阳、大连、长春、哈尔滨、上海、南京、苏州、杭州、宁波、厦门、济南、青岛、郑州、合肥、武汉、长沙、广州、深圳、南宁、重庆、成都、昆明、西安、兰州、乌鲁木齐
二级物流园区布局城市（共70个）
石家庄、邯郸、秦皇岛、沧州、太原、大同、临汾、通辽、包头、鄂尔多斯、鞍山、营口、吉林、延边（珲春）、大庆、牡丹江、齐齐哈尔、无锡、徐州、南通、泰州、连云港、温州、金华（义乌）、舟山、嘉兴、湖州、安庆、阜阳、马鞍山、芜湖、福州、泉州、南昌、赣州、上饶、九江、烟台、潍坊、临沂、菏泽、日照、洛阳、南阳、安阳、许昌、宜昌、襄阳、岳阳、娄底、衡阳、佛山、东莞、湛江、柳州、钦州、玉林、贵港、海口、绵阳、达州、泸州、贵阳、拉萨、榆林、宝鸡、咸阳、西宁、银川、伊犁（霍尔果斯）

（二）物流园区选址要求

在布局城市选址建设物流园区，应遵循以下原则：一是与综合交通体系和运输网络相配套。依托主要港口、铁路物流中心、公路货运枢纽、枢纽机场及主要口岸，具有交通区位优势，便于发展多式联运。二是与相关规划和现有设施相衔接。符合土地利用总体规划、城市总体规划和区域发展总体规划，充分利用现有仓储、配送、转运等物流设施。三是突出功能定位。紧密结合产业布局和区位优势，突出专业服务特点，明确物流园区功能定位。

依据以上原则，物流园区布局城市可根据实际需要建设不同类型的物流园区：

——货运枢纽型物流园区。依托交通枢纽，具备两种（含）以上运输方式，能够实现多式联运，具有提供大批量货物转运的物流设施，为国际性或区域性货物中转服务。

——商贸服务型物流园区。依托城市大型商圈、批发市场、专业市场，能够为商贸企业提供运输、配送、仓储等物流服务以及商品展示、电子商务、融资保险等配套服务，满足一般商业和大宗商品贸易的物流需求。

——生产服务型物流园区。毗邻工业园区或特大型生产制造企业，能够为制造企业提供采购供应、库存管理、物料计划、准时配送、产能管理、协作加工、运输分拨、信息服务、分销贸易及金融保险等供应链一体化服务，满足生产制造企业的物料供应与产品销售等物流需求。

——口岸服务型物流园区。依托口岸，能够为进出口货物提供报关、报检、仓储、国际采购、分销和配送、国际中转、国际转口贸易、商品展示等服务，满足国际贸易企业物流需求。

——综合服务型物流园区。具有两种（含）以上运输方式，能够实现多式联运和无缝衔接，至少能够提供货运枢纽、商贸服务、生产服务、口岸服务中的两种以上服务，满足城市和区域的规模物流需求。

四、主要任务

（一）推动物流园区资源整合

打破地区和行业界限，充分整合现有物流园区及物流基础设施，提高设施、土地等资源利用效率。一是整合需求不足和同质化竞争明显的物流园区。引导需求不足的园区转型，对于同质化竞争明显的园区，通过明确功能定位和分工，推动整合升级。二是整合依托交通枢纽建设的物流园区。加强枢纽规划之间的衔接，统筹铁路、公路、水运、民航等多种交通运输枢纽和周边的物流园区建设，大力发展多式联运，形成综合交通枢纽，促进多种运输方式之间的顺畅衔接和高效中转。三是整合分散的物流设施资源。发挥物流园区设施集约和统一管理的优势，引导分散、自用的各类工业和商业仓储配送资源向物流园区集聚，有效整合制造业分离外包的物流设施资源。大力推广共同配送、集中配送等先进配送组织模式，为第三方物流服务企业搭建基础平台。

（二）合理布局新建物流园区

物流园区布局城市应综合考虑本区域的物流需求规模及增长潜力，并结合现有物流园区布局情况及设施能力，合理规划本地区物流园区。现有设施能力不足的地区，应基于当地产业结构和区位条件及选址要求，布局新建规模适当、功能完善的物流园区，充分发挥园区的集聚效应和辐射带动作用，服务当地经济发展和产业转型升级。

（三）加强物流园区基础设施建设

优化物流园区所在地区控制性详细规划，加强物流园区详细规划编制工作，科学指导园区水、电、路、通信等设施建设，强化与城市道路、交通枢纽的衔接。大力推进园区铁水联运、公铁联运、公水联运、空地联运等多式联运设施建设，注重引入铁路专用线，完善物流园区的公路、铁路周边通道。提高仓储、中转设施建设水平，改造装卸搬运、调度指挥等配套设备，统一铁路、公路、水运、民航各种运输方式一体化运输相关基础设施和运输装备的标准。推广甩挂运输方式、集装技术和托盘化单元装载技术。推广使用自动识别、电子数据交换、可视化、货物跟踪、智能交通、物联网等先进技术的物流设施和装备。

（四）推动物流园区信息化建设

加强物流园区信息基础设施建设，整合物流园区现有信息资源，提升物流园区信息服务能力。研究制定统一的物流信息平台接口规范，建立物流园区的信息采集、交换和共享机制，促进入驻企业、园区管理和服务机构、相关政府部门之间信息互联互通和有序交换，创新园区管理和服务。

（五）完善物流园区服务功能

结合货运枢纽、生产服务、商贸服务、口岸服务和综合服务等不同类型物流园区的特点，有针对性地提升服务功能，为入驻企业提供专业化服务。鼓励园区在具备仓储、运输、配送、转运、货运代理、加工等基本物流服务以及物业、停车、维修、加油等配套服务的基础上，进一步提供工商、税务、报关、报检等政务服务和供应链设计、管理咨询、金融、保险、贸易会展、法律等商务服务功能。

（六）聚集和培育物流企业

充分发挥物流园区的设施优势和集聚效应，引导物流企业向园区集中，实现园区内企业的功能互补和资源共享，提高物流组织效率。优化园区服务环境，培育物流企业，打造以园区物流企业为龙头的产业链，提升物流企业的核心竞争力。支持运输企业向综合物流服务商和全球物流经营人转变。按照提升重点行业物流企业专业配套能力的要求，有针对性地发展专业类物流园区，为农产品、钢铁、汽车、医药、冷链、快递、危货等物流企业集聚发展创造有利条件。

（七）建立适应物流园区发展的规范和标准体系

按照适用性强、涵盖面广、与国际接轨的要求，建立和完善物流园区标准体系。修订《物流园区分类与基本要求》国家标准，制定《物流园区服务规范及评估指标》国家标准，进一步明确园区概念内涵，规范物流园区功能定位，防止盲目发展。按照既要保障物流园区发展，又要节约利用土地的原则，建立物流园区规划设计、建设和服务规范，明确园区内部各功能区建设标准和要求，促进物流园区规范化发展。

（八）完善物流园区经营管理体制

根据各地物流园区发展实际，借鉴国内外物流园区管理经验，建立完善政府规划协调、市场化运作的物流园区开发建设模式和经营管理体制。在政府规划指导下，成立物流园区管理机构，开展物流园区基础设施建设，并选择具有物流园区经营管理经验的企业参与管理运营。鼓励园区研究开发物流与商贸和金融协同发展等新型业态，创新物流园区发展模式。通过企业化运作，提高管理水平，形成良性发展机制，为园区物流企业提供优质服务，实现可持续发展。

五、保障措施

（一）做好综合协调

国家发展改革委、国土资源部、住房城乡建设部要会同交通运输部、商务部、海关总署、科技部、工业和信息化部、铁路局、民航局、邮政局、国家标准委等部门，加强对全国物流园区发展的指导和管理。各省级人民政府有关部门也要协调配合，统筹推进规划实施工作。

（二）加强规范管理

各地有关部门要加强对物流园区的规范和管理，提出本地区物流园区布局规划，严格控制园区数量和规模，防止盲目建设或以物流园区名义圈占土地。布局城市要按照城乡规划和相关行业规划，加强和加快现有物流设施的整合和清理，因地制宜合理新建物流园区，做到既符合城市和产业发展实际，满足物流发展需求，又防止出现重复建设。

（三）开展示范工程

各地要结合实际，选择一批发展条件好、带动作用大的园区，作为省级示范物流园区加以扶持推广，具体由各省有关部门研究制定管理办法并组织评定。在此基础上，开展国家级物流园区示范工程，由国家发展改革委、国土资源部、住房城乡建设部会同交通运输部、商务部、工业和信息化部、海关总署、科技部等有关部门和行业协会组织国家级示范物流园区评定工作。对于列入国家级示范的物流园区，有关部门可给予土地、资金等政策扶持。国家级物流园区示范工程的具体管理办法另行制定。

（四）完善配套设施

支持连接物流园区的铁路专用线、码头岸线和园区周边道路等交通配套设施建设和改造，进一步发挥物流园区的中转服务功能，提高运输服务水平。支持物流园区信息平台建设，鼓励企业建设立体仓库，提高园区物流设施信息化和智能化水平。

（五）落实用地政策

研究制定物流园区规划设计规范，科学指导物流园区规划建设。各地应及时将物流园区纳入所在城市的各类城市规划和土地利用总体规划，统筹规划和建设，涉及新增建设用地的，合理安排土地利用计划指标。对于示范物流园区新增建设用地，优先列入国家和地方建设用地供应计划。

（六）改善投融资环境

鼓励物流园区运营主体通过银行贷款、股票上市、发行债券、增资扩股、合资合作、吸引外资和民间投资等多种途径筹集建设资金，支持物流园区及入驻企业与金融机构联合打造物流金融服务平台，形成多渠道、多层次的投融资环境。各地要适当放宽对物流园区投资强度和税收强度的要求，鼓励物流企业入驻物流园区。对于国家级和省级示范物流园区，有关部门可根据项目情况予以投融资支持。

（七）优化通关环境

优化口岸通关作业流程，适应国际中转、国际采购、国际配送、国际转口贸易等业务的要求，研究适应口岸服务型物流园区发展的通关便利化政策，提高通关效率。

（八）发挥行业协会作用

物流及相关行业协会应认真履行行业服务、自律、协调和引导职能，及时向政府有关部门反映物流园区发展中存在的问题和企业诉求，积极配合相关部门做好物流园区相关标准制修订、建立实施统计制度、总结推广先进经验、引导推动科技创新等相关工作，促进物流园区健康有序发展。

国家发展改革委
国土资源部
住房城乡建设部
交通运输部
商务部
海关总署
科技部
工业和信息化部
铁路局
民航局
邮政局
国家标准委
2013 年 9 月 30 日

煤炭物流发展规划

发改能源〔2013〕2650 号

一、规划基础和背景

(一) 发展基础

"十一五"以来,我国物流业发展环境逐步改善,服务水平显著提高,为煤炭物流快速发展创造了良好条件。

1. 物流规模不断扩大

煤炭产量快速增长,调运量快速增加。2012 年,全国煤炭产量 36.5 亿吨,铁路调运量 22.6 亿吨,沿海主要港口发运量 6.2 亿吨,分别比 2005 年增长 55%、75% 和 73%;省际调运量 19 亿吨,较 2005 年增长 65%。煤炭生产开发加速西移,铁路运输平均距离由 2005 年的 579 公里增加到 2012 年的 655 公里。

2. 基础设施逐步改善

中央、地方和企业加大煤炭物流基础设施投资力度,以铁路和铁海联运为主的西煤东调、北煤南运通道不断完善,以集散、储配等功能为主的煤炭物流园区快速发展。2012 年,山西、陕西、蒙西地区铁路煤炭外运能力达 10 亿吨,比 2005 年增加 4 亿吨;全国万吨级以上煤炭专业化码头泊位 189 个,比 2005 年增加 70 个;国家煤炭应急储备能力达到 670 万吨。

3. 服务主体快速成长

一批煤炭物流企业通过引入现代物流理念,整合物流资源,再造业务流程,开展多模式、多层次的现代煤炭物流服务,实现由单一煤炭购销向流通增值服务转变,服务水平不断提高。

4. 先进技术装备逐步应用

快速定量装车系统及抑尘装置、重载专用车辆及不摘钩连续翻卸、封闭式集中仓储、数字化配煤等先进物流技术装备得到应用。

5. 信息化水平不断提高

依托现代信息技术,创新交易模式,一批煤炭电子交易平台陆续建成。焦炭、焦煤、动力煤等期货品种相继上市交易。一些企业建立了煤炭物流管理信息系统，实现物流信息共享、快速响应。

6. 国际物流快速发展

一批企业积极实施"走出去"战略，投资国外煤炭物流基础设施，拓展物流业务。多个陆路口岸相继开放，沿海港口接卸能力不断增强。2012年，煤炭进出口总量达到3亿吨，是2005年的3倍。

（二）突出问题

1. 基础设施建设滞后

主要铁路煤运通道能力不足，电煤请车满足率较低，导致公路煤炭长途运输量持续增加。储配基地建设滞后，主要港口吞吐能力不足，集疏运系统不匹配，应急保障能力有待进一步提高。

2. 市场主体服务水平低

煤炭物流服务主体"小、散、弱"，大多从事运输、仓储、装卸等单一业务，综合服务能力弱。部分服务主体缺乏现代物流理念，供应链管理和社会化服务能力不强。物流资源配置不合理，设施利用率低。

3. 煤炭物流成本较高

煤炭物流各环节税率不统一，不合理收费多，税费重复征收，企业负担重。物流通道不完善，部分物流环节衔接不畅，流通效率低。煤炭从产地到主要消费地，流通环节费用较高。

4. 整体技术水平较低

煤炭物流标准化程度低，各物流要素之间难以做到有效衔接和兼容。整体物流技术装备水平低，运行效率不高。能耗与排放仍未得到有效控制，环境污染严重。

5. 物流人才匮乏

物流人才培养机制不健全，人才数量少，专业结构不合理，复合型人才紧缺，难以适应煤炭物流快速发展的需要。

（三）发展形势

未来一段时期是我国加快转变经济发展方式的攻坚时期，也是建立现代物流服务体系的关键时期，煤炭物流发展机遇和挑战并存。

经济全球化深入发展，国际分工发生深刻变化，要求加快发展现代物流业，优化资源配置，提高市场响应速度和产品供给时效，降低物流成本，增强产业竞争力。我国经济结构转型加快，推动服务业大发展成为产业结构优化升级的战略重点，要求加快建立社会化、专业化、信息化的现代物流服务体系。相关规划和配套政策的实施，为煤炭物流发展营造更有利、更宽松的政策环境。

我国煤炭需求持续增加，生产开发布局加速西移，西煤东调、北煤南运格局更加突出，要求发展现代煤炭物流，提高物流效率，保障稳定供应。大型煤炭基地建设有序推进，煤炭产业集中度不断提高，为煤炭物流规模化、集约化发展创造了有利条件。现代物流技术、新一代信息技术的快速推广和应用，为煤炭物流发展提供新的机遇。

二、指导方针和目标

（一）指导思想

以邓小平理论、"三个代表"重要思想和科学发展观为指导，按照科学布局、高效畅通、协调配套、节能环保的发展方针，以加快转变发展方式为主线，以改革开放为动力，以科技进步为支撑，完善煤炭物流基础设施，培育大型煤炭物流企业，健全煤炭物流服务体系，提高煤炭物流服务能力，促进煤炭物流科学发展。

（二）基本原则

坚持政府引导与市场运作相结合，使市场在资源配置中起决定性作用。坚持统筹兼顾与突出重点相结合，促进煤炭物流与相关产业协调发展。坚持存量整合与增量优化相结合，防止盲目扩张和重复建设。坚持技术进步与管理创新相结合，提升煤炭物流服务水平。

坚持提高效率与节能环保相结合，促进煤炭物流绿色发展。

（三）发展目标

到 2020 年，煤炭物流整体运行效率明显提高，社会化、专业化和信息化水平显著提升，基本形成物流网络配套衔接、技术装备先进适用、物流服务绿色高效的现代煤炭物流体系。加强铁路煤运通道建设，年运输能力达到 30 亿吨；结合国家煤炭应急储备建设布局，重点建设 11 个大型煤炭储配基地和 30 个年流通规模 2 000 万吨级物流园区；培育一批大型现代煤炭物流企业，其中年综合物流营业收入达到 500 亿元的企业 10 个；建设若干个煤炭交易市场。

三、空间布局

根据煤炭生产开发和消费布局，结合区域发展规划，完善煤炭运输通道，建设一批煤炭物流节点，形成"九纵六横"的煤炭物流网络。

（一）通道布局

——晋陕蒙（西）宁甘煤炭外运通道。由北通路（大秦、朔黄、蒙冀、丰沙大、集通、京原）、中通路（石太、邯长、山西中南部、和邢）和南通路（侯月、陇海、宁西）三大横向通路和焦柳、京九、京广、蒙西至华中、包西五大纵向通路组成，满足京津冀、华东、华中和东北地区煤炭需求。

——内蒙古东部煤炭外运通道。主要为锡乌横向通路，满足东北地区煤炭需求。

——云贵煤炭外运通道。主要包括沪昆横向通路、南昆纵向通道，满足湘粤桂地区煤炭需求。

——新疆煤炭外运通道。主要包括兰新、兰渝纵向通路，适应新疆煤炭外运需求。

——水运通道。由长江横向通道、沿海纵向通道、京杭运河纵向通道组成，满足华东、华中、华南地区煤炭需求。

——进出口通道。由沿海港口和沿边陆路口岸组成，适应煤炭进出口需要。

（二）节点布局

——大型煤炭储配基地。依托煤炭陆路和水路运输通道条件，在主要消费地、沿海沿江主要港口和重要铁路枢纽，建设环渤海、山东半岛、长三角、海西、珠三角、北部湾、中原、长株潭、泛武汉、环鄱阳湖、成渝等大型煤炭储配基地。

——煤炭物流园区。在大型煤炭储配基地内，按照合理辐射半径，建设锦州、营口、秦皇岛、京唐港、曹妃甸、天津、黄骅、青岛、日照、龙口、宁波—舟山、罗源湾、莆田、广州、珠海、防城港、义马、濮阳—鹤壁、南阳（内乡）、镇江、靖江、万州、广元、荆州、岳阳、九江、芜湖、北海、武威、中卫等一批煤炭物流园区。

四、主要任务

（一）完善煤炭物流通道

加快铁路、水运通道及集疏运系统建设，完善铁路直达和铁水联运物流通道网络，增强煤炭运输能力，减少煤炭公路长距离调运。

1. 铁路通道

加快建设蒙西至华中地区、张家口至唐山、山西中南部、锡林浩特至乌兰浩特、巴彦乌拉至新邱、锡林浩特至多伦至丰宁等煤运通道，进一步提高晋陕蒙宁甘地区煤炭外运能力。加强集通、朔黄、宁西、邯长、邯济、京广、京九、京沪、沪昆等既有通道改造或点线能力配套工程建设。加快兰渝铁路建设，实施兰新线电气化改造，提高疆煤外运能力。加快推进沿边铁路等基础设施建设，为进口煤炭提供便捷通道。

2. 水运通道

结合铁路煤炭外运通道建设，推进北方主要下水港口煤炭装船码头建设，相应建设沿海、沿江（河）公用接卸、中转码头。加快长江中下游、京杭大运河和西江航运干线等航道建设，推进内河船型标准化，提高内河水运能力。加强沿海、沿江（河）港口集疏运系统建设，实现铁路与港口无缝接驳。

（二）健全煤炭储配体系

1. 大型煤炭储配基地

长株潭、环鄱阳湖、泛武汉、中原、成渝基地，重点加强煤炭储配能力建设，保障稳定供应。环渤海、山东半岛基地，重点加强配煤和下水能力建设。长三角、海西、珠三角、北部湾基地，重点加强港口接卸和配送能力建设。

2. 应急储备

按照国家煤炭应急储备的总体部署，在具备条件的沿海、沿江、沿河港口和华南、华中、西南等地区，遵循辐射范围广、应急能力强、储备成本低、环境污染小的原则，采用政府统筹、市场化运作的方式，加快应急储备建设，以应对重大自然灾害、突发事件等情况。

（三）培育大型煤炭物流企业

按照现代物流管理模式，整合煤炭物流资源，发展大型现代煤炭物流企业，推进煤炭物流规模化、集约化发展。鼓励大型煤炭企业充分发挥自身优势，剥离物流业务，发展专业化煤炭物流。鼓励煤炭企业之间、煤炭企业与相关企业之间联合重组，形成高效的产、运、销一体化供应链。鼓励煤炭物流企业完善服务功能，提升流通效率和服务质量，形成一批具有国际竞争力的现代煤炭物流企业。

（四）完善煤炭市场体系

深化煤炭产运需衔接制度改革，建立以全国性煤炭交易中心为主体，以区域性煤炭交易市场为补充，以信息技术为平台，政府宏观调控有效、市场主体自由交易的煤炭市场体系。以煤炭交易、信息服务、价格发现、金融服务为重点，在具有政治、经济、金融、科技等资源优势的城市，建设中国煤炭交易中心；在煤炭主要生产地或集散地，建设区域性的煤炭交易市场，反映不同煤种、不同区域的煤炭交易动态，降低流通成本，优化煤炭资源配置。

（五）推广应用先进物流技术

推广先进煤炭物流技术装备，加快煤炭物流信息化建设，完善煤炭物流标准体系，促进煤炭物流产业升级。

1. 先进煤炭物流技术装备

在主要煤运通道推广应用重载专用车辆及相关配套技术装备。采用节能环保技术，减少煤炭物流各环节能耗和环境污染。

2. 煤炭物流信息化

整合公共物流信息资源，实现煤炭物流信息共享，为物流企业提供专业化的信息服务。推进物流企业与煤炭生产、消费企业信息对接、数据交换，培育一批具有竞争力的物流信息服务企业。推动物联网、云计算等新一代信息技术在煤炭物流领域的创新应用。

3. 煤炭物流标准

研究制订煤炭物流技术、设备、产品、交易等相关标准，完善物流标准化体系。鼓励企业采用标准化物流计量、物流装备设施、信息系统和作业流程等，提高煤炭物流标准化水平。

（六）推进煤炭物流国际合作

积极引导国内煤炭物流企业引进国外先进物流管理理念和技术装备，提高煤炭物流服务水平。支持优势企业开展国际化经营，积极参与境外煤炭物流基础设施建设和投资，稳定与主要煤炭资源国的长期合作关系，拓展煤炭进口渠道。发挥大型企业的物流网络优势，拓展国际煤炭物流合作空间。

五、保障措施

（一）深化体制改革

加快推进铁路投融资体制改革和运价改革，鼓励地方政府、国有企业和民间资本参与煤运通道和集疏运系统建设，不断完善运价形成机制，形成统一、开放、竞争、有序的煤炭运输市场体系。充分发挥现代物流工作部际联席会议制度的作用，协调煤炭物流发展的重大事项，统筹推进煤炭物流基础性工作。建立煤炭物流统计指标体系，进一步完善统计制度。充分发挥行业协会的作用，做好煤炭物流企业信用评级，促进行业信用建设和行业自律。

（二）加大政策支持力度

完善物流法律法规体系，研究制定促进煤炭物流业发展的有关政策。优化现行税制，统一煤炭物流各环节税率。规范涉煤基金和收费项目，坚决清理各类不合理收费，降低流通成本。落实煤炭仓储设施应享受的大宗商品仓储设施用地土地使用税政策，支持将国家煤炭物流规划项目用地纳入各级土地利用总体规划。中央和地方通过注入资本金、投资补助、贷款贴息、税收优惠等措施，支持公益性较强的重点煤炭物流基础设施建设。积极引导金融机构创新金融产品，加大对煤炭物流企业资金支持力度。

（三）促进煤炭物流资源整合

鼓励煤炭物流企业开展跨区域经营。支持优势煤炭物流企业创新合作方式和服务模式，整合分散的煤炭物流资源，在资产评估增值、债务重组收益、土地房屋权属转移等方面给予政策优惠。鼓励开放共享煤炭物流基础设施、信息平台等资源。

（四）完善煤炭价格形成机制

进一步完善反映供求关系、资源稀缺程度和环境损害成本的煤炭价格形成机制。建立和完善煤炭价格指数体系，发展煤炭期货交易，完善价格发现机制，引导生产和消费企业规避市场风险。强化合同监管和检验检测管理，引导供需双方严格按照合同约定的数量、质量和价格进行交易。

（五）加强科技创新和人才培养

加大对煤炭物流关键技术自主研发支持力度，重点支持煤炭绿色储运、配煤等领域科技攻关。科学制订物流人才培养规划，加大煤炭物流人才培养力度。支持高校设立相关专业及方向，开设煤炭物流相关课程。鼓励企业与高校、科研机构合作，通过订单式招生模式，定向培养高端煤炭物流人才，开展煤炭物流领域职业培训工作，为企业发展提供人力资源保障。

国家发展改革委

2013 年 12 月 30 日

第二章　广东省物流业相关主要政策文件

广东省快递市场管理办法

粤府令第 188 号

第一章　总　则

　　第一条　为了加强快递市场管理，保护经营快递业务的企业和用户的合法权益，促进快递市场健康发展，根据《中华人民共和国邮政法》等有关法律、法规和规章，结合本省实际，制定本办法。

　　第二条　本办法适用于本省行政区域内从事快递经营和管理活动。

　　快递，是指在承诺的时限内快速完成的寄递活动。

　　第三条　省邮政管理部门负责全省快递市场的监督管理。地级以上市邮政管理部门负责本行政区域内快递市场的监督管理。

　　经济贸易、公安、国家安全、交通运输、税务、价格、工商、金融、海关、出入境检验检疫等部门按照各自的职责，做好快递市场的相关管理工作。

　　第四条　县级以上人民政府及其有关部门应当将城乡快递服务网点和城市、区域处理设施的建设纳入本级城乡规划，并对经营快递业务的企业在土地使用、融资等方面给予支持和政策优惠，对经营快递业务的企业用于快递业务的车辆给予通行便利。

　　用于快递业务的车辆，应当符合邮政、公安、交通运输等部门制定的车辆技术规范要求。

　　第五条　县级以上人民政府及其有关部门应当采取有效措施，帮助中小快递企业提升企业品牌意识，结合自身优势合理定位，推进规模化经营，不断创新服务形式，强化企业自身核心竞争力。

　　第六条　经营快递业务的企业应当积极运用现代科学技术手段，建立自动化、标准化、信息化的服务平台，不断提高服务质量和服务水平，满足快递市场发展需要。

第二章　经营主体

第七条　经营快递业务，应当按照《中华人民共和国邮政法》、《快递业务经营许可管理办法》等相关规定，取得快递业务经营许可证，并向工商行政管理部门依法办理登记，方可经营快递业务；未经许可，任何公民、法人或者组织不得经营快递业务。

经营快递业务的企业设立分支机构的，应当向邮政管理部门办理《快递业务经营许可证》变更手续。分支机构凭许可证副本及所附分支机构名录，到分支机构所在地工商行政管理部门办理登记；自取得营业执照之日起20日内，到所在地邮政管理部门办理备案手续。

第八条　以特许经营方式从事快递业务的，特许人应当遵守以下规定：

（一）与取得《快递业务经营许可证》的企业订立商业特许合同；

（二）向被特许人提供信息网络、运输调度、物料供应、查询等特许经营支撑服务，并保证经营网络的正常运转；

（三）及时向社会发布特许经营活动信息，公布被特许人的基本情况；

（四）对被特许人的经营行为负有管理责任。特许人应当加强对被特许人服务质量的监督，协调处理全网消费者举报、投诉和申诉等事务；

（五）被特许人发生停止经营等情况，特许人应当及时向社会公告相关信息，并妥善处理未妥投的快件和未返还的代收货款；

（六）在订立特许经营合同中应当明确约定双方对消费者权益保护和赔偿责任的承担以及解决争议的方式。

第九条　以特许经营方式从事快递业务的，被特许人应当遵守以下规定：

（一）依法取得《快递业务经营许可证》，不得超出特许人经营许可的业务范围、有效期限和地域范围开展经营活动；

（二）未经特许人同意，不得将取得的快递业务特许经营权进行转让、分包；

（三）不得违反特许人经营快递业务的服务承诺，不得擅自降低服务质量或者变动收费标准。

第十条　经营快递业务的企业从事代收货款业务，应当与寄件人在合同中约定双方的权利和义务，并向邮政管理部门报告。

第十一条　有下列情形之一的，邮政管理部门应当依法办理快递业务经营许可的注销手续：

（一）《快递业务经营许可证》有效期届满未延续的；

（二）企业法人资格依法终止的；

（三）申请人自取得《快递业务经营许可证》后无正当理由超过 6 个月未经营快递业务的，或者自行连续停业 6 个月以上的；

（四）《快递业务经营许可证》有效期内停止经营的；

（五）快递业务经营许可依法被撤销、撤回的，或者《快递业务经营许可证》被依法吊销的；

（六）法律、行政法规规定的其他情形。

注销后，企业应当停止快递业务经营，依法向企业登记机关申请办理经营范围变更登记或者注销登记。

第三章　快递服务

第十二条　经营快递业务的企业提供快递服务应当符合国家和行业标准。

经营快递业务的企业应当使用符合标准的快递封装用品。航空快件的包装应当符合民航安全、运输标准。

鼓励经营快递业务的企业在符合快递封装相关标准的情况下，使用环保可再生纸质、可降解或者易降解的塑料封装用品。

第十三条　经营快递业务的企业应当按照商品和服务实行明码标价的有关规定，在营业场所公示服务项目、服务内容和服务价格；上门取件或者在非营业场所进行的快递业务，应当以价目表、报价单等书面方式主动向服务对象公示服务价格及标准，不得以口头形式向服务对象陈述。

第十四条　经营快递业务的企业在收取快件时，应当提示寄件人如实填写快递运单，核对有关信息，并准确标注快件的重量、资费等内容。

鼓励经营快递业务的企业投保责任保险。经营快递业务的企业在收取快件时，应当明确提示寄件人选择保价业务或者保险业务，并告知其权利义务。

第十五条　经营快递业务的企业在分拣、运输快件时，应当按照邮政管理部门的相关规定规范操作，确保快件不受损害。

第十六条　经营快递业务的企业在投递快件时，应当告知收件人当面验视快件包装。快件包装完好、重量相符的，收件人应当签收。外包装出现明显破损等异常情况的，收派员应当告知收件人先验收内件，收件人确认无破损后再签收。国家对快件验收另有规定的，从其规定。

若收件人本人无法签收时，经征得收件人同意，可由收件人指定的其他人代为签收。代收时，收派员应当核实代收人身份并记录。

第十七条　对于网络购物、电视购物、邮购、代收货款以及与客户有特殊约定的快件，经营快递业务的企业应当按照国家有关规定，与寄件人签订合同，明确双方在快件投递时验收环节的权利义务关系，并提供符合合同要求的验收服务。

寄件人应当按照合同约定的验收程序如实告知收件人，不得向收件人提供与合同约定不符的虚假承诺。经营快递业务的企业在投递时也应当告知收件人具体的验收程序，验收无异议后，由收件人签字确认。

经营快递业务的企业与电子商务企业签订长期快递服务的，在订立合同或者协议时，应当明确在电子商务企业促销旺季、法定节假日等特殊时期的快递服务时限和应急措施。电子商务企业不得向收件人提供与合同约定不符的虚假承诺。因电子商务企业虚假承诺导致快件延误造成损失的，按照《中华人民共和国合同法》等相关规定，由电子商务企业承担损失赔偿等违约责任。

第十八条　经营快递业务的企业应当向用户提供业务咨询、查询、投诉等服务，并及时处理用户投诉。

用户对处理结果不满意的，可以向邮政管理部门申诉，邮政管理部门应当及时依法处理，并自接到申诉之日起 30 日内作出答复。

第十九条　经营快递业务的企业提供的快递运单应当在显著位置注明赔偿条款、特殊约定等涉及用户权益的相关内容。

快件的损失赔偿，按照《快递服务》国家标准执行。

第二十条　经营快递业务的企业在《快递业务经营许可证》有效期限内不得擅自停止经营。

暂时停止快递业务网络运营导致快递服务不能畅通运行的，应当提前向所在地邮政管理部门书面报告，按照规定妥善处理未投递的快件，并及时向社会公告。

经营快递业务的企业应当保证全网畅通运行，满足用户的服务需求。法定节假日等特殊时期，经营快递业务的企业应当根据业务量的预测情况，合理安排岗位需求，确保人员配置到位，保证网络的正常运行。

第四章　快递安全

第二十一条　经营快递业务的企业应当建立并执行快件收寄验视制度。经营快递业务的企业应当当场验视交寄物品，检查是否属于国家禁止或者限制寄递的物品，是否与快递运单所填写的内容一致。

法律、法规、规章规定需要寄件人提供有关书面凭证或者出示身份证明的，经营快递业务的企业应当要求寄件人提供凭证原件或者有效身份证件，核对无误后，方可收寄。

对在路边、酒店、车站等人员流动场所收寄的快件，应当要求寄件人出示有效身份证件，如实登记寄递物品、收件人和寄件人信息。对无法出示有效身份证件的，应当重点查验，确认安全后方可收寄。

寄件人拒绝验视、拒绝如实填写快递运单、拒不提供书面凭证或者不按照规定出示有效身份证件的，经营快递业务的企业不予收寄。

第二十二条　经营快递业务的企业在收寄过程中发现寄件人寄递国家禁止寄递的物品的，应当拒绝收寄。已经收寄的快件中发现有上述物品的，应当立即停止转发和投递。

对其中依法需要没收或者销毁的物品，应当立即向有关部门报告，并配合有关部门进行处理。对已经收寄的依法不需要没收、销毁的禁寄物品，应当与寄件人或者收件人取得联系，妥善处理。

第二十三条　经营快递业务的企业应当对收寄、分拣、运输、投递等环节实行安全监控，并对快递经营场所进行24小时实时监控，防止快件在寄递过程中短少、丢失、损毁。

经营快递业务的企业应当按照国家标准和政府主管部门的要求提供数据共享接口，为安全监管及公众服务提供所需的实时数据和信息。

第二十四条　经营快递业务的企业应当依法保护用户信息的安全和通信秘密，确保用户信息不被窃取、泄露。

经营快递业务的企业不得以转让、贩卖、销售等方式泄露用户信息。因泄露用户信息对用户造成损失的，应当依法予以赔偿。

属于员工违法泄露用户信息造成损失的，经营快递业务的企业应当依法进行赔偿，并向员工追责。

第二十五条　经营快递业务的企业应当加强劳动保护工作，遵守国家有关劳动工时制度和节假日制度，科学管理，采用先进技术和新工艺，改善劳动条件，保障员工的安全和健康。

经营快递业务的企业应当建立和完善人力资源管理制度和教育培训机制，提高员工的职业素养和法律意识。

第二十六条　经营快递业务的企业设计和建设快件处理场所，应当符合公安机关、国家安全机关和海关依法履行职责的要求。

第二十七条　发生以下快递市场治安案件，公安机关接到报案后应当及时调查处理：

（一）盗窃、冒领、私自开拆、隐匿、毁弃或者非法扣留、检查他人快件的；

（二）以围堵、拦截等形式，扰乱经营快递业务的企业营业场所正常秩序的；

（三）非法拦截、强登、扒乘运送快件车辆的；

（四）其他行为影响经营快递业务的企业开展正常寄递活动的。

造成快件滞留的，公安机关应当先行采取措施督促企业转发或者投递滞留快件；邮政管理部门应当加强协调。

第二十八条　经营快递业务的企业应当建立健全安全生产责任制，按照《邮政行业安全监督管理办法》的规定落实重大事项报告制度，在规定时间内及时向有关部门报告相关情况。

第五章　监督管理

第二十九条　经营快递业务的企业应当建立和完善网络运营管理、业务操作（处理）流程管理、服务质量监督管理、查询投诉处理、代收货款及风险控制管理、安全管理、突发事件应急处置等制度。

第三十条　经营快递业务的企业应当依法向邮政管理部门上报统计报表和报告，不得转移、隐匿、篡改、毁弃原始记录和凭证、统计台账、统计调查表、会计资料及其他相关证明和资料。

第三十一条　经营快递业务的企业应当遵守国家有关行业人才培养和快递业务员职业技能鉴定工作的规定和要求。

经营快递业务的企业应当鼓励并组织从业人员参加快递业务员职业技能鉴定，取得快递业务员职业资格证书，确保通过资格认定的快递业务员比例持续符合许可条件。

第三十二条　邮政管理部门应当加强对经营快递业务的企业的监督检查，可以采取下列措施：

（一）进入有关场所进行检查；

（二）查阅、复制有关文件、资料、凭证；

（三）发现违禁品进行登记保存，移交有关部门处理；

（四）约谈有关单位和人员；

（五）对违法、违规行为责令限期整改。

邮政管理部门进行监督检查时，监督检查人员不得少于两人，并应当出示执法证件。对邮政管理部门依法进行的监督检查，有关单位和个人应当配合，不得拒绝、阻挠。

第三十三条　快递行业协会应当依照法律法规及其章程规定，制定快递行业规范，加强行业自律，为企业提供信息、培训等服务。

快递行业协会不得利用自身地位实施价格垄断等违法行为，防止企业恶意串通、操纵市场价格，损害其他经营者或者消费者的合法权益。

第三十四条　邮政管理部门应当推进快递行业信用体系建设，实行经营快递业务的企业信用分类管理，完善信用公示制度；引导经营快递业务的企业建立完备的自律管理制度，强化企业对服务质量、消费维权、诚信经营的评价机制。

第三十五条　邮政管理部门应当建立完善快递市场监管体系，规范和优化行政审批程序，简化手续，提高办事效率；加大市场监管力度，构建权责明确、行为规范、监督有效、保障有力的执法体制，提高行政监管效能。

第六章　法律责任

第三十六条　邮政管理部门工作人员在快递市场监督管理工作中，滥用职权、玩忽职守、徇私舞弊的，由主管机关或者监察机关给予处分；构成犯罪的，依法追究刑事责任。

第三十七条　特许人违反本办法第八条规定，开展特许经营业务的，由邮政管理部门责令改正，并处 10 000 元以上 30 000 元以下的罚款。

被特许人违反本办法第九条规定的，由邮政管理部门责令改正，并处 5 000 元以上 30 000 元以下罚款。

第三十八条　经营快递业务的企业违反本办法第十条规定开展代收货款业务的，由邮政管理部门责令改正，并处 10 000 元以上 50 000 元以下的罚款。

第三十九条　违反本办法第十二条、第十五条、第十六条规定，经营快递业务的企业违反《快递服务》等标准损害用户权益的，由邮政管理部门责令改正，并处 5 000 元以上 30 000 元以下的罚款。

第四十条　经营快递业务的企业未按照第十三条的规定，公示其业务资费标准或者有其他价格违法行为的，由价格主管部门依照《中华人民共和国价格法》的规定处罚。

第四十一条　经营快递业务的企业违反本办法第十八条、第二十一条、第二十八条规定的，由邮政管理部门责令改正，并处 5 000 元以上 30 000 元以下的罚款。

第四十二条　违反本办法第二十三条规定，经营快递业务的企业未按照要求实行安全监控的，由邮政管理部门责令限期改正；逾期未改正的，处 10 000 元以上 30 000 元以下罚款。

第四十三条　违反本办法第二十四条规定，经营快递业务的企业及其从业人员违法泄露用户信息的，由邮政管理部门按照《中华人民共和国邮政法》的规定处罚。

第四十四条　经营快递业务的企业违反本办法第三十条规定，未按时上报统计资料或者提供不真实、不完整的统计资料的，由邮政管理部门责令限期改正；逾期未改正的，处 5 000 元以上 30 000 元以下罚款。

第四十五条　经营快递业务的企业违反本办法第三十一条规定，通过资格认定的快递业务员的比例未能持续符合许可条件的，由邮政管理部门责令限期改正；逾期未改正的，处 3 000 元以上 20 000 元以下罚款。

第四十六条　违反第三十三条第二款规定的，由价格主管部门按照《中华人民共和国价格法》、《中华人民共和国反垄断法》的规定进行处罚。

第七章　附　则

第四十七条　进出境快递业务依据海关和出入境检验检疫部门的相关法律法规实施监管。

第四十八条　本办法自 2013 年 7 月 1 日起施行。

第三章 广东省重要物流企业名单

一、2013 年评选的广东省 A 级物流企业名单（第十六、十七批）

序号	所属城市	等级	企业名称	备注
1	东莞	AAAAA	东莞市南城南方物流有限公司	
2	广州	AAAA（10 家）	广州市博涛物流有限公司	
3	广州		广州天图物流有限公司	
4	广州		广州市洋航物流有限公司	
5	广州		广州大驿站物流有限公司	
6	广州		广东鑫昌物流有限公司	3A 升 4A
7	深圳		深圳市赤湾东方物流有限公司	
8	深圳		深圳神彩物流有限公司	
9	珠海		珠海港物流发展有限公司	
10	佛山		广东国通物流城有限公司	
11	佛山		佛山顺丰速运有限公司	3A 升 4A
12	广州	AAA（11 家）	广州市中恒运输有限公司	
13	广州		广州和力物流有限公司	
14	广州		广东意点通物流有限公司	
15	深圳		深圳市快运通物流有限公司	
16	深圳		深圳市鸿益达物流有限公司	
17	珠海		珠海亿邦达运输有限公司	
18	江门		江门市安捷物流有限公司	
19	汕头		汕头市瑞发货运有限公司	汕头市首批民营 A 级物流企业
20	汕头		广东裕安物流公司有限公司	汕头市首批民营 A 级物流企业
21	汕头		汕头市鑫洋国际货运代理有限公司	
22	潮州		潮安县彩丰物流有限公司	潮州市首家 A 级物流企业

（续上表）

序号	所属城市	等级	企业名称	备注
23	深圳	AA	深圳市凯安储运有限公司	
24	深圳	（2家）	深圳市乾泰恒物流有限公司	

资料来源：中国物流与采购联合会。

（注：截至 2013 年，广东省共有 186 家物流企业获 A 级企业称号，其中 5A 级物流企业 10 家，4A 级物流企业 78 家，3A 级物流企业 79 家，2A 级物流企业 18 家，A 级物流企业 1 家）

二、2013 年评选的物流企业信用等级名单（广东）

序号	所属城市	等级	企业名称	备注
1	广州	AAA	广州中信信通物流有限公司	第十一批
2	广州	AAA	广州风神物流有限公司	第十一批
3	中山	AAA	中山市物资集团有限公司	第十二批
4	中山	AAA	广东广通物流发展有限公司	第十二批
5	广州	AA	广东华正道物流集团有限公司	第十二批

资料来源：中国物流与采购联合会。

（注：截至 2013 年，广东省共有物流信用等级企业 30 家，其中 3A 级 21 家，2A 级 9 家）

三、2013 年中国物流企业 50 强企业名单

排名	企业名称	物流业务收入（万元）	排名变化情况
1	中国远洋运输（集团）总公司	15 878 032	未变化
2	中国海运（集团）总公司	6 536 349	上升 1
3	开滦集团国际物流有限责任公司	5 885 201	上升 4
4	中国外运长航集团有限公司	5 758 718	下降 2
5	中铁物资集团有限公司	4 414 756	未变化
6	河北省物流产业集团有限公司	3 912 548	新进入

（续上表）

排名	企业名称	物流业务收入（万元）	排名变化情况
7	中国石油天然气运输公司	3 323 420	上升2
8	厦门象屿股份有限公司	2 911 783	新进入
9	中国物资储运总公司	2 900 321	下降3
10	福建省交通运输集团有限责任公司	2 162 290	上升3
11	顺丰速运（集团）有限公司	2 031 654	未变化
12	河南煤业化工集团国龙物流有限公司	2 021 684	下降2
13	中铁集装箱运输有限责任公司	1 396 205	上升1
14	云南物流产业集团有限公司	1 264 167	新进入
15	朔黄铁路发展有限责任公司	1 130 361	未变化
16	安吉汽车物流有限公司	1 042 755	新进入
17	北京康捷空国际货运代理有限公司	961 203	下降1
18	嘉里物流（中国）投资有限公司	952 744	上升4
19	中石油北京天然气管道有限公司	918 137	未变化
20	中国国际货运航空有限公司	822 294	上升1
21	中铁快运股份有限公司	774 197	下降1
22	中国石油化工股份有限公司管道储运分公司	728 697	上升4
23	五矿物流集团有限公司	712 960	未变化
24	重庆港务物流集团有限公司	693 581	上升3
25	德邦物流股份有限公司	617 131	上升4
26	中铁现代物流科技股份有限公司	610 835	新进入
27	浙江物产物流投资有限公司	592 708	新进入
28	武汉商贸国有控股集团有限公司	525 076	上升2
29	江西京九物流有限责任公司	471 722	上升12
30	中外运敦豪国际航空快件有限公司	410 122	上升1
31	郑州铁路经济开发集团有限公司	390 100	上升15
32	一汽物流有限公司	384 965	上升7
33	联邦快递（中国）有限公司	367 079	上升1
34	重庆长安民生物流股份有限公司	344 330	上升3
35	国电物资集团有限公司	330 116	下降11

（续上表）

排名	企业名称	物流业务收入（万元）	排名变化情况
36	青海省通达物流有限责任公司	328 461	下降1
37	广东省航运集团有限公司	327 346	下降4
38	山西太铁联合物流有限公司	304 471	上升9
39	中创物流股份有限公司	302 131	下降1
40	天地国际运输代理（中国）有限公司	300 827	下降8
41	青岛福兴祥物流股份有限公司	281 549	上升1
42	浙江省八达物流有限公司	256 561	上升1
43	南京长江油运公司	248 494	新进入
44	南京新干线物流有限公司	239 840	新进入
45	中信信通国际物流有限公司	229 670	新进入
46	北京市邮政速递物流有限公司	221 429	新进入
47	新时代国际运输服务有限公司	219 115	新进入
48	北京长久物流股份有限公司	215 708	未变化
49	湖南星沙物流投资有限公司	214 905	新进入
50	中铁特货运输有限责任公司	203 452	未变化

四、2013—2014 年省级电子商务示范企业名单（物流类）

1. 顺丰速运（集团）有限公司
2. 广东欧浦钢铁物流股份有限公司
3. 广东省邮政速递物流有限公司中山市分公司

五、2013 年国家公路甩挂运输试点项目名单（广东）

序号	项目名称	参与企业
1	深圳市华鹏飞现代物流股份有限公司甩挂运输试点项目	深圳市华鹏飞现代物流股份有限公司
2	珠海港集装箱甩挂运输试点项目	珠海市集装箱运输有限公司、珠海港达供应链管理有限公司
3	广州市德邦物流服务有限公司甩挂运输试点项目	广州市德邦物流服务有限公司

六、商务部 2013—2014 年电子商务示范企业名单（广东物流类）

顺丰速运（集团）有限公司

七、工信部 2013 年电子商务创新试点项目企业名单（广东物流企业）

企业名称	项目	方向
广东林安物流发展有限公司	物流电子商务——林安物流园	行业电子商务平台服务创新方向
深圳市道四方速递有限公司	4PX 跨国电子商务服务平台	跨境电子商务方向
广州市嘉诚国际物流股份有限公司	面向制造业的全供应链信息管理平台	产品信息追溯方向

附　录

一、2013 年广东省全社会交通运输邮电主要统计指标

附表 1   2013 年广东省全社会交通运输邮电主要统计指标情况对比

指标名称	单位	2013 年	2012 年	同比（%）
一、货运量	万吨	305 830	270 051	14.8
铁路	万吨	12 048	12 036	0.4
公路	万吨	217 630	192 804	15.1
水路	万吨	68 378	57 594	18.4
民航	万吨	131	128	2.7
管道	万吨	7 668	7 489	2.8
二、货物运输周转量	亿吨公里	12 407.08	872.82	26.9
铁路	亿吨公里	301.59	304.67	-1.5
公路	亿吨公里	2 872.31	2 576.02	18.0
水路	亿吨公里	9 019.14	6772.92	32.2
民航	亿吨公里	44.14	42.29	4.1
管道	亿吨公里	169.91	176.92	-3.9
三、客运量	万人	636 110	584 987	8.5
铁路	万人	20 049	18 510	8.2
公路	万人	604 938	555 217	8.7
水路	万人	2 423	2 724	-11.1
民航	万人	8 699	8 536	1.9
四、旅客运输周转量	亿人公里	4 847.75	4 372.06	10.9
铁路	亿人公里	562.07	514.53	9.2
公路	亿人公里	2 775.29	2 465.29	12.4
水路	亿人公里	10.22	10.01	2.1
民航	亿人公里	1 500.17	1 376.91	8.9
五、港口货物吞吐量	万吨	156 373	140 776	11.1
六、港口集装箱吞吐量	万 TEU	4 951	4 762.99	4.0

（续上表）

指标名称	单位	2013 年	2012 年	同比（%）
七、邮电业务总量（2010 年不变价格）	亿元	2 507.99	2 174.67	15.3
电信	亿元	1 915.99	1 779.49	7.7
邮政	亿元	592.00	395.18	49.8

数据来源：《广东统计年鉴2014》。

二、2013 年广东省各市（区）货运量完成情况

附表2　2013 年广东省各市（区）货运量完成情况对比

地市	货运量（万吨）			货物周转量（亿吨公里）		
	2013 年	2012 年	同比（%）	2013 年	2012 年	同比（%）
广州市	82 052	67 678	21.2	6 563.75	4 570.28	43.6
深圳市	29 226	28 217	3.6	2 090.03	1 969.89	6.1
珠海市	8 457	7 581	11.6	133.39	115.17	15.8
汕头市	4 628	4 078	13.5	183.93	161.12	14.2
佛山市	27 206	24 757	9.9	240.72	215.99	11.4
顺德区	8 696	7 887	10.3	69.42	60.42	14.9
韶关市	12 184	9 738	25.1	255.05	206.87	23.3
河源市	3 995	3 296	21.2	60.47	50.39	20.0
梅州市	6 325	5 608	12.8	133.26	115.02	15.9
惠州市	19 063	17 111	11.4	336.30	287.86	16.8
汕尾市	1 934	1 765	9.6	26.07	22.97	13.5
东莞市	12 863	11 191	14.9	432.27	296.71	45.7
中山市	16 719	14 770	13.2	146.55	122.05	20.1
江门市	9 999	8 996	11.1	135.07	115.29	17.2
阳江市	7 672	4 173	83.8	152.64	95.35	60.1
湛江市	10 590	9 530	11.1	388.21	301.27	28.9

（续上表）

地市	货运量（万吨）			货物周转量（亿吨公里）		
	2013 年	2012 年	同比（%）	2013 年	2012 年	同比（%）
茂名市	7 123	6 157	15.7	162.06	140.43	15.4
肇庆市	4 472	3 681	21.5	60.39	50.73	19.0
清远市	10 363	9 238	12.2	179.57	158.39	13.4
潮州市	3 944	3 541	11.4	175.63	163.68	7.3
揭阳市	2 784	2 559	8.8	51.18	42.34	20.9
云浮市	4 410	3 106	42.0	73.72	53.44	37.9

数据来源：《广东统计年鉴 2014》。

三、2013 年广东省各市（区）客运量完成情况

附表 3　2013 年广东省各市（区）客运量完成情况对比

地市	客运量（万人）			旅客周转量（亿人公里）		
	2013 年	2012 年	同比（%）	2013 年	2012 年	同比（%）
广州市	70 891	62 142	14.1	698.67	607.61	15.0
深圳市	195 998	179 724	9.1	357.20	320.76	11.4
珠海市	28 642	26 645	7.5	80.42	81.40	-1.2
汕头市	3 794	3 406	11.4	84.87	73.48	15.5
佛山市	49 146	42 935	14.5	125.27	117.54	6.6
顺德区	16 304	13 331	22.3	39.00	37.61	3.7
韶关市	17 144	15 451	11.0	70.74	63.12	12.1
河源市	5 575	4 653	19.8	63.91	53.41	19.7
梅州市	6 415	5 803	10.5	88.14	78.66	12.1
惠州市	16 673	16 026	4.0	124.59	116.48	7.0
汕尾市	12 636	11 883	6.3	106.96	93.34	14.6
东莞市	78 113	79 739	-2.0	155.99	156.88	-0.6
中山市	33 903	28 044	20.9	277.03	216.61	27.9

（续上表）

地市	客运量（万人）			旅客周转量（亿人公里）		
	2013 年	2012 年	同比（%）	2013 年	2012 年	同比（%）
江门市	20 102	19 578	2.7	67.31	64.46	4.4
阳江市	4 315	4 324	-0.2	31.14	30.03	3.7
湛江市	15 643	14 712	6.3	114.06	103.00	10.7
茂名市	8 672	8 175	6.1	87.22	80.05	9.0
肇庆市	7 674	7 571	1.4	42.72	41.85	2.1
清远市	14 354	12 691	13.1	57.68	51.19	12.7
潮州市	3 762	3 389	11.0	43.13	38.84	11.0
揭阳市	6 216	5 886	5.6	60.70	53.20	14.1
云浮市	7 693	6 458	19.1	48.55	38.21	27.1

数据来源：《广东统计年鉴 2014》。

四、2013 年广东省各市（区）港口货物吞吐量完成情况

附表 4　2013 年广东省各市（区）港口货物吞吐量完成情况对比

地市	港口货物吞吐量（万吨）			港口货物周转量（亿吨公里）		
	2013 年	2012 年	同比（%）	2013 年	2012 年	同比（%）
广州市	47 200	45 125	4.6	6 563.75	4 570.28	43.6
深圳市	23 398	22 807	2.6	2 090.03	1 969.89	6.1
珠海市	10 023	7 745	29.4	133.39	115.17	15.8
汕头市	5 038	5 253	-4.1	183.93	161.12	14.2
佛山市	5 474	4 563	20.0	240.72	215.99	11.4
顺德区	967	988	-2.1	69.42	60.42	14.9
韶关市	53	82	-35.4	255.05	206.87	23.3
河源市	—	—	—	60.47	50.39	20.0
梅州市	125	128	-2.3	133.26	115.02	15.9
惠州市	8 045	5 257	53.0	336.30	287.86	16.8

（续上表）

地市	港口货物吞吐量（万吨）			港口货物周转量（亿吨公里）		
	2013 年	2012 年	同比（%）	2013 年	2012 年	同比（%）
汕尾市	628	772	−18.7	26.07	22.97	13.5
东莞市	11 187	9 228	21.2	432.27	296.71	45.7
中山市	6 876	5 153	33.4	146.55	122.05	20.1
江门市	6 737	6 211	8.5	135.07	115.29	17.2
阳江市	2 055	1 605	28.0	152.64	95.35	60.1
湛江市	18 006	17 092	5.3	388.21	301.27	28.9
茂名市	2 370	2 390	−0.8	162.06	140.43	15.4
肇庆市	2954	2729	8.2	60.39	50.73	19.0
清远市	1 008	729	38.3	179.57	158.39	13.4
潮州市	1 051	951	10.5	175.63	163.68	7.3
揭阳市	2 510	1 601	56.8	51.18	42.34	20.9
云浮市	1 635	1 355	20.7	73.72	53.44	37.9

数据来源：《广东统计年鉴 2014》。

五、2013 年广东省港口货物和集装箱吞吐量完成情况

附表 5　2013 年广东省港口货物和集装箱吞吐量完成情况对比

港口	港口货物吞吐量（万吨）			港口集装箱吞吐量（万吨）		
	2013 年	2012 年	同比（%）	2013 年	2012 年	同比（%）
广州港	45 517	43 517	4.6	1 531.11	1 454.74	5.2
湛江港	18 006	17 092	5.3	45.18	41.21	9.6
汕头港	5 038	4 563	10.4	128.80	125.02	3.0
深圳港	23 398	22 807	2.6	2 327.85	2 294.13	1.5
内河港口	25 542	19 510	30.9	530.95	506.79	4.8

数据来源：《广东统计年鉴 2014》。

六、2013 年广东省各市（区）邮电业务总量完成情况

附表 6　2013 年广东省各市（区）邮电业务总量完成情况对比

地市	邮电业务总量（亿元）		
	2013 年	2012 年	同比（%）
广州市	568.74	495.88	14.7
深圳市	598.10	463.95	28.9
珠海市	54.39	49.11	10.8
汕头市	75.39	68.82	9.5
佛山市	165.35	148.78	11.1
顺德区	46.58	43.82	6.3
韶关市	27.49	25.59	7.4
河源市	26.36	23.75	11.0
梅州市	46.72	43.17	8.2
惠州市	86.44	80.05	8.0
汕尾市	23.05	20.73	11.2
东莞市	254.73	250.47	1.7
中山市	87.33	80.22	8.9
江门市	60.07	56.64	6.1
阳江市	28.09	25.25	11.2
湛江市	76.45	68.72	11.2
茂名市	53.53	48.50	10.4
肇庆市	41.13	37.48	9.7
清远市	36.86	33.50	10.0
潮州市	27.26	24.70	10.4
揭阳市	45.36	41.29	9.9
云浮市	21.53	20.34	5.9

数据来源：《广东统计年鉴 2014》。